邵荃麟全集

SHAO QUANLIN QUANJI

第三卷

作家作品评论

武汉出版社
WUHAN
PUBLISHING HOUSE

(鄂)新登字 08 号

图书在版编目(CIP)数据

邵荃麟全集.3,作家作品评论/邵荃麟著.—武汉:武汉出版社,2013.10

ISBN 978—7—5430—7887—1

Ⅰ.①邵… Ⅱ.①邵… Ⅲ.①中国文学—当代文学—作品综合集②中国文学—文学评论—文集 Ⅳ.①I217.2

中国版本图书馆 CIP 数据核字(2013)第 232960 号

著　　者:邵荃麟

责任编辑:肖德才

封面设计:刘福珊

出　　版:武汉出版社

社　　址:武汉市江汉区新华路 490 号　　邮　编:430015

电　　话:(027)85606403　85600625

http://www.whcbs.com　　E-mail:zbs@whcbs.com

印　　刷:武汉精一印刷有限公司　　经　销:新华书店

开　　本:880mm×1240mm　1/32

印　　张:12.5　　字　数:260 千字　　插　页:7

版　　次:2013 年 12 月第 1 版　　2013 年 12 月第 1 次印刷

定　　价:480.00 元(全套八卷)

1947年，邵荃麟在香港

1948年，邵荃麟一家在香港

1948年10月，邵荃麟与胡绳在香港三联书店成立时合影

1949年秋，参加骆宾基与邹民才的婚礼后合影（前排右起：葛琴、袁静、朱女士、邹民才，后排右起：林默涵、邵荃麟、孔厥、袁水拍、骆宾基）

目　　录

艾青的《北方》

抗战以后，中国的诗歌，无论在形式与内容上确实是有很大的进步。写诗的人、读诗的人都多了起来，这自然是一种好的现象。可是另一方面，我们也看到一种滥调的倾向，就是写诗的人把诗看成一种单纯情感发挥的东西，或者作一种单纯的鼓动的东西。因此在抗战诗歌中间，我们往往只看到热烈的呼号、激昂的叫喊，而很少看到结实的内容。仿佛今天诗人只能有一种情绪，那就是热烈激昂，除此以外，其他在抗战中间都是不允许的。这种倾向的发展会使诗歌也同样变成了"公式主义化"或是"血泪文学"，这是值得纠正的。

其实，艺术与政治宣传是具有统一性的，但并不是同一的，诗不是说教，也不是单纯情感的发挥，它是具体的生活事象，经过诗人感觉里所荡起的波纹，所凝结成的晶体。人类的生活是复杂的，所以人类的情感也绝不是单纯的，纵使在今天全国人民都在抗日的愤怒高潮之中，我们的情感也绝不只是单纯的一种。在现实的复杂发展过程中，是有许多现象在整个民族意识发扬过程中演进着。诗人的任务就是通过他优美的感动的波荡，把这些复杂现象现实地表现出来，把人类的声音带到大众前面来。从这些表现中间反映出民族的意识与抗战的情绪，这在政治上所产生的效果比一千篇一万篇空洞的呼号要更有力些。否则的话，传单标语尽可以代替了，又何必需要诗人来呼号呢？

读完了艾青的《北方》，使我深深地感觉诗在目前的作用，感觉了诗的价值。

读过了《大堰河》的人，都会认识这位作者是一个饱历人生忧患，情感异常丰富，带着一些忧郁，憎恨旧世界的一切，然而却怀着满腔对人类真挚的爱的诗人。他的诗会从优美而忧郁的情调中带给你一种温暖的热情，给你鼓励和感动，使你难以忘却。而他诗的技巧，那么熟练和有力，更会使你惊叹在近代中国诗坛上是少见的作品。

“八一三”抗战的炮火，迫使这位青年诗人离开了繁华的上海，飘流到遥远的塞北，又飘流到南国的桂林。在这漫长的旅行中间，作者更获得了丰富的生活经验，更深切地体验了人生，在艰苦的旅程中，就创作了这珍贵的诗集《北方》。

这诗集一共只收集八篇短诗：《复活的土地》、《他起来了》、《雪落在中国的土地上》、《北方》、《乞丐》、《驴子》、《手推车》、《我爱这土地》。在量上可以说是非常少，可是在质上却是令人惊叹的丰富。其中大部分都是写北国的生活与情调，尤其是《雪落在中国土地上》、《北方》、《我爱这土地》，使我特别欢喜。

诗的中间是含着一种忧郁的情调，然而这是不能被非难的。新中国原是在灾难与不幸中艰苦地成长起来，我们不能倾听这艰苦过程中悲愤凄壮的凭诉吗？然而作者并不是消沉的忧郁，在他的字里行间是含着一颗极热烈的战斗的心：

假如我是一只鸟，
我也应该用嘶哑的喉咙歌唱：
这被暴风雨所打击的土地，
这永远汹涌着我们的悲愤的河流，
这无止息地吹刮着激怒的风，
和那来自林间的无比温柔的黎明……（《我爱这土地》）

而且诗人是在悲壮地歌唱着：

他起来了，
他起来，
将比一切兽类更勇猛。
…………
必须从敌人的死亡，
夺回来自己的生存。（《他起来了》）

作者对于祖国的土地，具有一种伟大热烈的眷恋的爱情，这种情感是最真挚的；也在这种真挚的热情中，鼓励了我们勇敢的战斗精神！

——苦难也已成为记忆，
在它温热的胸膛里，
重新漩流着的，

将是战斗者的血液。

真的，谁能非难这种高贵的情绪呢？谁能否认这比那种怒马呼号般的诗更具有力量呢？

（原载1939年《东南战线》第5期）

纪念鲁迅先生六十年诞辰

八月三日是鲁迅先生六十年诞辰纪念，对于先生诞辰举行正式纪念，这似乎还是第一次。

鲁迅先生的出世（一八八一），是在十九世纪八十年代与九十年代之交。我们回想一下这巨人出世时候，中国和世界是在起着怎样的变化，于是再来看看这巨人一生所踏过的时代以及所创造下伟大的事业，这对于追念鲁迅先生，是必要的吧。

贯穿着十九世纪的末叶，特别是八十年代与九十年代的中国历史，是两种主要的倾向：一方面是资本主义商品的侵入，引起古代的封建经济的开始崩溃，从而更加重了人民生活的悲惨；另一方面是中国民族意识的觉醒，压迫人民从长期奴隶生活中间开始挣扎着，要求其自由的人格。正如鲁迅先生在《呐喊》序文中所说："闷在铁屋里的人快要醒来了。"而这时西欧方面，由于资本主义的飞跃发展，国际劳动运动已经走向更现实的道路。先生诞生前十年，巴黎的劳动者与市民已经亲手创造出他们的公社。西方的劳动者的觉醒和中国民族的自觉并进的发展，这决定中国能够和帝国主义长期搏斗而争取其自由解放的前途。鲁迅先生恰是在这历史的巨大转变关头走入到这世界上。

先生的幼年正是辗转在这被封建主义与资本主义压碎了的古老农村中间。家庭的没落，农村经济的崩溃，使他深切地去认识现实社会的症结。“有谁从小康人家而坠入困顿的么，我以为在这路途中，大概可以看见世人的真面目。”（《呐喊》自序）于是他接受了新输入的科学的洗礼。当时中国正在闹维新运动。这一运动虽然由于士大夫的胡闹而得不到什么成就，然而究竟显示了布尔乔亚意识的生长，同时从这运动中，输入了部分的西洋文化。先生幼年投身于科学的学习，显然是受着科学救国思想的影响。“我的梦很美满，预备卒业回来，救治像我父亲似的被误的病人的疾苦，战争时候便去当军医，一面又促进了国人对于维新的信仰。”（同上）但是这终究使先生失望了。要救中国，首先还得从奴隶生活中去唤醒几千年来被封建势力所麻痹了的广大人民。他在《呐喊》序言中说，“所以我们的第一要着，是在改变他们的精神，而善于改变精神的是，我那时以为当然要推文艺，于是想提倡文艺运动了。”先生的走入文学领域，是怀着一种伟大的为人类的爱与革命的热情。

这个思想的转变完全是适应于历史现实的要求的。中国要走欧美资本主义同样的道路，客观上是不可能的。救中国的唯一道路，只有以真正人民为基础，在反帝反封建的斗争中去展开彻底的民主革命。

先生对于中国民族是具有锐利的认识，于是他决心做一个这民族人民的灵魂解剖师。当先生愈透视到社会的里层，他对于这些善良的、纯朴的人民愈感到无限的热爱，而同时对于那些人民的敌人，特别是那些以毒素来麻醉人民心灵的敌人，和从人民的创伤中间所看到的这种渗入的毒素，他又是感到无比的愤怒与憎恨。这种伟大的人类的爱与憎，贯穿了鲁迅先生一生的事业与作品，鲁迅先生是最理解中国民族的，因此也是最热爱中国民族的。他抚慰着中国的善良的人民的创伤，抉发出他们创痕中的毒素，使他们从麻醉中觉醒过来，同时猛烈无情地攻击着那些想来毒害人民的敌人。他深爱着阿Q，而痛恶那阿Q主义，当他在众人调笑下枪毙阿Q的时候，他是怀着何等的愤怒，痛苦与爱啊。他的一生就是替历史做下这样的工作，而当他晚年更清楚地看到人类生活的远景时，他心中是充满着欣悦与期望。

鲁迅先生对人类伟大的爱，他对于中国民族生活深澈的认识，他那坚韧的战斗精神——这三者，使他的作品达到艺术评价上真善美的一致。他创造出辉煌的典型，他创造出真正的中国民族形式与言语，而他著名的杂文更是突出于世界文学中一种无比的惊人的诗，这使鲁迅先生在世界文学史上永恒地占据着一个不能摇撼的地位。

六十年的时间，完全改变了中国的容貌，现在中国是站起来了。当今天我们来回顾先生所走的道路，再来前瞻先生替我们开辟出的道路，我们是该怎样懔然于我们所担荷着的艰巨的责任啊！

（原载1940年《现代文艺》第1卷第5期）

也谈阿Q

艾芜兄在《谈阿 Q》那篇文章里提出了这样一个问题：阿Q是国民精神病状的综合吗？对于这个问题，作者作了肯定的答复说："阿Q是综合中国国民精神方面的毛病写成的，而其中最大的毛病，则是精神胜利这一点。"

这样说，我想是没有什么不可以的。作为阿Q性格中的主要特征——阿Q主义，不仅存在中国各阶层的人民中间，而且是中国人民中间最普遍最严重的一个毛病。我们常常说的阿Q相或阿Q主义，也并不限于指阿Q所代表的那个阶级的人。但是我们如果不把阿Q这个典型人物或代表的阶级的特征，阿Q和阿Q所代表的阶级对整个社会的矛盾关系，以及阿Q主义对阿Q这个阶级所具有的特殊意义挖掘出来，则很容易把阿Q单纯地看做代表中国国民的一种典型，而把典型的误解——说典型是代表国民性的误解，混淆起来。

典型是把某一阶层或某一集体的本质的特征统一在一个形象上，而经过个性化过程的人物创造。这句话大概是正确的吧，因此每一个典型人物所代表的必然是他自己所属的一个阶层的特征，这种特征在本质上是超越了民族的界限，而具有其世界的共同性的。只有在这个意义上，所谓典型的世界性才能存在。阿Q这样人物和阿Q主义这种特征，不仅在中国有，在世界各国和阿Q同样阶层中间也有。这犹如乞乞科夫、罗亭这种人物，不仅在俄国有，在中国也有，是一样的。我们说阿Q是世界典型人物，其意义亦即在此，但是为什么我们一定要说，阿Q是现代的中国的浮浪性贫农的典型呢？这一方面是说明了“典型环境中的典型人物”的意义，即是典型的历史时代与环境的意义；另一方面也即是说明社会本性与民族特质的矛盾统一关系。阿Q是世界的，这是说，阿Q具有人类中被压迫在最底层的奴隶生活的特征。更明确地说，是具有那些被压迫在最底层，而又缺乏坚决反抗的意识与组织能力的浮浪性贫农阶层的特征。阿Q是现代中国的，也是说，阿Q是帝国主义侵入中国以后，半殖民地半封建性的中国历史时代的一个社会产物。半殖民地的封建性，这是中国的一个特征。这种特征支配了所有中国人民的生活，成为近代中国民族生活的特质之一。帝国主义与外族对中国的压迫、侵略、剥削，一方面是孕育了和发扬了中国人民民族革命的思想和意识，而在另一方面，帝国主义的与封建的文化，也就在中国人民生活中深深地种下了奴隶的思想与意识。当前一种思想还没有发扬到高度的时候，后一种思想，却由于经过多年的封建统治与封建文化的熏陶，已经成为根深蒂固的一种民族病根。鲁迅先生曾经指出过去中国人民是在两种不同的历史时代循环中兜圈子。即是：一、想做奴隶而不得的时代；二、暂时做稳了奴隶的时代。而到帝国主义侵入以后，却又加上了一种压迫，于是不仅做奴隶，而且还做奴隶的奴隶；不仅一般人民做奴隶，而且连封建统治阶级也做了洋大人的奴隶。西太后、李鸿章之流虽然依旧能够对人民作威作福，然而自己也就深深尝到做奴隶的滋味。鸦片战争以后中国统治者的可怜面目，是很深刻的一幅历史图画。在这种情形下，就产生普遍的自大、自夸、自卑、自欺的精神病状，这便是阿Q主义。阿Q主义可以说是半殖民地半封建社会奴隶思想的结晶，也是民族意识觉醒的前夕民族失败主义的登峰造极。它是普遍存在于中国各个阶层之中，凡是具有奴隶资格、未庄人的皇帝、士大夫、庶民，都多少沾染这种病症。民族的耻辱愈深，这种病状愈突出，直到民族革命的怒潮到来，它就逐渐地被击败。

以上是说明了作为民族特质的阿Q主义对中国各阶层人民普遍的存在，然而这不妨碍作为社会本质的阿Q主义对阿Q这一特定阶层所存在的意义。阿Q这一阶层，即浮浪性的贫农阶层所具有的特征，是这样的：封建经济的崩溃，使他们失去了土地，游离于生产的劳动，受着各种残酷的凌辱与压迫，失去了一定的生活的保障，到处流浪，从事于偷盗、抢劫、欺骗，以及廉价出卖劳力，以维持其生活。而当产业劳动者还未出现，农民革命运动却已经消沉之际，他们失去了中心的领导者，他们自己不能团结，不知道奋斗反抗，即使偶然有反抗的意识表现，也是非常不明确的。他们完全茫然，看不见自己的前途，他们莫名其妙地憎恶旧的，却又仇视新的；敌视他们的主人，却又羡慕他们的主人。他们唯一可以安慰自己的方法，便是精神胜利法。残酷的社会压迫、历史的环境与传统的奴隶思想造成他们这样悲惨而深刻的病根。而到了整个民族被压迫，他们所受压迫也随着更深的时候，到了这种奴隶思想甚至渗入了奴隶主自身的时候，他们这种病根也格外显露出来。这就说明，为什么阿Q主义在中国这种浮浪性贫农的身上，显得格外强烈。同时这也就说明他们的社会本质和民族特质是怎样被统一在阿Q这个典型人物的身上。

阿Q主义这一特征，对于阿Q这一阶层，和对于统治阶级或其他阶级是具有显然不同的意义的这一点必须被发掘出来。洋大人所豢养的统治者一方面固然是被征服的奴隶，一方面却依旧维持统治者的身份。他们的损失是将取偿于人民的身上，因此也就造成他们更残酷的剥削。鲁迅先生称他们做办"人肉的筵宴"的厨师，是十分恰当的。他们侈谈"东方文明"，自夸"华夏第一"，实际上却不止是卑怯的自慰，而是很明白的具有一种毒辣的作用——压迫革命。他们的阿Q主义愈深，人民便遭殃愈烈。这正是阿Q主义对于这一阶层所独具有的特征，也是鲁迅先生所深恶痛绝的。但是作为阿Q这阶层特征的阿Q主义，却是两样。阿Q以及阿Q同样的人是社会最底层的人了，他们并不能压迫人。他们的精神胜利法只是一种可怜的愚昧的自欺自慰，除了自害以外，并不能害人。对于他们，阿Q主义固然也是奴隶的失败主义，然而这失败主义的另一面，却是说明奴隶是在反叛着。阿Q主义是奴隶失败史的血的结晶；阿Q的历史是中国底层的愚昧无知的人民被压迫的一幅史图。看了这幅史图，是教人愤怒的、战栗的、同情的。阿Q虽然也要欺侮欺侮小D和小尼姑，然而这给我们的印象，却不是压迫弱者，而是另一种至可悲痛的现象。阿Q给抓去枪毙并不可悲，可悲的是阿Q眼中那一群看枪毙的和阿Q相去无几的人们的眼睛，是吴妈的出神地望着洋枪。他们都是一群里的人，都是办"人肉的筵宴"的厨师的砧上鱼肉。然而彼此却浑浑噩噩,不知道团结与奋斗,这是作者最大的痛苦与愤怒。鲁迅先生借阿Q这人物,唤起我们对这现实的正视,唤起我们对这事情的愤怒与同情,而在这中间,也就唤起了中国人民反抗的战斗热情。

以上是说明了阿Q主义这一特征对于阿Q这一阶层的特殊意义,也就是阿Q这个典型所包含的本质的特征,这是和其他社会阶层不能共通的地方。只有这样,才能从典型创造的根本法则上去解释阿Q,也只有把握这种本质的特征。作者才能把整个历史的时代与民族的病况强烈地展开在我们的眼前。

而从这里,我们也就解释了艾芜兄所提出的另一问题:作者为什么要把精神胜利的特征放在阿Q的身上?作者对于中国善良的朴质的底层人民,是具有无比的热爱的。他愈爱他们,对于他们所遭受的失败与失败主义的毒素便愈加憎恶、愤怒,宛如一个慈爱的母亲,对于她无辜的儿子头上长着恶疮所起的情感一样。她愈爱她的儿子,就愈憎恶这恶疮,愈憎恶这恶疮,便愈怜爱她的儿子。对于阿Q和阿Q主义,鲁迅先生分明是具有这种强烈的爱与憎的热情,从这种战斗的热情中,才能孕育出阿Q这伟大的典型人物。如果把《阿Q正传》仅仅看做一种讽刺的作品,仅仅看做对一般的阿Q主义的暴露,这是非常不够的。

因此,从阿Q这个人物的创造上,也就使我们对典型的问题获得更进一步的理解。

（原载1941年《文化杂志》创刊号）

关于《阿 Q 正传》

欧阳凡海先生最近出版了一本《鲁迅的书》，这是研究鲁迅先生的作品与思想的一本比较详细的著作。可惜还不曾详读全书，只是翻阅了一下关于分析鲁迅先生小说的几节，觉得很有些地方值得商讨，尤其是对于《阿 Q 正传》——这篇公认为中国文学史上最辉煌的杰作——的分析，是应该提出来谈一谈的。

欧阳先生研究的方法，是从社会历史发展过程和鲁迅先生思想发展过程的关系上，来认识他的作品。这方法原是很好的，不过作者在若干地方显然太观念了。因此在结论上便发生了许多毛病，以致影响到对这篇伟大作品应有的评价。

作者首先肯定《阿 Q 正传》的产生，是在鲁迅先生思想发生变化的时候，即是他世界观已经从原有的地位上向前发展的时候。这一肯定，是根据于鲁迅先生在写《阿 Q 正传》以前两个月所写的一篇杂文《知识即罪恶》中所表现的思想。作者认为，在这篇文章里，鲁迅先生是从“两大主要势力必然对立”这晦涩的感觉，发展到“两大主要的社会势力相互斗争的概括认识”，他明白地认识了“榨取者与被榨取者之间的利害冲突，已经不是口舌可以解决了”。这种变化表现在创作上的，即是他从《狂人日记》到《风波》，以“一贯的暴露与掊击”为主要精神的这一阶段，进到《故乡》中间以“寄与被榨取者正面的同情与爱”作为主要精神的阶段，他给“他所同情的对象相当地确定了社会经济的内容”，因而“想从被榨取者中去寻求积极同情的对象而加以正面的表现”，这样产生了《故乡》；而由于这种思想再向前跨进，使得这种积极热情，起了一种“目的意识性的变化”；他想使他的同情心发生积极的合理作用，这样就产生了《阿Q正传》。作者认为在《阿Q正传》中，鲁迅先生不仅把握了整个辛亥革命的形势，而且“他还想追求革命的动力”，由于他想使他的同情心发生积极的合理作用，他便到“所同情的负担着封建的历史重担的中国农民阿Q身上去挖掘革命的种子”。追求革命动力和发掘革命种子，这是欧阳先生对于《阿Q正传》主题的认识，也是他最主要的论点，以下的一切分析，都是以这为前提而出发的。

从这一论点出发，作者必然就碰到一个不易解答的难题：就是“鲁迅为什么不到闰土型的农民身上去发掘，而要到那带有农村流浪无产者性的阿Q身上去发掘呢?”对于这问题，欧阳先生只能这样来答复了：“第一，作为中国人的劣根性的集中，以尽暴露作用的阿Q本身，必然同时具有一种流氓无产者的弱点；第二，……当鲁迅的思想还只达于《知识即罪恶》的阶段时，由于他新起的思想还不能有系统地清算旧有思想，是在尖锐的矛盾苦闷中，得不到确切的解决，‘工人绥惠略夫’式的农民很容易侵进来作为革命动力之部分的说明。阿Q身上有工人绥惠略夫的血液；第三，由于上述原因，及鲁迅写《阿Q正传》时，为了切合‘开心话’，力求滑稽，便也加强了阿Q的农村流氓无产者的性格。”

这答复显然十分牵强。就第一点说，既然企图是在掘发革命的种子，则所谓中国人的一切劣根性的集中暴露，就没有着落（这两个不同的主题，要从一个人物身上去表现，显然是很难的）。而且一切劣根性的集中暴露，也没有必要一定要在一个流氓无产者的身上来写出。就第二点说，则鲁迅先生显然犯了观念论的错误，阿Q这形象的创造变成不是从现实中摄取来，而是受了“绥惠略夫”的影响。而且所谓对旧思想的清算，究竟是指什么，尤其难解。第三点，阿Q这人物的选择，只是为了切合“开心话”的目的，则岂非形式决定内容。然而鲁迅先生却自己说过，阿Q这人物在他心中已经孕育了几年之久，可见并不是译了《工人绥惠略夫》或决定为“开心话”撰稿才来决定这人物的。这样一来，上述各理由便不能存在了。

欧阳先生既然假定了上述各条件，结果自然不能不指出：“鲁迅想在阿Q身上发掘革命这一企图，显然只得到部分的成功!”所谓“部分的成功”实在是句客气话，因为假定上面几点原因的分析是对的话，则不如直白地说，这企图是完全失败了。

根据于上述主要认识，作者接着来分析阿Q的革命心理。“《阿Q正传》里阿Q的报复心理，并不像一般农民倾向革命的报复心理那样充满愤怒与仇恨，却被表现为诙谐，为滑稽，这里很明显的现出了鲁迅描写革命的破绽，这就是说，阿Q的革命心理，显然还欠真实性。”

作者的意思，似乎阿Q应该是辛亥时代一个中国的革命农民典型，是一个意识觉醒的充满愤怒与报复的革命心理的斗士。这和鲁迅笔下的阿Q,显然是对不了头。于是,欧阳先生感觉这人物“欠真实性”了。这种“欠真实性”的原因,据作者意见,是“由于鲁迅先生对于革命形成过程认识的不够”。他说:“他(指鲁迅)同情这种报复,谁都知道,他又非难这种报复的,他认为这是可怕的结果。在这样的前提之下,由于鲁迅的思想还不能达于系统地认识革命形成过程的地步,便必然地忽视了农民的报复心理最高度的发展(或者没有估计这种最高发展的愤怒与报复之一时的可能性)。”

鲁迅先生当时对于“革命形成过程的认识不够”这也许是可能的,因为鲁迅先生并不是一个政治家。但是,据我们所知,素来主张“以牙还牙”,“打落水狗”的鲁迅先生,对于报复精神一贯是很强烈而且很彻底的。虽然批判了绥惠略夫那种不正确的报复主义,但他未曾以革命的报复认为可怕的结果,从他第一篇小说《狂人日记》中,就可以看出他那种被榨取者强烈的愤怒与仇恨,和不可遏阻的彻底的反叛的战斗精神。这种情感和精神一直贯穿着从《狂人日记》以来他的各篇作品——即欧阳先生所谓在冷隽的风格下他的各篇作品中间。然而何以鲁迅先生却都没有把这种愤怒与报复的强烈情感赋予阿Q呢?这在确定了以发掘革命种子为《阿Q正传》主题的欧阳先生,确实是难于解决的。因此他不得不把问题推移到另一论点上去,即是说,助长这种对农民报复心理高度发展的忽视的,“是他用滑稽与讽刺作为《阿Q正传》的主要作风。阿Q报复心理在此作风下被透露出来,就更不能带上高度的愤激,因为正面的愤激有严肃之感,与滑稽是不容易相调和的。”问题似乎仍归结到作品的形式上,作者接着指出“在他一贯的冷隽作风上加以滑稽，加强地阻止了他那艺术形式的这种跨进，所以发生破绽”。

鲁迅先生为什么要把阿 Q 的心理写成滑稽呢？作者上面虽然已经说过，是为了切合“开心话”的目的，但在这里又补充了一点意见：“原来鲁迅把阿 Q 写成了一个不可救药的糊涂虫，这实在也是《阿 Q 正传》的一个大毛病。”因为是糊涂虫，所以就不能不滑稽了，作者大概是这意思吧？他接着又说：“但这个大毛病恰巧和阿 Q 倾向革命的滑稽性相结托，而把那种滑稽性所应得的不真实之感轻轻遮掩了。”

阿 Q 的糊涂，这在作者看来似乎是阿 Q 典型性格上一大缺憾。作者列举出阿 Q 性格中的十二特点，认为都是具有一般性，即典型性的，“只有糊涂那一点是独特的成分，没有一般性，但正是这一点糊涂，使阿 Q 和另一些阿 Q 不同起来，加强了阿 Q 的滑稽之感了。而阿 Q 倾向革命心理中不够严肃的愤怒与仇恨这缺点，也就与这种滑稽气很相称配，而被轻轻地掩过了”。

作者并认为阿 Q 的糊涂，不仅与一般中国人的阿 Q 性格不同，即和小 D、吴妈……这一些“阿 Q”，也不相同。小 D、吴妈，都是精明得“针针见血”、“无微不至”(?)的，只有阿 Q 的糊涂才出于“中国人一般的特性”之外，这自然是典型性格上一个“大毛病”了。

由于这一论点，作者在分析全篇作品的结构时，便发现一个缺点，即作者在第一章到第六章，已经把阿 Q 的一般性叙述出来了，活在第六章以后的《阿 Q 正传》中的阿 Q，“大体上说只是‘糊涂’这一性格的多方面的伸引，就是说阿 Q 倾向革命的报复与贪欲心理，也是以糊涂为基调的，所以大显得和阿Q的全‘糊涂’调和而生滑稽之感”。作者认为《阿Q正传》后半部的阿Q在性格上是贫弱的，而这种“性格上的贫弱，却以其他许多阿Q的生动和逼真，以鲁迅确切地把握了围绕阿Q的环境的动态，完全补救过来了，这种事情在文学创作上是可能，然而却是危险而不易尝试的”。

以上是把欧阳先生对《阿Q正传》的分析大概地介绍了，照这些论点看来，《阿Q正传》至少是犯了下列各种毛病：第一，重要的主题没有表现出来，所谓发掘革命种子的企图，只获得“部分的成功”；第二，人物心理的表现，欠缺真实性；第三，形式和作风上流于滑稽，阻碍了内容的发展；第四，典型性格把握不住，造成后半部性格的贫弱。虽然欧阳先生再三地说明这些只是“微小的破绽”，并且指出以鲁迅的描写环境逼真和其他理由，是把这些缺点“掩遮过去”或“补救过来”。然而这些缺点如果真正存在的话，这个破绽也就不能算是“微小”，而且也不是补救和掩遮所能济事了。

作为一篇民族代表作的《阿Q正传》竟然犯着这许多严重的毛病，这问题显然是太严重了。

然而，欧阳先生的动机，却是良善的。他对这篇作品无疑是抱着极大的敬意，这一点不能不指出。作者的原意大概是想从《阿Q正传》的“艺术上的破绽”上来说明鲁迅先生思想的突进。所以他说：“原来作者由于思想跨进，想在阿Q身上发掘革命的种子，无形中使《阿Q正传》所欲表现的主题复杂化了，而《阿Q正传》中作者的情调，专注在讽刺与滑稽上，因此和这情调不相容的别些情绪所包含的主题，便不得不被软弱，糊涂下去。这不是表明艺术的退步，而是表明思想的突进，这种突进，虽然可能为艺术形式所一时赶不上，然而却可能是艺术的领导者。”

在另一段，作者又说。

> 那么，鲁迅的思想为的向前跨进而发生变化，在《阿Q正传》中所反映出来的痕迹，到底是哪一些呢？……主要的是表现在现实主义占上风的冷隽风格（《阿Q正传》为了切合“开心话”的滑稽要求，特别加强了它那冷隽的外貌），与那时鲁迅因思想跨进而特别积极跳动的同情心有点不相调和的这一契机上。

这就是欧阳先生论证的最主要的地方，也即是他全部分析的主要结论，即《阿Q正传》是鲁迅先生思想跨进的一个表现。然而这样分析的结果，却把《阿Q正传》的伟大艺术价值几乎抹煞了。

欧阳先生的毛病，我以为是，他首先假定了鲁迅先生思想发展的程序，根据于这程序的图式，再来分析这篇作品，这样就不知不觉走到了观念论的路上去。作者对于《知识即罪恶》一文的理解，造成了他这个固执的观念。一切分析都是为了达到一个目的，即证明当时鲁迅先生思想的突进，这个观念大大地阻碍了他对这篇伟大作品的认识。首先，他把这作品的主题，主观地肯定了。于是根据“发掘革命种子”这一概念的认识去分析人物的心理与性格和作品的内容与形式的关系，结果发现处处是破绽。作者虽苦心地想从这些破绽来证明鲁迅先生思想的跨进，然而连这个企图似乎也并未成功。作者所要指出的，主要表现于《阿Q正传》中鲁迅先生“因思想跨进而特别积极的热情”，所谓“积极”、“消极”究竟应该怎样区别，这固然还待讨论(照作者意思似乎鲁迅以前的作品只是一种消极的热情)。但是照作者分析的结果，则表现于《阿Q正传》中所谓“能发生积极的合理作用”的，有“自我意识性”的热情，显然也不会发挥出来，因为所谓“发掘革命种子”的企图在这里并不获得成功啊。可是在另一方面，《阿Q正传》中所包含着的伟大的现实的思想，却反而在作者的笔下被掩遮住了。因为即使退一步，承认欧阳先生的分析是正确的，那末《阿Q正传》至多也不过说明了鲁迅先生个人在思想上跨进了，而这篇作品本身所包含的思想内容，究竟有什么伟大之处，却并未被指出来，倒反而显露了艺术形式上的种种破绽。那末，这篇被认为世界杰作之一的作品，它的艺术价值究竟是在什么地方呢？岂不是成了一个迷惑的问题了。

要说明以上各点，仍然得回到鲁迅先生的思想问题上来。研究一个作家的思想和创作过程，只能综合地去观察它的发展趋向。如果把它机械地切成一段一段，甚至拿每一篇作品作一段落去研究，这方法不但是机械的，实在也是危险的。以鲁迅先生的思想发展过程来说，大家都公认他是从进化论发展到革命论，这是没有问题的。不过我们却不能机械地把进化论的思想和革命论的思想，看做鲁迅先生思想发展过程中两个对立的阶段。鲁迅先生从进化论发展到革命论，并不是鲁迅先生自身来一次思想革命，或是什么旧思想对新思想的清算。作为一个现实主义者的鲁迅先生，他的思想发展，始终是紧紧地伴随着中国历史现实的发展。当中国历史上两大社会势力斗争(人民大众反帝反封建的斗争)已经开展的时候,当“五四”民主主义革命已经到尖锐阶段,新旧文化思想已经开始积极斗争的时候,这种社会斗争的概念必然是反映在一个现实主义者的鲁迅先生的思想上。决不能说,在进化论阶段中的鲁迅先生完全没有革命论的思想存在。但是由于当时中国新的革命力量尚未成长,中国的民主革命尚未与世界革命取得同流,鲁迅先生也就无法看到这一革命的发展前途,因而他也就不能进展到明确的革命论思想阶段。这不是鲁迅先生的思想落后于现实,而是当时的现实条件不能使他的思想达到更高的阶段。在鲁迅先生一生的思想发展过程中,我们可以看到贯穿着一条红线,就是他彻底的民主主义思想,这即是说,他始终是站在被榨取的大众利益上,绝不妥协地与封建买办势力作战,并且猛烈地抨击着市民阶层那些虚伪的改良主义,这和近代革命论者对于殖民地民主革命的观点,是完全一致的。从这一点上,我们可以肯定鲁迅先生的早期思想和后来革命论的思想并不矛盾,也因为如此,他的思想才能跟着历史的前进而发展到革命论的阶段,这绝非偶然,乃是自然的一贯发展。这里无所谓旧思想对新思想的清算,也无所谓从消极到积极的转变。《鲁迅的书》里也曾经指出,“从《狂人日记》一直到《风波》,每一篇里都有两种不同的人物,一种是牺牲者,一种是代表旧势力的分肥者,这两种人物的社会纠葛,是鲁迅小说一贯的中心。因此,从鲁迅的小说里,可推测一种晦涩不明的倾向,这便是各式各样、形形色色的两种人物的斗争,可能从一种个别的、偶然的形式中认识出人类社会两大势力的必然对立，进而将此一系列的复杂斗争，概括为两大主要社会势力。”然而作者却郑重指出，在《阿Q正传》以前，这种认识在鲁迅先生只不过是一种很晦涩的感觉，而且认为这种晦涩性为合理的，“因为在鲁迅的思想上，确实还没有达到以榨取者与被榨取者的斗争来解释人类一切社会纠葛的可能。他没这种感觉，但不能利用此种感觉作为思想的武器。”这样一来，从《狂人日记》到《风波》诸作品，便成为一种消极的作品了。作者把《知识即罪恶》一文作为鲁迅先生思想发展的分水岭，直到这时，鲁迅先生才开始明白对于榨取者“是需要一种斗争，而且一种决死的充满感情的斗争”，直到这时，才开始对那些榨取者“为什么要阻止人类往好的路上走呢？他们之间有什么共同之点么？他们之间在这社会里可能依据什么条件成为一类或一个无形的集团么？”诸如此类问题才“似乎有点头绪”了。这一个划分，仅仅是根据《知识即罪恶》中“我们还是用感情来决一决罢”一句话，这方法实在是太危险了。我们知道一个人在某时某地说某一句话，是很难把这句话就当做这人在此时此地才开始具有的思想的根据。正如欧阳先生所说，“文章只能是思想的表现并不是思想的起点与发生”。事实上，鲁迅在这以前也未曾有过不需要斗争的表现，相反地，他从《狂人日记》开始就是以不妥协的精神在战斗着。单就《狂人日记》来说，我们就看到鲁迅先生对于封建阶级是做着多么锐利的剖解，对于封建文化是取着多么锐利的态度，这难道不是所谓“决死的充满感情的斗争”吗？而在《孔乙己》、《药》、《明天》、《风波》等里面，我们又看到鲁迅这种斗争精神是怎样和对被榨取者的爱紧密地结合着。对于榨取者的罪恶，在一九一八年以来鲁迅先生所著的杂文中，几乎不断地宣布着，他指出榨取者的最高理想“只是纯粹兽性的欲望的满足——威严，子女，玉帛——罢了”。这便是奴隶的掠夺与榨取。在当时“五四”反封建的尖锐斗争中，以深刻认识中国的鲁迅先生，竟是连“榨取者为什么要阻止人类向好的方向走”这一类问题都还摸不着头绪，岂不是滑稽么？

问题不是在鲁迅先生对于社会矛盾认识的晦涩与否，也不在他能否利用这认识作为思想的武器，而是上面说过的，由于当时中国民主革命还是逗留在初期的阶段，新的革命力量还未成长，还未组织起来，鲁迅先生还不能明白地看到革命的远景。因此，他虽然看到了现实中间这种矛盾和斗争的存在，而且肯定了这种斗争，然而却不能确定这斗争的前途。正如后来他自己所说：“先前，旧社会的腐败，我是觉到了的，我盼着新的社会起来，但不知道这‘新的’该是什么，而且也不知道新的起来以后，是否一定就好。”（《答〈国际文学〉社问》）在写《呐喊》和《彷徨》时，鲁迅先生所感到的苦闷和寂寞，主要也是由于这一点罢？突破这种苦闷，而使思想跨进到新的阶段，这是在大革命已经起来以后。在写《阿Q正传》的时候，鲁迅先生的认识也还不曾达到这种境界。然而在那时候，由于他对现实的深刻认识和他对榨取者斗争的实践，却把当时社会的本质矛盾用天才的笔力透底抉发出来了。鲁迅先生对于中国社会剖解的深邃，在中国文学史上是空前的。仅从这一点说，我们不能不承认当时鲁迅先生对于中国社会关系是有比谁都深刻的理解的。

鲁迅先生虽然在那时没有看到革命的远景，没有看到人类解放的前路，然而却从没有悲观，从不曾因此而削弱他斗争的勇气。他告诉我们，路是“从没路的地方去践踏出来的，从只有荆棘的地方开辟出来的”（《热风·生命之路》）。又说，“无论什么黑暗来防范思潮，什么悲惨来袭击社会，什么罪恶来亵渎人道，人类的渴仰完全的潜力，总是踏了这些铁蒺藜向前进。”（同上）这些话，不仅是进化论的思想，同时也是一个革命论者，一个新人道主义者的信念，这种信念不是形而上学的，是从现实的深刻认识中产生出来的。

这些话是鲁迅先生一九一八年，即是产生《狂人日记》那一年说的，而在一九二一年写《故乡》的时候，他又提到一次，即是说，“希望是本无所谓有，无所谓无的，这正如地上的路，其实本没有路，走的人多了，便成了路。”可是欧阳先生却只引用《故乡》里的话，认为“这样哲理似的思想上的结论，不是轻易可以得到的。这需要对现实的深刻的观察与分析。他原来已经知道，希望是需要用斗争来实现的。……从这点上看，他是跨进一步了，这种以斗争来追求希望的态度，可能是《知识即罪恶》里的思想伏线”。

欧阳先生以为这是鲁迅先生写《故乡》时，思想上的“跨进一步”；认为这是《故乡》对《明天》与《风波》的一个发展，认为“在《故乡》里鲁迅先生才知道需要斗争来实现希望”，殊不知这一步，在写《狂人日记》的时候早已“踏进”了。《故乡》里的话，不过是一九一八年所写的《生命之路》里的话，重述一下罢了。鲁迅先生早就在号召大家“踏着铁蒺藜前进”了，早就在号召大家从没路处去走出路来了——即是说，早就在要求以斗争来开辟生命之路了！

这一来，欧阳先生的分水岭就有点动摇了。因为《知识即罪恶》里所表现的“两大主要社会势力相互斗争的概括认识”，事实上在鲁迅先生是早已存在着了。不过，我们必须指出，当时社会斗争的内容，主要还是民主革命势力和封建买办的势力的斗争。而鲁迅先生却把这一斗争和他对于广大被榨取的奴隶的热爱紧密地结合在一起，这样就使这斗争取得明确的意义——即是几千年来奴隶要求解放的斗争。这是鲁迅先生五四运动中间所表现的最杰出的思想，欧阳先生用“奴隶意识奠定了真理武装思想的可能”这样字眼，来表示当时的鲁迅先生思想，这说法却是极正确的。

在这里，我们顺便可以谈到，所谓积极和消极的问题。欧阳先生认为鲁迅先生“到写《知识即罪恶》的时候，才给他所同情的对象相当地确定了社会经济的内容，那么我们就可以知道，作者想从被榨取者中间去寻求积极同情的对象而加以正面的表现，因而写成《故乡》是很自然的。”他的意思，仿佛说正面去表现积极同情的对象——即作者所敬爱的人物，才算是积极的热情。而反面地暴露则属于消极的。因而，从在这一点上他又断定《故乡》和《阿Q正传》的产生，是鲁迅创作过程上的一个变化，并且因为这个理由，他像把阿Q看做是一个所谓正面表现的积极同情的对象。

其实，所谓积极和消极，是应该以作者对于现实所取的态度来决定的，并不是决定于作品的形式，作家可以从种种不同侧面去描写现实，不管是正面的描写或反面的暴露，只要作者对于现实不是悲观绝望，而是取积极的斗争的态度，那么这种主观的情感和思想，通过艺术的表现，都足以唤起两者的积极情感。一个成功的艺术家往往是从社会的本质的矛盾关系上，去展开他的主题，和创造他的典型人物，并不一定要从正面去描写斗争现象或创造革命的典型人物而算是表示积极——那只是一种庸俗的见解罢了。所谓暴露，这意思并不仅只限于暴露黑暗的现象。主要的倒是从这种黑暗现象的里面去抉发社会的本质矛盾，从这里使人们去认识历史的真实。因此，暴露也并不能说是消极的。以鲁迅先生的小说来说，固然大多数都是属于暴露的，然而这恰恰说明是当时社会的极度黑暗和沉闷的反映。鲁迅先生凭借其天才的笔力，不仅剥露了榨取阶层的残忍面目，并且还显示出奴隶的残废状貌和它们的根源。出现于鲁迅全部小说中间的，几乎全是这一些肉体和精神的残废者，就是《故乡》里的闰土，也何尝不是活生生地给折磨得那样麻木的一个残废者。由狂人、孔乙己、小拴、单四嫂子、七斤、闰土、阿 Q……这一些残废人物，织成了一种血泪交淋的奴隶史图，这才是对中国历史一个空前的无情的暴露。这些人物都是具有善良灵魂的中国人民。是谁使他们变成残废？是谁在屠杀着他们的灵魂，这种无情的暴露，难道不唤起我们高度的愤怒和积极的斗争热情吗？鲁迅先生对于那些灵魂屠杀者的无比愤怒，也就产生了他对于那些善良灵魂的深切的同情与爱，使他喊出“救救孩子”那种热情的嘶喊，这难道不是积极的同情与爱吗？这种强烈的爱与同情，一贯地潜藏在鲁迅先生的全部著作中间，转化为一种坚韧的战斗精神，这就是我们所讲的鲁迅精神。这主要是因为鲁迅先生自己就是一个被迫害者，就是奴隶中间的一员。所以在风格上，鲁迅虽颇近于契诃夫、莫泊桑等，但是在精神上显然是绝不相同的；固然鲁迅先生有时也流露出一些颓伤的情感，然而这正是当奴隶力量没有组织起来以前一个孤独战斗者所不免的偶然情绪，并不妨碍他那种“我们要叫到旧账勾销的时候”的一贯精神。

鲁迅先生是最了解奴隶的一个人，因此也是给予奴隶以最伟大的爱的一个人。奴隶固然大多是不健全的，然而又岂是奴隶的罪过。说鲁迅先生要在这些精神或肉体的残废者之外，另外去寻求“素来所敬爱过而近似理想型的积极同情的对象”，作为小说的主人公，并且把这看做是他在写《故乡》与《阿Q正传》时候一个创作上的变化，这意见怕是难以成立罢。

从《狂人日记》到《阿Q正传》，甚至到《彷徨》里诸作品，可以说都是一贯的发展。关于这点，我颇同意茅盾先生在《〈呐喊〉与〈彷徨〉》一文（转载在桂林出版的《文艺新哨》）里的意见。这些作品的主题，都是围绕着一个中心，即是写出从辛亥到“五四”中国民主革命初期，中国奴隶——或者说，被榨取的下层农民与农村破产者——的真实状貌。而在这中间，作者把奴隶解放的要求和当时中国市民的民主革命要求结合在一起，而且把它作为一个根本问题来理解，这就是统一着《呐喊》与《彷徨》中间各篇小说的中心思想。这种思想无疑是具有伟大的现实性，由于这种深刻的现实思想内容，加上作者的艺术天才，才产生出那一些辉煌的艺术形象。鲁迅先生替当时中国人民画下了一幅最真实的史图。在今天，确实能够帮助我们更清楚地去理解中国革命的许多问题，然而当时鲁迅先生自己却并不是一个革命的指导者，他只是一个战斗的实践者罢了。因此，我们并不能那么机械地把他当时的思想过程和创作过程切成若干细碎阶段来研究，我们只能看到他创作上一个总的发展趋向，即是他愈深入到我们斗争的实践中间，他的认识也更突入到现实的本质，因而在创作的现实主义上获得更大程度的真实性。阿Q便是这些真实形象中间最杰出的一个。《阿Q正传》的伟大，我以为不在作者在这篇作品中所表现的思想是较前“跨进一步”，而是在于它所反映的现实较以前作品更本质地深入，因而在作品的思想上，显露出更大的真实性。

关于《阿Q正传》的主题，已经有许多人谈过，大多认为是中国国民弱点的暴露，这大概是根据鲁迅《再谈保留》一文中的话，我以为这话尚需阐述。至于欧阳先生认为作者的主要企图，是要从阿Q身上去发掘革命种子，追求革命的动力，这说法确是新颖，然而却未免太主观了。这也许是根据鲁迅先生在《〈阿Q正传〉的成因》里所说：“中国倘不革命，阿Q便不做（革命党），既然革了命，就会做的，我的阿Q的运命也只能如此。”阿Q既然是个农民，而农民应该是中国革命的主要动力之一，那末作为中国农民典型的阿Q，既然革起命来，自然应该是革命的战士，欧阳先生也许从这一逻辑上去推论的罢。这意见似乎刚刚和西谛先生的意见相反，然而实是相成。西谛先生的意思，似乎阿Q那样一个人，照理不会而且也不配做革命党，然而却居然做起来，而且被枪毙了，颇有点意外。而欧阳先生的意思，则是阿Q那样人（即农民）会而且应该革命，并且应该是具有高度的报复与愤怒的革命心理。然而阿Q却偏偏是个糊涂蛋，也颇有点意外。前者是说，一个残废的糊涂蛋不应该去做革命党；后者是说一个做革命党的农民不应该是残废的糊涂蛋。他们共同的毛病，是忽视了当时中国农民的实际状况。在经历长期的奴隶生活的农民，尤其是在太平天国和义和团失败以后的中国农民，是普遍地陷在怎样一种无组织的悲惨麻木的精神残废状态之中。革命起来了，他们是要求翻身的。然而他们的意识没有觉醒，几千年来的奴隶思想把他们毒害着。他们的力量还不曾被组织，反而到处受着封建残余和市民阶层的欺骗和愚弄。他们有朦胧的革命要求，然而很可怜，革命是怎么一回事都弄不清楚。在那样情形下，说农民不会或不配做“革命党”，固然不是真实，但是要求阿Q那样残废的人们一下子能站起来担当革命的任务，这也是非现实的。阿Q是在反叛着，这是事实。然而不幸这反叛是和奴隶的失败主义——阿Q主义相结合，因此阿Q的革命至多做到“用竹筷插上他的辫子”，被人家出卖了。这确是当时的普遍情形，是使鲁迅先生异常愤怒和悲痛的。他从阿Q身上所发掘的，倒不是什么革命的种子，却是几千年来中国人奴隶的根性——也即是几千年来传统的封建统治阶级和后来的帝国主义者用血教训出来的奴隶失败主义。鲁迅先生对于阿Q以及阿Q的反叛是万分同情的。然而，正因为如此，他对于深积在阿Q身上的阿Q主义，便格外愤怒了，并且憎恨了——这爱和憎是异常分明的。一部《阿Q正传》与其说是奴隶的革命史，毋宁说是奴隶革命失败史，或者说，是奴隶的被压迫史。从这部血泪的历史中间，使我们不仅清楚地看到奴隶是在反叛着，而且更看清楚奴隶自己的弱点。使我们知道应该怎样去奋斗，并且和自己的弱点去奋斗。只有从这种奋斗中间，才能够去孕育新的革命种子。然而却不在阿Q的身上，而是在阿Q的后代——中国新的农民身上了。——《阿Q正传》还不仅是阿Q的根性暴露史，并且也是所有中国人奴隶根性的暴露。这就是鲁迅先生所谓国民弱点的暴露。在几千年专制政治压迫之下，大多数中国人本来就在过着奴隶的生活，而自从帝国主义者侵入中国以后，不但像阿Q一类人早已就做了奴隶，就是向来的奴隶统治者或者做奴隶总管的人，也做了帝国主义者的奴隶了。因此阿Q式的奴隶主义，就成为当时一般中国人的人生哲学。阿Q主义这一特征，一方面是作为阶层本质存在于阿Q那些最下层奴隶群中，一方面却作为半殖民地的民族特质，普遍地存在于一般中国人中间。然而"阿Q主义这一特征，对于阿Q这一阶层，和对于统治阶级或其他阶层是具有显然不同意义的。这一点必须被发掘出来。洋大人所豢养的统治者一方面固然是被征服的奴隶，一方面却依旧维持着统治者的身份。他们的损失是取偿于人民的身上，因此就造成他们更残酷的剥削。鲁迅先生称他们做'办人肉的筵宴'的厨师，是十分恰当的。他们侈谈'东方文明'，自夸'华夏第一'，实际上却不止是卑怯的自慰，而是很明白的具有一种毒辣的作用——压迫革命。他们的阿Q主义愈深，人民便遭殃愈烈。这正是阿Q主义对于这一阶层所独具有的特征，也是鲁迅先生所深恶痛绝的。但是作为阿Q这个阶层特征的阿Q主义，却是两样。阿Q以及阿Q同样的人是社会最底层的人，对于他们，产生这种奴隶失败主义的，正是奴隶统治者和奴隶总管长期残酷压迫的结果。他们并不能压迫人，他们的精神胜利法只是一种可怜的愚昧的自欺自慰；除了自害以外，并不能害人。对于他们，阿Q主义固然也是奴隶

的失败主义，然而这失败主义的另一方面，却说明奴隶是在反叛着。”（见我写的一篇《也谈阿Q》）

所以，阿Q主义固然可以一般地作为中国人民精神病状的综合来看，但必须指出这一区别。这样才能理解为什么阿Q这一典型所包含的本质的特征，才不至把典型作为是代表国民性来误解。

从上述意义看，则《阿Q正传》不仅暴露了奴隶的弱点，并且也暴露了民族衰弱的根源。不仅是奴隶的失败史，并且也是民族的失败史。从阿Q这个典型人物身上，鲁迅先生是把辛亥时代中国社会以及民族的基本矛盾一起掘发出来了，并且借此展开了社会思想形态的战斗。而在这中间，我们更看到了鲁迅先生对于民族和人民的伟大的爱。《阿Q正传》的伟大思想内容和伟大的艺术价值，我想是应该从这里去认识罢。

如果这一理解没有错误的话，那末，对于鲁迅先生为什么不选取闰土型的农民而选取了一个流氓无产者性的阿Q作为小说的主人公，为什么把阿Q写得那么糊涂，为什么没有把高度的愤怒与仇恨的革命心理赋予阿Q等人问题，就不难解答了。这即是说，因为阿Q是被磨折得最不像样的一个人物，是奴隶群中间最悲惨的一员。他不仅土地、工具被人家剥夺掉，弄得无家可归，到后来只剩下一条裤子。而尤其令人战栗的，是他的“人性”给磨折得那样残废不堪。这才是阿Q主义产生的根源。也即鲁迅先生所要写出的奴隶的真实状貌。这样一种人物，从破产的农村流浪汉去选取，自然比较从像闰土那种人中间去选择更为合适了。这并不是说，因为要把阿Q作为“中国人劣根性集中点”，所以“必然的同时是有一种流氓无产者的弱点”，倒是要以破产的流浪农民（最下层的奴隶群）来作为这个典型的阶层基础，从而暴露出最下层奴隶与社会环境的矛盾，奴隶与奴隶主义的一致和矛盾。更进一步，显示出奴隶主义的根源以及这病根对于中国民族解放的矛盾，所以阿Q才不能不是这样一个人物，这和《工人绥惠略夫》并没有相同之处，纵使阿Q血液中是有绥惠略夫的成分，然而它所要表达的意义，显然是不相同的。

阿Q既然是一个奴隶主义者的典型，我们要求他具有高度愤怒与仇恨的革命心理，这岂不是一个极大的矛盾？阿Q虽然想反叛，想革命，但是他脑子里的革命却是一个极其模糊的观念，“他有一种不知哪里来”的意见，以为革命党便是造反，造反便是与他为难，所以一向是深恶而痛绝之的。殊不知这却使百里闻名的举人老爷有这样怕，于是他未免有些“神往了”，况且未庄的一群鸟男女的慌张神情，也使阿Q更快意。

“革命也好吧，”阿Q想，“革这伙妈妈的命，太可恶，太可恨！……便是我，也要投革命党了。”

“造反了！造反了！”

“好，……我要什么就是什么，我欢喜谁就是谁。”

这就是阿Q的革命理论，也是奴隶和奴隶主义的矛盾与一致的具体表现。这种心理普遍地存在于辛亥时代的农民中间，欧阳先生所引的“赵家遭抢之后未庄的人大概快意而又恐慌”，就是这种心理的表现。实际上，当时的农民，除了极少一部分，大抵是和辛亥革命很少有关系，这革命也很少代表他们的利益。他们一般的是被关在革命的大门之外，即鲁迅先生所谓“不准革命”。他们对于革命，只是模糊地认为一些他们不相干的新派，或者说神秘的“白盔白甲”人们对于满清王朝和官僚的造反。这在他们是有点快意的，然而也有点恐慌，因为不明白这种革命会带给他们什么。例如要剪辫子，这就是件农民所最恐慌的事。从这里也可以窥见，所谓“倾向革命的充满愤怒与仇恨的报复心理”在当时农民中间并不是普遍的存在，以后一二十年，农民真正起来参加革命了，这才成为一种典型的心理。如果鲁迅先生在当时把阿Q这典型真的写成一个意识觉醒的、充满愤怒与仇恨的革命农民，那倒和历史真实不符合，成为“欠真实性”了。

同样，这也说明阿Q为什么是糊涂的。在几千年来凶残的专制政治之下，在传统的封建伦理观念的毒害之下，在帝国主义封建买办集团的重重榨取、掠夺、愚弄、磨折之下，阿Q怎么会不糊涂呢？赵太爷可以姓赵，阿Q却不许姓赵；秀才可以讨小老婆，阿Q却不许“讲恋爱”；假洋鬼子可以革命，却不准阿Q革命。这怎么不教阿Q糊涂呢？如果阿Q真的帖帖服服糊涂到底，倒也罢了；他偏偏不安分，居然想“讲恋爱”，想造反，这才教他更糊涂了。阿Q的糊涂，正是奴隶和奴隶主义的矛盾的表现。如果阿Q没有反叛性，那也许就和吴妈之类一样，安安分分做一辈子的奴隶。反之，如果没有阿Q主义作祟，阿Q倒也许真的站了起来。正因为是在这种矛盾之中，所以他才不得不糊里糊涂给人家捉去枪毙了。阿Q的糊涂正是那种残酷的人性磨折的结果，是那种教人战栗的心灵残废者性格的特征。没有这一特征，阿Q的典型性格就不会有这样突出。欧阳先生以为糊涂只是阿Q这个人物的独特成分，没有一般性，这说法是不正确的。只要想一想中国有多少这样糊涂的阿 Q“糊里糊涂的”在“嚷着造反”，“糊里糊涂”弄得无处做工，无路可走，也不自觉。“糊里糊涂”给人家捉去画圆圈，枪毙，这就够使人战栗的了。在鲁迅先生的小说中间，就有不少糊涂的人物，孔乙己、单四嫂子、小拴、七斤以至王胡、小 D，何尝不是糊涂人物呢？不过没有阿 Q 的糊涂性格来得强烈罢了。

从糊涂这一点上，我们就要论到所谓“与糊涂相结托的滑稽性”的问题了。《阿 Q 正传》是用滑稽的作风写的吗？对于这问题，我们仍然用鲁迅先生在《阿 Q 正传的成因》一文的话来说明罢。鲁迅先生是这样说的：“阿 Q 的影像，在我心目中似乎确已有了好几年，但我一向毫无写他出来的意思。经过这一提，忽然想起来了，晚上便写了一点，就是第一章：序。因为要切‘开心话’这题目，就胡乱加上一些不必要的滑稽。其实在全篇里也是不相称的。”这分明说，所谓“切‘开心话’这题目，就胡乱加上一些不必要的滑稽”，不过只在第一章《序》里有一些，而这一些在全篇里既不相称，则全篇的风格并不滑稽，就显然可见。在同一篇文章里又说：“但是，似乎渐渐认真起来了，伏园也觉得不很‘开心’，所以从第二章起，移到新文艺栏里。”这更说明自第二章起鲁迅先生是以严肃的作风在写了，这使孙伏园觉得失去滑稽之感，于是才移到新文艺栏去。可见第二章到最末一章的主要的文章里，并没有什么滑稽性存在。就是第一章里的滑稽作风，也经鲁迅先生声明为“不必要的”，而现在欧阳先生却偏偏要把这不必要的滑稽，算作全篇的主要风格，这未免是太武断了。

譬如说，阿 Q 在法庭上画圆圈这一件事，阿 Q 到法场去的路上想唱“手执钢鞭将你打”，而忘记两手被捆着这一件事，阿Q在喝彩声里想去看吴妈，而吴妈却在出神地看兵士背上的洋枪这一件事——这些事总好算是阿Q最糊涂的地方了。而这些举动，也确实似乎有点可笑，这大概就是欧阳先生所谓“糊涂与滑稽性相结托”吧！然而请想一想，这究竟是叫人好笑，还是叫人战栗的事情呢？教人感到滑稽，还是教人感到愤怒的事情呢？再说开去，即如阿Q的讲恋爱，阿Q的想造反，阿Q和小D四只手拔着两颗头都弯了腰，在钱家粉墙上映出一个蓝色的虹影至于半点钟之久——这些事，难道都仅仅是为了“切‘开心话，的题目”而“力求滑稽”么？如果上述这些描写就是什么“掩遮了阿Q倾向革命的心理不够严肃的愤怒与仇恨这缺点”的滑稽性，或是掩遮“滑稽性所显得不真实之感”的“糊涂性格与滑稽性的结托”，那才教人更糊涂了。

世界上原是有些最悲痛最残酷的事情，是在无知与愚昧的外幕后进行的。正因为无知与愚昧，于是便有些人觉得可笑，然而这种可笑却是怎样教人战栗啊！鲁迅先生是把这真理给我们诉说了。他写出阿Q临死前最后一刹那间的思想，阿Q想起“四年之前，他曾在山脚下遇见一只饿狼，永是不远不近的跟定他，要吃他的肉，他那时吓得几乎死，幸而手里有一柄斫柴刀，才得仗这壮了胆，支持到未庄；可是永远记得那狼眼睛，又凶又怯，闪闪的像两颗鬼火，似乎远远的来穿透他的皮肉，而这回他又看见从来没有见过的更可怕的眼睛了，又钝又锋利，不但已经咀嚼了他的话，并且还要咀嚼他皮肉以外的东西，永是不远不近地跟他走。

“这些眼睛们似乎连成一气，已经在那里咬他的灵魂。”

这是多么锐利的笔力啊，世界上是否有艺术家，曾经写出比这更令人战栗的性格么？

所以假如所谓“滑稽”，就是指阿Q那些“糊涂”行为的表现的话，那么我倒以为非但不是“加强地阻止他那艺术形式的这种跨进”，而恰是使阿Q这形象获得更完整的典型性。

关于《阿Q正传》，我所要说的话，大概是如此。这些话里并没有新的见解，不过看到了欧阳凡海先生对这篇作品的分析，觉得有讨论一下的必要。我以为，对于这篇伟大的作品，是需要更多的人更深刻地去研究的。“研究鲁迅”不正是目前很流行的口号么？最后我觉得应该提到的，就是欧阳凡海先生的《鲁迅的书》，大体上仍不失是一本研究鲁迅的较好的书。有许多见解，是很卓越的、正确的，正因为如此，所以对于这本书内容认为有问题的地方，便更觉得有提出讨论的必要了。

（原载1942年《青年文艺》第1卷第1期）

《北京人》与《布雷曹夫》

看了《北京人》演出之后不久，又读了高尔基的晚年剧作《叶戈尔·布雷曹夫》(亦有人译作《叶戈尔·布莱権夫》)，这两个剧本，都可以说是对旧社会死亡的挽歌。而这挽歌的另一面，也可以说作者对新社会的颂歌。不过，他们所挽和颂的，却是两个截然不同的时代。《北京人》是描写死亡过程中中国封建社会的悲剧命运；而《布雷曹夫》则是写俄国二月革命中资产阶级商人家庭的没落。在《北京人》中取曾家的地位而代之的暴发户杜家，正是在后一剧中遭遇同样悲惨命运而衰落的布雷曹夫家庭，这恰巧是教人感慨的两个庚续的历史时代的一个鲜明对照。这且不谈，因为我们并不想从这两个剧本的不同内容上来作比较的研究。引起我的兴趣的，倒是这两个剧本。在取材上，颇有相似之处。彼此都是以一个家庭的纠纷关系为题材，写出家人亲戚之间的彼此互相矛盾、倾轧、互相计算攻讦，以及它的昏愦、自私、痛苦、憎恨、种种丧失人性的可怕行为，从而也反映出他们这些阶层腐烂和死亡的真实情况，而同时，两个剧本都各自指出一条新的道路，让他们中间一些具有善良灵魂的人们，从死亡中走向新生。以人物来说，《北京人》中的曾皓、曾思懿、江泰、瑞贞和《布雷曹夫》

中的叶戈尔、安森尼亚、兹文左夫、舒拉，在彼此关系上，颇有相类的地方。比如说：《北京人》中间曾思懿欺凌丈夫，想计算快死的公公的财产，勾结姑爷江泰，想嫁掉愫方，而自己又和姑爷冲突；在《布雷曹夫》中间，则是安森尼亚欺凌并计算快死的自己丈夫的财产，勾结女婿兹文左夫，想嫁掉舒拉，而自己又和女婿冲突。在《北京人》中间，瑞贞和愫方这两个女性，终于“打开门”出去；在《布雷曹夫》中间，舒拉和哥拉菲拉这两个女性虽然不曾在舞台上“出去”，但正如舒拉自己说的，“我早已决定了，我要变成一个伟大的卖淫妇，等着罢，等到革命到来，那时候，你就看见我开始绚烂了”，而且她们两个事实上已经接受耶考夫的领导了。至于在《北京人》中，作为领路人的是带有象征意味的“北京人”（一个机器工人）。而在《布雷曹夫》中间，却是一个现实的革命人物耶考夫。这一切对照都是很有兴趣的。所以两个剧本在主题和内容上，虽并不相同，但如果把两个作者对主题的表现，题材的处理和发展上，去作一个比较的研究，这对现实主义创作方法的理解上，或不无裨益吧。

首先，从主题内容的表现上来看，两个剧作者所采用的方法，显然是不同的。两个剧本，看来都极其复杂、紧张，一场紧接一场的，展开着各色各样的矛盾。但是在《北京人》中间，这些矛盾——就是这剧本主题内容的表现——只是孤立地局限在一个家庭之中，这个家庭和当时整个封建社会的势力以及当时典型的政治与社会斗争的形势之间的关系，并不曾被表现出来。关于这一点，胡风兄在上期《论曹禺的〈北京人〉》一文中，说得非常透彻，他指出《北京人》主要的缺憾，就是主题孤立化与人物性格单纯化，这一指出是非常有力的。在这里，我们可以想到一位先进者所说的“典型环境中的典型性格”这句话的意义，因为典型环境乃是造成典型性格、决定人物行动的一个重要条件。典型的种子必须是从具体的历史和社会的矛盾中间去获取，而又必须放在具体的历史和社会的矛盾中间去锻炼、去发展，这样才能使典型获得其具体的历史内容。注意典型环境的描写与其说是为了历史的观点去描写这故事的时代背景，毋宁说这是为了艺术，使作品的人物性格能够获得更完整的典型性。所以主题内容的孤立化与人物性格的单纯化是有必然的关系的。就《北京人》来说，这个题材，无疑是从现实的矛盾中间摄取来的，我们也不能说，作者没有注意到这悲剧的社会学意义，但是作者却没有把这剧本中人物的矛盾更大胆的和整个社会的矛盾状势联系起来。即是说，没有把这些人物放到极广阔的社会斗争中去锻炼，去发展。作者把他的人物分为若干组，每一组里的人都自相矛盾着（比如曾霆和瑞贞的矛盾；曾文清、曾思懿、愫方的矛盾；江泰和曾思懿及曾皓的矛盾）。每一组里的各个人自己也在矛盾着，又把这一切矛盾纠缠在一起，形成一个总的家庭矛盾。这看来确是非常复杂、非常动人了。然而这种错综复杂却只表现了这个家庭的矛盾关系，从这里所显示的整个社会生活的错综复杂关系，显然是不够的。因而使我们会感到，这种错综复杂多少还是由于作者的文学设计吧。作者的意思也许是以为把这些矛盾关系表现得愈集中、愈有力，避免把他扯开去，然而他却忽视“社会生活本身是比任何文学设计更加复杂、更加有趣的”。由于作者没有把它的人物放到更大的社会斗争中去发展，因而作者所企图达到的剧本的社会意义，就不能尽量发挥出来。作品人物应该具有的社会典型性格，也不能达到更完整的程度。

如果我们承认这些是《北京人》美中不足的缺憾，那末，在高尔基的《布雷曹夫》中，恰看到一个相反的特色。一位苏联的戏剧家D·诺维斯基指出高尔基剧作的特点之一说："他的剧中人物成为深刻的思想的总和。当高尔基给予典型的描写的时候，他的主人公生活，从不与他们的阶层分开，并且还要显示他们的社会根源。"

另一位批评家S·第拿漠夫讨论《布雷曹夫》的力量在什么地方时说：

> "高尔基指示并指出，事情发生在什么地方，所发生的是什么，为什么发生；每个人物总是被自己的空气所包围，而且这不是空气层，好像在我们有些戏曲里所看到的那样——这是真的，活的，真正社会的空气，使主角行动而决定主角行动的空气。"

这就是高尔基在主题内容表现上的现实主义的成功。

在《布雷曹夫》中间，我们首先非常强烈地感到，在舞台场面背后，一个巨大的时代变动在怎样进行着。这是俄国二月革命的局势，非常确定而可感觉的。（对于《北京人》就有种种不同的说法：有的说是写"五四"时代的，有的说是写抗战以前的。）然而作者却不是像一些庸俗的艺术家那样，只是把这革命机械地作为一个剧本的背景（好像我们的一些剧作家写抗战剧本那样)，他是把握着这时代变动冲击着剧中人物的生活所起的种种反应，从他们的心理和言语行动中，有机地显示出时代与环境对人物与其阶层的关系。种种冲击和他们自己中间的矛盾是互相交错而发展着的。从第一幕布雷曹夫登场以后，他和各人对话中间，就看出这战争与革命危机对各人心理上所起的不同反应，这种反应在第二、第三幕中格外强烈起来。在革命危机下，整个家庭是在一种麻木和不安的纷扰中间。这情形，格外加强了他们之间互相欺诈、互相争夺的矛盾程度。这个家庭本来已经腐烂得像一个脓疮，而革命的到来却使这脓疮溃烂开来。布雷曹夫在第一幕中说："个个都在这次战争的惨痛中弄钱。"又说："钱在哪里弄呢? 还不是农民头上?"弄钱的结果，加深了农民的痛苦，因而促进了革命的危机(第一幕，兹文左夫对巴式金说："这次会是真正的革命了。一九〇五年，农民都在国内，如果他们都在前线，这次恐怕是反抗军官的革命呢?")，迫使他们走向灭亡。而在走向灭亡的途中，他们却不得不更疯狂的弄钱。这就是一九一七年二月革命前的俄国商人社会的真实状貌。这状貌，正反映在这剧本中各个人物间钩心斗角的关系上；女人要弄丈夫的钱，女婿要弄丈人的钱，管理人员弄主人的钱，教堂神甫要弄钱，修道院住持要弄钱，官吏、将军要弄钱，商人与商人之间更要争钱，宗教、沙皇都是为了弄钱的目的而存在。钱，钱，钱，就是支配他们一切行动的魔鬼。钱，使他们生，也使他们死。在这家庭中间人与人的关系，都成为一种商品的关系，一切都表现为市场的现象，这就是资本主义的实质。而现在，这个社会分明是在崩溃了。高尔基在这剧本中间所提示的，不仅是革命与战争对于这个家庭(这个社会)的打击,而且还显示出这制度本身的本质矛盾——就是使他们灭亡的历史根源。第拿漠夫说:"《叶戈尔·布雷曹夫》中所描写的,正是这个制度,而这部戏剧的惊天动地的思想实质也正在这里。要寻找这个实质,不要把书上一行一行的字句一眼瞥过,不要把主角的说话拼命抄下,而要细细思索整本书的意思,而不是零星片断地去考察,这是整个的,而不是什么局部的思想。"这话是确实的。

因此,《布雷曹夫》就不像《北京人》那样,把主题的内容集中在家庭里几个人物的关系上来表现,出现在《布雷曹夫》中间,有教堂的神父巴夫林,有修道院女住持玫拉尼亚,有敌对的商人道斯提加埃夫及其前妻子女,有社会青年提阿亭,有警察莫克鱼索夫,还有女巫、巫医,各色各样的社会分子。他们都和这家庭里的人物互相勾结着,参加了谋夺财产的阴谋。而这个阴谋,又和这个社会互相攘夺的谋财勾当交缠起来。沙皇政府的钱,教堂修道院的钱,这个家庭的钱,都像下注似的投在这最后挣扎的疯狂赌博中间。而另一方面,革命在进行着,革命的威胁在逐渐增加着。沙皇退位了,政治犯被捕又释放了,警察动摇了——不断的浪潮每一刻钟在向这家庭袭来,使他们战栗、迷惑并愈加疯狂;也使另一些人——舒拉、哥拉菲拉、托那特走近他们的新生。这个剧本的结构和《北京人》的结构,有一个显然的区别。后者,可以说是一种"螺丝式"的,作者把几种主要矛盾关系交代出来以后,就捉住这两三个线索,紧紧往上拉。观众以为已经是顶点了,作者却又把它抛到更高的顶点上去,一步紧似一步把群众情绪逼到最高点。最后,才以主人公的死亡,来结束这悲剧。《布雷曹夫》完全不是那样，它被称为“复音式的结构”，好比一个音乐队复音的合奏，使我们能同时听到整个社会复杂的噪音。它的情节，不像《北京人》那样曲折动人；它的场面，抛得很开，动得非常快；它的拍子，是迅速跳动的，——那完全抛弃了古典戏剧传统的结构，而完全适合于表现现代社会斗争的题材。在这里，我们很少感觉到艺术家人工设计的意味。出现在我们眼前的，是一幅复杂的、鲜明的史图。它给予观众的是一种强大的社会力量。所以，如果说《北京人》是叫人感叹和悲泣的，则《布雷曹夫》是叫人眩晕和战栗的。

其次，在人物命运与戏剧内容发展的关系上，两个剧本所取的方法是不相同的。在一般近代戏剧中间，特别是美国戏剧中间，主人公的命运是放在一个极其重要的问题上。一切复杂的结构与戏剧的进行，都是环绕着主要人物的命运的发展。曹禺先生的各部作品，大都是采用这方法的。例如《雷雨》，就特别强调着这一点。有人说，曹禺先生是一个命运论者。这话，我并不同意。不过，他确实是受了西洋个人主义戏剧很大的影响，常常把个人的命运看得太重要，因而使他的戏剧形式受到限制。以《北京人》来说，作者主要是要写出两种人的命运：曾皓、曾文清这些没落者的命运，和瑞贞、愫方那些新生者的命运，作者未始不是想从这两种人的命运上，来说明新和旧社会的命运。然而，他却把个人命运与其社会阶层命运的关联这一点忽视了。以曾皓与曾文清的死来说，作者是在说明一个无力创造者的灭亡，这在他们的意识、生活和行动上都显示得很明白。但我们知道，致使封建社会没落的，除了这个社会本身的无力与腐烂以外，还有一个很重要的因素，就是新的社会势力对于他们的压力。只有外的矛盾通过内的矛盾起作用的时候，它的没落命运才无可挽回。关于这新的社会势力，作者也暗示着了，就是隔壁暴发户杜家——一个代表资产阶级的家庭。但作者仅止于暗示，或借它作为一个对照。这个新的社会势力，究竟怎样把这旧的压了下去，就是曾家为什么败落的社会原因，却不曾表现出来。因此曾皓、曾文清这些人个人的遭遇，例如棺材、恋爱这些故事就成为决定他们命运的主要因素。作者着力在这些情节的关系上，迫使他们非死去不可。而更主要的一个问题，即他们这个社会非死亡不可的命运，在剧本上被忽视了。

同样的，在那两个走向新生的人物身上，这一点显示得更无力。瑞贞和愫方两个人的命运，只是从他们不能再在这家庭里待下去了的一点上来说明。作者几乎以全力来写这家庭的空气对她们两个的压迫。而另一方面，关于她们本身新的意识的觉醒的过程却不曾表现出来。我们知道，在当时中国（指抗战前），使青年觉醒的社会条件是很多的。例如学生运动的高涨（特别是在北平），新的思潮的传播，抗日运动的影响等等，这一切都是促使大批青年走向社会的典型因素。然而这一切，在瑞贞和愫方两人身上，却找不出丝毫痕迹。她们的命运和社会新青年的命运，几乎不发生一点关联。而唯一促使他们出走的外的因素，就是袁博士、袁园和北京人。袁博士、袁园和北京人，在剧本上的作用，实在也只等于杜家之于曾家，仅仅做到暗示和对照而已。因此"哑巴开口"这奇迹，在剧本中便显得兀突，由北京人来领路，也觉得很神秘了。作者自然不是没有能力写出这一切，而必须借助于这些"奇迹"，我以为他是想加重悲剧的压迫作用，所以才减轻他们自身觉醒进程这一面的描写，以为这样才更教人同情。可是结果，却使这两个人物性格弄得模糊，他们的典型性较之曾皓、曾文清一些人自然更弱了。

历史演进到近代，个人的命运与社会的命运愈趋向一致。个人的命运在社会过程上往往表现为偶然的，社会的命运则依据着历史的必然法则而发展，这种偶然与必然的关系，必须为艺术家所把握。在戏剧上，为了要增强戏剧性，偶然的因素往往被特别强调，但是这种个人的偶然的因素，如果不是和社会的必然因素密切地关联着，则很容易损害到艺术的真实性。我并不是说，《北京人》中间人物的命运和他们社会阶层的命运完全没有关联（而且，我们还应该说，在这一点上，《北京人》是比《雷雨》和《原野》更进步），但是这种关联不但不够而且不是有机的，因此，这个剧本给予我们的印象，多少还只是一个家庭的悲剧，要从这家庭的悲剧命运去看社会的悲剧命运，却是不够明确和具体。

假如，从这一点去看《布雷曹夫》，那就不同了。在《布雷曹夫》中间，个人的命运并不占重要的地位，叶戈尔·布雷曹夫一上场，观众就知道他是一个快死的人了，其他如舒拉，作者也并没有用更多的笔，去压迫她解决自己的问题。所以从个别的人来看，他们都没有什么曲折的悲剧情节，也没有什么特殊紧张的场面，单拿这些来和《北京人》相比，则远不如后者动人，高尔基并不把它的主题，放在主人公一个人的悲剧命运上，他只是从这个悲剧的人物身上，来反映出一个更大的社会的悲剧命运，作为戏剧的中心的，乃是当时整个社会的各种基本矛盾，这些矛盾反映在各个人物身上，并为各个人物所表现。布雷曹夫这个人物，在这个剧本中被写成一个看清楚他自己阶层的罪恶的人，这是什么意思呢？这是说明着长期战争的危机使这个社会蕴藏着的一切矛盾都暴露出来，一切假面具都无可掩饰地揭穿开来，使三十年前一个伐木工人的儿子后来由于偶然机缘而变成富商的布雷曹夫，在他临死以前突然看到了这一切，那并不是偶然的。布雷曹夫的心理意识，实际上都是当时社会斗争过程中种种变化的反映，这种矛盾的扩大，使布雷曹夫在其事业上遭受打击，也使他开始认识他的阶层和他自己；然而这已无可挽救。“新的世界不是为我的”，布雷曹夫很清楚知道这一点，“不过我想事情不像以往那样清楚了倒是真的，当一个人临到他生命快要结束的时候，他总想了解这结束的意义的，要了解生与死的意义的。”布雷曹夫所要了解的生和死的问题，实际上就是他那社会的命运的问题。布雷曹夫和各人的对话几乎全是这些问题——宗教问题、政治问题、金钱问题，最后他跟舒拉一段对话中说：“……我所了解，牧师们、沙皇们、政治家们，于我有什么关系？对我有什么用？我不相信上帝，我为什么要相信他呢？可是我相信人，不过连这不多的几个真正的人，也正彼此争斗呢。”这真是无可奈何的悲哀。“我是走向厄运了！”这就是他对自己——也就是对他社会阶层的命运所作的悲伤的宣判。布雷曹夫的悲鸣，不仅是他个人的，而是他阶层的悲鸣，从他个人的悲剧情感中间，传出了整个社会的悲剧情感。我们拿上面一段对话，和曾皓在最后一幕中对他家人训斥的话对照一下，我们就不难分别出彼此不同的地方了。

从布雷曹夫和他周围人物的矛盾关系上，以及他和他们同归于尽于同一命运上，我们看到了个人命运与其社会命运的一致和矛盾的关系。正如诺维兹基所说："《叶戈尔·布雷曹夫》这剧本所写的不是个人的死，而是一个无力创制的阶层的灭亡，也只有在这样的关联，作者提出这死的主题，在布雷曹夫的个性上才达到这样伟大的抒情程度。"

由于上述的差异，最后，在人物性格的表现上，我们也可以看出两个剧本的程度上的差异。拿布雷曹夫和曾皓两个人物来说，他们都是悲剧的主人公。曾皓是个固执守旧、自私自利而又无能的人，在他的落后的过程中遭遇到极悲惨的打击。作者对于这个人物性格的表现，主要是着重于悲剧的环境对他的压迫的作用。例如曾文清吸鸦片被发现的场面，抬棺材的场面等，都促使观众受到极强烈的刺激。但是抽去这一些，这个人物的性格就显得很单纯了。例如死的问题，在他心理和意识所起的变化，就写得很少。在《布雷曹夫》中间，剧本故事对于布雷曹夫这个人物的帮助却不很大。他在舞台上所遭受的打击，也没有像曾皓那样富于刺激性，作者对于这个人物性格的表现，是着重于和各个人的冲突，从这中间去写出他那种在绝望的挣扎中的顽强性格。他无情地泼辣地揭穿出这家庭和社会的种种虚伪和欺诈，诅咒着他自己和自己的阶层，在绝望中间和死亡做着顽强的挣扎，要想了解生和死的意义。"你知道我是怎样的人；残忍，好色，贪婪，我是一个大罪人，上帝已经抛弃了我……"他对那巫婆索尔布娜咆哮着。"我们活着等死，不仅我自己就连你们，沙皇和全国的人，都要死在我们所放任在世界上的这个野兽手里。战争只要牺牲者并不选择要谁。”他对那神父巴夫林咒诅着。“如今偷盗是合法的。这没有侮辱的意思，侮辱你，也不会使你好一点，甚至使你更坏。你没有偷到钱可是卢布在偷，最大的贼就是卢布。”他对他管理人巴式金痛斥着：“忏悔！忏悔！你是什么意思？忏悔？如果我们把抢夺来的东西，分一部分给上帝，他就可以宽恕我们的罪。同时，我要拒绝成为你们狡猾欺诈的一党，上帝就摒弃我，对吧？忏悔？因为我爱钱，因为我爱女人，因为我贪图你那混蛋妹妹的陪嫁而娶了她，因为我做过你的爱人。你对我谈我的罪，连哥拉菲拉这样的女人，你都配不上和她谈话，你也来谈我的罪！”他对他过去的情妇、现在的修道院长玫拉尼亚吼叫着。这是多么强烈的一个性格，造成这种性格的，正是当时这社会的强烈的矛盾。

再拿曾思懿和安森尼亚比较一下吧。曾思懿的性格在《北京人》中间是最突出的，她残忍、阴险、狠毒而狡猾，确是封建社会的女性中一种典型，但是如果拿她来和安森尼亚的残忍、狠毒相比，则要算是小巫见大巫。曾思懿之于曾皓，不过是冷嘲热讽，想把他的棺材卖掉，想逼出他的银行存折，和盼望他早死。最引起观众反感的，是把曾皓送医院时，咬了他一口。但是安森尼亚呢？则简直布置好种种罗网，想把她亲丈夫硬断为疯子，想利用巫医，把他弄死。在对付愫方的问题上，曾思懿不过勾结江泰向袁博士去提亲，想把她嫁出去。而安森尼亚对付舒拉就更可怕了。她勾结兹文左夫，叫提阿亭去勾引舒拉，打算骗到她的妆奁以后，再把她抛弃。一方面又好断绝她承继遗产的权利，这简直是比野兽还可怕的女人。这种不同，固然可以说是安森尼亚这阶层比曾思懿这阶层更无人性，然而也可以看出两个作者对于其人物鞭挞的程度上的深浅。出现于《布雷曹夫》中的人物，其人性是较《北京人》里的人物，更令人战栗。在这些地方可看出两部作品在魄力上的不同。

自然，在这里还有一点值得我们注意的，就是作者对于其描写的对象的憎恨的程度。高尔基在《布雷曹夫》中间，是充满着一种最强烈的对敌人的仇恨，这是《北京人》所比不上的。在《北京人》中，作为主要的情感的，大概就是剧本前面所引用的两句王勃的诗吧。由于作者主观情感的程度不同，因此表现在作品上的情感与思想的广阔和深刻的程度也就显出差异了。

最后，我想声明一句，就是我拿这两个剧本来做比较的研究，并不是说借此来贬责《北京人》这剧本，《北京人》在中国文学界中无疑是个成功的剧本，它是有许多卓越的特点，至少不是一般公式主义的作品所能望其项背的。这个比较，只是想从对世界文学遗产学习的意义上，提出一些值得参考的意见，作为我们学习的帮助罢了。

（原载 1942 年《青年文艺》第 1 卷第 2 期）

《项链》注解

莫泊桑是十九世纪法国的著名作家。他的小说是属于写实主义的，但他的写实主义却是以对人生的冷嘲作为出发点。他的作品中间，常常是充满着一种对现实和社会的冷酷的憎恨的情感。忘记是哪一位外国作家，曾经批评过莫泊桑，说他把世界和人生看得太冷酷了，缺乏对人类的积极的热爱和同情，这批评是相当正确的。莫泊桑的小说，大多是讽刺的，风格极其冷隽，但是他锐利的笔力，却是叫人惊佩。他能够从极平淡的生活中间，极细琐的故事中间，单刀直入地抉发出人类灵魂中可笑的弱点，显露出人生的悲剧。尤其是对于当时法国市民阶级的虚伪，他给予极无情的暴露和抨击，这使他的小说在法国和世界的人民中间引起极强烈的印象。《项链》就是这样一篇作品，这篇小说，在莫泊桑作品中是被认为杰出的一篇。

有如作品中间所描写着的，这故事是极其简单：一个小公务员的太太，为了虚荣心的缘故，竟然牺牲了十年的幸福的生活，而结果却发现辛苦了半辈子，只是为一条至多值五百佛郎的假项链，这是够可笑的！但是我们再仔细想一想，这样事情可不是最普遍地存在于我们这社会中间。我们这些市民和小市民中间，谁没有贪图虚荣的心理？别说外国，就说我们中国吧，宁使家里没有夜饭米，外表上阔气非摆不可，这种心理不是到处可以看见吗？为了虚荣心，牺牲了十年幸福，大家都觉得可笑，但是这社会中间，不是有更多的人，为了虚荣，在出卖他的灵魂、人格；为了虚荣，在出卖他的妻女朋友；为了虚荣，在出卖他们的祖国吗？这样事情，比十年幸福生活的代价不知更大过几倍了，为什么倒没有人觉得好笑呢？为什么许多人这样干着而恬不为怪呢？这就是社会悲剧的所在。短短几十年生命，人们就为了自己所造出来的虚荣观念在那里愁苦、焦虑、奔波、颠倒，甚至作下种种罪恶。这悲剧现在经过艺术家用一件极小故事，轻轻点破，于是大家哑然失笑了，这里就显出了艺术的力量。艺术家从社会生活中间捕捉了本质的因素，而把它压缩或凝结在一个极简单的形象中间，从这个形象里给我们显示出真实，使我们看到自己的丑陋和可笑，使我们自己来嘲笑自己，艺术的效果，在这里是表达出来了。

但是，在这里，我们还必须更进一步去追究这种人生悲剧的社会原因，才能透彻地认识这现实现象。这篇小说的译文，原来是附录在鲁迅先生翻译的《苦闷的象征》的后面的。《苦闷的象征》作者厨川白村，曾经在该书内分析了这篇小说。不过他的分析是为说明艺术的象征意义和他那所谓文艺鉴赏的四阶段的理论。这和现在我们所说的并无关系，但是他的文章里却再三说到这篇小说暗示出那“刹那生命现象之‘真’”。所谓“刹那生命现象之‘真’”是什么意思呢？这说法是很抽象而含混的，我们必须更具体地去认识这篇小说所显示的真实，它的社会和历史根源是什么？就是说，这种人类虚荣心理的社会根源是什么。因为一种社会心理或意识，必然是有它一定社会基础的。这种虚荣心理可以说是私有制度下的产物，而到了资本主义社会里，和商品的拜物教的观念结合起来，更显得强烈。项链的真假并不关重要，区别是在三万六千佛郎与五百佛郎，一条假项链在没有发现是假的以前，居然使马底尔得获得“最成功的光荣”，这是多么强烈的讽刺！当她丈夫向她提议说：“你戴上几朵鲜花，在现在的节季是很时兴的，化十个佛郎你就能买两三朵鲜艳的玫瑰。”她不听从说：“不……在阔太太们群里透着穷气是再没有那么寒酸的了。”可见什么美丽，时髦，都不过是以金钱的标准去衡量。鲜玫瑰的不行，无非因为它只要花十个佛郎就够了。

在第二段里，作者直接宣说着：“妇女们本来没有门第和种族的分别，她们的美貌、她们的丰姿和她们的妖冶就是她们的出身的家世。她们天生的聪颖，她们高雅的本能，她们性情的和蔼，乃是她们唯一的资格，可以使平凡的女子与富贵的夫人平等。”这是资本主义社会里妇女的确切写照。然而这些资本却必须和另一条件配合，才能使她们成功，即值钱的珠宝，值钱的首饰，换句话说，就是钱。马底尔得具备了上述各项资格，但就因为没有钱，没有值钱的首饰和珠宝，这才使她终日苦痛、忧愁、悔恨和绝望，一旦加上了一条项链，便使她立刻获得了“成功的光荣”。

金钱——虚荣，这就是典型的寄生阶级的生活意识，特别是布尔乔亚的一种普遍心理，通过马底尔得这个人物，把它锐利地刻画出来了。关于这，巴尔扎克在《贵族夫人》里有更典型的描写，恩格斯在给哈克纳斯女士的信中，曾提到巴尔扎克怎样描写"贵妇人,怎样让位给那些为着金钱或衣饰而嫁人的资产阶级妇女。在这个中心图画的四周,他安置了法国社会的全部历史"。金钱、首饰、衣装,这一切就是虚荣心理的根源,这也就是布尔乔亚的最高理想。所谓"生命现象之真",必须从这种具体的历史关系上去认识,才能获得本质的理解。

这篇小说题材惊人的真实性,是使这作品获得成功的主要地方,在小说的描写技术上,也获得极大的成功。一切场面都是写得极其单纯的,特别是宴会这个场面,和关于马底尔得那十年艰苦的生活。作者只用一二百字轻轻写过去。这是莫泊桑一贯的风格,喜欢用粗枝大叶的写法来表现,和契诃夫的作风颇相近。这种写法是极不容易的。我们看,作者并不曾用多少笔触,然而马底尔得这个人物的性格,可是活生生地显露出来了。

(原载 1942 年《青年文艺》第 1 卷第 2 期)

《创作小说选》的注解

《职业》注解

作者介绍　萧军，又名田军，东北人，职业作家。“九一八”后流亡到上海，抗战后来往重庆和华北，参加过军队生活。曾出版长篇《八月的乡村》、《第三代》，短篇集《江上》、《羊》等，他的作品具有雄伟的魄力和奔放的感情。

本文主题　这篇小说是战前发表的（一九三五年），它的主题是从一个穷困的肺病青年的遭遇上，反映出东北生活的悲惨和日人统治下警察机关的残酷，同时写出一个在生活压迫下的青年去从事违反良心的职业时的内心痛苦，对照着统治者的残暴，另一方面却显示中国人民的善良。全篇充满着一种悲愤的感情。

学习要点　（一）这篇小说主要写出下列几个场面：第一段写主人公失业后生活的悲惨；第二段写在敌人统治下那些豪绅的卑劣无耻；第三、四段写侦缉队里的黑暗和残暴。这样交织成东北人民所遭受的悲惨生活的状貌。（二）这篇小说不是直接地来写出敌人怎样残暴，却通过一个求职者的感觉来表现。譬如写侦缉队的黑暗和残酷拷打情形，主人公甚至不敢抬头去望前面的犯人。然而，从他感觉上反映出来，却比直接看到怎样拷打、怎样残杀，使我们更感觉沉重、痛苦和悲愤。这种写法是很有力的。但必须作者自己先具有强烈的感觉，用自己的感觉和情感通过人物去感动读者，才能收到艺术的效果。（三）这篇小说是一九三五年写的，那时全国抗战还未开始，许多话不便直说。作者借这样题材来表现民族的仇恨，可以说非常深刻动人，要比一些概念地去描写敌人怎样烧杀淫掠和单纯地叫着抗战口号的庸俗作品不知有力多少。这告诉我们，一个艺术家对于时代的描写必须从具体的日常的生活着手，并且需要具有真实的感觉和认识，才能谈得上形象艺术的创作。

《县长家庭》注解

作者介绍　丁玲，湖南人，著名的女小说家，创作历史颇久。出版有《在黑暗中》、《水》、《韦护》、《奔》、《母亲》等。现在华北从事抗战工作。她的作品极富于情感，真挚动人，手法细腻而朴素。

本文主题　本篇主题是描写新时代中家庭的爱与社会的爱的矛盾。在抗战中间，随着集体生活的发展，社会的集体意识也更加成长了，爱的范围也更加扩大了。在新的生活中我们看到一般青年是如何充满了对于民族、祖国以及对群众的广博的热爱，甚至像阿玲这样的幼孩，都被激动在这种热爱的洪流中间。但同时家庭之间的爱仍然存在，在某种情形下，这种爱发生了矛盾。这篇小说描写了这种矛盾反映在三个主要人物不同的心理上：一个是县长，一个是阿玲，一个是第一人称的“我”。县长因为自己和太太到部队里去作战，觉得应该把女儿托交给服务团，但因为疼爱女儿也有些舍不得，想把她接回去。阿玲一心一意想在服务团，但是给她父亲用情感的话刺激一番，终于哀哭起来，委屈地随着父亲回去了。第一人称的“我”呢，在理智上是觉得阿玲年纪太小，不应该留在团里，但是看到阿玲的热情可爱，在情感上却可舍不得她回去。这三种不同的心理交织在一块，深刻地表现出新时代中间在爱的主题上的一种矛盾形态，并且给予这作品以一种巨大的感动力量。

学习要点 （一）这篇作品的最大特点，是作者情感的真挚。作者大约曾经经历过这一类的遭遇，把这种感觉通过作品形象地表现出来。她写阿玲回去的场面，是足以教人下泪的。从这里可以知道，写文学作品，必须具有真实的情感，必须作者自己去感觉、体验，才能成功。（二）这篇小说，处理非常经济，全文共分三段：第一段，写出一个县长家庭——人物和生活，同时把故事展开；第二段，只用一千字把阿玲的性格和服务团的生活轻轻介绍出来，因为这不是主要的场面，所以不用重笔去写；第三段是主要场面，写得最长也最用力，把情感都集中起来，作者的文笔捉得很紧，不浪费一句。在最后场面中，插入慧、高同志和马弁三个人物，只极轻几笔，却把周围的气氛有力地衬托出来，这是极不容易的地方。

《新生》注解

作者介绍　张天翼，湖南人，小说及童话作家，一九三〇年以前即开始发表作品。著作甚富，小说有《在城市里》、《清明时节》、《追》等；童话有《秃秃大王》、《奇怪的地方》等。抗战后，在湖南各大学任教职，并从事写作，《华威先生》及《新生》均被称为战后杰出之作品。他作品的风格清新而流利，讽刺性极强，对于人物性格的创造尤为他的特长。

本文主题　本篇主题，是讽刺抗战中间那些落后的个人主义知识分子和艺术至上主义者。作者用创造典型的手法，精密地剖解着李逸漠那种人物的矛盾心理状态，以及这种矛盾的发展过程，从这里显示出大时代中间进步的革命意识与落后的个人主义意识之间的斗争，以及后者的悲哀的没落的趋向。作者在作品中并猛烈地抨击着那些“为艺术而艺术”的思想。

学习要点　（一）这是一篇以心理描写为主来雕塑人物的小说。作者深刻地把握着主人公李逸漠的两种矛盾心理：一方面由于家乡的沦陷，抗战的刺激，使他决意要改变作风、创造新的生活，可是另一方面，由于生活决定的旧的意识，仍然强烈地支配着他。他盼望一个舒适的和平的生活环境，使他能潜心于金石和绘画艺术，憎厌那些“庸俗”的政治活动和艺术宣传。当他生活逐渐安定下来以后，这两种意识的搏斗也更加强烈。由于他生活和思想的基调没有改变，他终于不自觉地走回到原来的生活路线，甚至不知不觉和汉奸的思想混淆起来。作者对于李逸漠这两种心理搏斗过程和他的私生活的关系把握得非常紧密，而从李逸漠这种心理矛盾上，也就反映出抗战中间中国现实社会的一种矛盾。(二)这篇小说是以讽刺手法写出的，作者竭力的嘲弄李逸漠那种内心的苦闷，和他一方面憎恶章老先生的汉奸理论，一方面又瞧不惯陈先生的革命行动的矛盾心理。譬如写李逸漠在酒后，想起回到沦陷的家乡，忽然发现他的思想跟章老先生的汉奸理论有点一致，“他就像身子内部突然给人挖空了一样——突然感到了一种空虚，一种失望。他莫名其妙地愤怒起来，仿佛一个人上了当之后的发脾气，并且还带几成辩解的样子”。而到下午，他肚子里又在恨恨地说了：“哼，星期日都不让我自由！”“我偏不到会！……老实不客气，事务工作我是弄不来的。各人有各人的生活法！就这样！难道找章老先生吃吃酒，就算犯罪呀？哼！”这都是非常有力的讽刺笔法。(三)这篇小说对人物处理得非常恰当和经济，全篇正面出场的，只有李逸漠、章老先生和老潘三个人物。陈先生是侧面写的。每个人物都有一个凸出的性格。忠厚的老潘，顽固、鄙吝、反动的章老先生，和李逸漠都是不同型的人物。但经过彼此衬托，李逸漠的性格便格外明确和凸出了。(四)这篇小说中的写景，处处和人物的心理、情感配合着，这样便显得格外生动有力。这也是值得学习的。

《艺术干事》注解

作者介绍　沙汀，四川人，职业作家，出版有《土饼》、《法律外的航线》等。抗战后，曾赴北方参加军队生活。他善于写农村及军队生活，以风格清新著称。

本文主题　这篇主题是雕塑抗战中间一种新型的人物，从这种人物身上反映出时代的特征。本篇题目虽然是《艺术干事》，但是最主要的人物，却是艺术干事的太太。这是在民族解放运动高潮中新解放出来的一种下层社会女性，旧的宗法伦理观念已经在她意识中倒塌了，但是新的明确的革命人生观念在她脑子里还很模糊，好像一匹脱了笼头的野马，还没有找到她一定的途径，因此放荡不羁就成为她生活上的特征。她虽然生活在艰苦的物质环境里，但精神上的豪放、乐观、明朗，却处处充满了健康的生命气息。这种健康的生命气息却是今天中国所需要的。我们知道一个人意识的觉醒不是飞跃的，尤其是像艺术干事太太那样久被压迫的女性，达到她完全觉醒的境界，是要经过相当的过程。艺术干事太太的生活，不消说有许多不正确的幼稚的地方，但这正是这种人物新生过程中的特征。作者把握住这些特征，着力描写，这样才显示出这种人物的真实性格和反映出现实的真实。

学习要点　(一)这篇小说是没有什么故事的，只是写出艺术干事和太太一天的生活，从这种生活中去描写出人物的性格。这告诉我们：一篇作品最重要的是生活与性格的描写，并不在故事的曲折动人。许多著名小说家如柴霍甫等，都并不着重于故事，并不像一般庸俗的作家，完全靠情节来炫耀，内容上却是空虚不实的。(二)作者对于主人公并不是概念地去肯定她或否定她，而是从她生活和意识的特征上去挖掘和从人物辩证的发展过程上去评价她，作者对于主人公艺术干事太太一般说是深爱的。作者对于人物的态度，是值得学习的。(三)作者对于环境的描写与人物的衬托非常用心。在这篇小说中，非常凸出地写出小城市中一些小市民的状貌，由于这些环境与人物的衬托和对照，才使主人公的性格更明确地显示出来。

《回家后》注解

作者介绍 艾芜，四川人，职业作家，作品颇多，曾出版《春天》、《南行记》、《芭蕉谷》、《夜景》、《南国之夜》、《荒地》等小说集。他的作品简洁朴素，运用言语尤见成功。

本文主题 本篇主题是反映抗战初期后方小城市与乡村中一般小有产者的生活和意识，从而写出一个企求逃避抗战到后方来休息一下的小有产者知识妇女所遭遇的失望。作品女主人公回家的时候，是怀着一个美丽的幻想，想在抗战中间回到家庭里去开辟一个幸福的小天地。但是这种幻想立刻给现实粉碎了。家庭中间灰暗阴郁的气氛，和不愉快的纠缠，反映出一个十年不回家的知识妇女和她保守的家庭之间的一种距离，而即使在和她曾经是同学的女伴之间，也显出了许多变化和矛盾。由于现实的教训，女主人公不得不抛弃其幻想，重新回到抗战中去。作者在这里明白地宣布出他反对企图逃避现实的个人主义的思想。

学习要点 (一)这篇小说的特色是对于生活描写非常真切和细腻,偏僻乡村中的小有产者的家庭日常生活,通过这篇作品活跃地呈现在我们的眼前,这显然由于作者对于这种生活观察和描摹得非常熟悉,才能逼真地描写出来。作者对于人物的细小动作写得极其细腻,因而浓厚地衬出浓烈的氛围。在描写生活的时候,这些细小地方必须特别注意。由于生活描写的真切和细腻,所以使这篇作品脱除概念化的毛病,而成为一篇形象的艺术作品。(二)作者对人物性格和其生活环境的关系,把握得很紧,譬如写乡村小有产者家庭中女人的性格(母亲和嫂子)和小城市中小有产者家庭人物的性格(科员太太等)截然不同,虽然她们都是属于相同阶层而且同样是属于否定的人物。(三)作者对语言的运用非常恰合,各种不同人物谈着不同的语言。尤其是科员太太的性格,几乎完全从她语言上表现出来。从这里,我们可以知道在创造人物性格上,语言是多么重要的一个条件。

《枪》注解

作者介绍 刘白羽,北平人,抗战前数年即在《文季月刊》、《作家》、《文学》、《中流》等杂志发表作品。战前一度来上海从事写作,抗战后去华北,参加×战区文艺工作团。发表作品颇多,著名者有《五台山下》、《草原上》等。现仍在华北。其作品细腻有力并富于热情。

本文主题 这篇作品的主题,是描写一个贫农从和封建势力的斗争中，逐渐走向民族革命新生的曲折过程，从个人与阶层的仇恨与斗争发展到和民族仇恨与斗争的一致。并且暗示出抗战中间封建势力的没落与背叛倾向，以及农民意识的觉醒。从作品主人公的故事及性格发展中，反映出抗战中民族的与社会的矛盾发展的一般状态。

学习要点 （一）本篇是刻画性格为主的小说，对于主人公杨眼的固执、沉郁、坚毅和个人主义的性格，写得非常凸出。以上这些，都是农民常有的性格，作者不仅把握了这些性格特征，并且给予他以具体的个性。譬如他愤怒时的喝酒，说话时候常常“哈”的一下来发泄情感，看见和他不同的石秉富时的踌躇，开会时打盹，以及对枪的固执的追求等等。（二）本篇从主人公的生活思想感情上细腻地写出一个农民意识觉醒的曲折过程（从个人的仇恨到对抗战的蒙眬认识，以及到参加抗战的实际行动的过程），不像一般公式化作品那样，只给读者一个概念。因此它给予作品以丰富的现实性和予读者以很大的感召力。（三）本篇的结尾非常巧妙，不落一般庸俗作品的窠臼，作者只用轻轻一笔写出杨眼击毙杨胡子，这比用大段话去写更为有力，因为杨眼既然获得了枪，并且参加了游击队，这主要点已经写出来了。

《姐姐》注解

作者介绍 聂绀弩，湖北人，小说及杂文作家，曾出版小说集《邂逅》、《夜戏》和杂文集《历史的奥秘》、《蛇与塔》。文笔含蓄而美丽，富于情感。

本文主题　这篇小说的主题，是描写旧社会中劳苦妇女的悲剧命运。一个天真而可爱的小丫头，才懂得人事不久，便给主人胡乱卖给了一个老头子。她虽然想挣扎，但是几千年来的封建势力，使她无法反抗，终于屈服于命运了。她牺牲自己的灵魂，舍弃了一生做人的权利和幸福，忘记她自己，甚至恳求她嫁前的爱人离开她所住的地方。她替人家养育着孩子，而当老来的时候，便把爱全部寄托在自己儿女身上。为了不使她儿女们失望，为了不要伤害儿女们的自尊心，她宁愿在一个家乡来的人前面，把自己一生的最大悲剧，说成一个美满的故事，这是多么崇高的一种母性。从这篇小说里，我们看见封建社会屠杀人性的残酷与悲剧，而另一方面又看见这些被牺牲者的灵魂是多么美丽和善良，这一对照，使我们更强烈地增加我们厌恶和憎恨那残酷的封建势力的感情。

学习要点　(一)这篇小说是分两段来写的。第一段用第一人称，回述幼年时候的故事。第二段则在十七八年后，借家信中告诉的故事，通过第三人称——三姑的男人来写的。在“事情是这样”一句以后，小说就开始用第三人称来写，直到最后一段，仍然回复到第一人称，用看完信以后的感想作结束。这样写法似乎颇别致，但却最恰当。因为如果用第三人称“青儿”作主体，来写她一生的故事，在短篇小说中将很难处理。如果全篇都用第一人称来写，则后来的会见又未免牵强了。(二)第一段通过一个不知人事的天真儿童的眼里来写出，这手法非常好。儿时所感觉的悲哀只是青儿姐姐走了，然而读者却明白地看到一个更大的人生悲剧。一个悲剧通过一个并不理解这悲剧意义的人物写出来，是格外动人的。如果用青儿作主体来写，反而减轻力量了。（三）第二段中写出青儿老年时对家乡人那种愉快和高兴的表示，也是很好的悲剧手法，一个悲剧的主角带着笑脸来叙述她过去的悲剧，这是多么的可痛！如果青儿一看见就哭丧脸向家乡人诉说她一生的不幸，那就索然无味了。

《某日》注解

作者介绍　吴组缃，安徽人，创作历史甚久，曾出版《一千八百担》、《西柳集》、《鸭嘴涝》等。写作态度极严谨，不轻易发表作品，他善于写农村生活，文笔细腻，对大众口语运用，尤其纯熟。

本文主题　这篇小说发表于民国二十五年，主题是写农村生活，描述土劣与地痞对善良农民的欺诈压迫，以及农民的反抗心理。作者却从一桩极平凡的生活事件上，把握着这个主题。通过各种不同性格的人物性格创造，把农村中的社会矛盾状势显示出来，使我们从这里清楚地看到一幅活生生的在封建势力束缚下的中国农村的图画。

学习要点　（一）这篇的最大特色是对生活描写的细腻和真切。在开头几段中，看来似乎很平淡，但闭目一想，这种农村生活情形都栩栩欲活地呈现在我们的眼前。作者是用纯熟的小动作和口吻来表现各个人物的性格。这需要对生活非常熟悉，才能写得出来。（二）作者在口语的运用上显得非常成功。各个人物有各个不同的口吻，表现出各个不同的性格。对于俚语的采用，尤值得学习，譬如："石板心肝篾篮肚"、"龙生龙，凤生凤，老鼠的儿子打窟洞”等，都是农村中流行的俚语，随手拈来，运用在这些人物口吻上，非常恰当而生动。(三)作者对于各个人物性格的把握和衬托都很适当，如大毛之懦弱忠实，姑奶奶的老于世故，丈人的泼赖刁诈，梅花脚的豪爽坚强，一看就非常分明，这样显出作品的生动。这中间，方三先生和大毛死去妻子的性格，是用叙述的方法描写的，但却一样清楚地表现出来。从这里，我们知道，生活的熟悉，口语的运用与性格的把握，在文艺创作上是何等的重要。

《麻雀》注解

作者介绍　立波，湖南人，曾翻译肖洛霍夫之《被开垦的处女地》及普式庚之《杜布罗斯基》等名著，战后去敌后战区工作。

本文主题　这是以战前上海租界内的监狱生活为题材的一篇小说，它的主题是写出失去自由的人们对于自由的渴望，以及争取自由的热情。一只自由自在的麻雀，偶然地飞入了牢狱的铁窗，引起了囚徒对自由的麻雀的热烈的爱和感动，因而想到借麻雀替他们带出一些自由的呼声。然而结果却遭受悲惨的结局，自由的麻雀更早地牺牲了。这给要求自由的读者是多么强烈的刺激！在小说中同时也讽刺了虚伪的人道主义的丑恶。

学习要点　(一)这篇小说的题材选择得非常巧妙，题材本身就像一首美丽的诗，而同时却又是非常现实的。由于题材本身的生动，增强了这篇小说的不少力量。这告诉我们，一个作者要懂得题材选择的重要。选择题材不在乎故事的诡谲离奇，紧张壮烈，而在题材的内容能否表现出现实的社会意义。纵然是一只麻雀被摔死的小事件，但是它所包含的意思却极其崇高和伟大。（二）这篇小说和一般小说不同，找不出谁是主人公，谁是副角。小说的主人公就是牢里的几个囚犯，这可以说是一种集体的描写——虽然在他们中间仍然包括不同的性格。这是因为在某一种集体的生活环境中间，造成他们一种共同的性格、共同的意志，而使这种性格和意志强烈地集中着。这在牢狱中间特别显得明白。高尔基有一篇《二十六个和一个》，也是用这种方法，二十六个工人结成为一个人格。但这种写法，非经过深刻锻炼是不容易成功的。

《至尊》注解

作者介绍　谷斯范，浙江人，曾任新闻记者，著有《新水浒》，《大时代的插曲》等，战后奔走各战区，发表短篇小说颇多。

本文主题　这篇小说的主题，是写一个命运论者的琐小人物的悲剧。主人公倪国辉的全部生活就是在翻“至尊”和“别”，他的成功和失败都以为是命运在支配着。这种命运论的观念是普遍地渗透在一般落后的人民的脑子中间，因此这实在也是一个社会的悲剧。作者把握这一点，通过一个纯朴、愚昧的退伍少尉的身上来表现。正唯他是纯朴的、愚昧的，所以这可笑的遭遇，更显出一种深长的悲剧意味。这种命运论观念的存在，无疑是民族意识觉醒过程中一种障碍。这篇小说一方面强烈地讽嘲这个命运观念，同时也把这问题当做一个社会问题提出来。譬如军长的喜怒无常，保长的收买壮丁，这一些不合理现象的存在，已是滋长着这种命运论观念的因素。只有从社会原因上去理解，才能更深入去认识这一主题。

学习要点　(一)这篇小说技巧上的优点，是明快生动。作者抓住人物的几个特征重复地写，把性格清楚地显突出来。譬如倪国辉口里的“二四搭丁子”“鹅牌搭癞子”，以及那顶三不像的军帽，军长口里的“去！去！去！”“好！好！好！”等等。(二)这篇小说是讽刺命运论的。但是作者却完全避免说教的口吻，而让读者从故事发展中间去理解这意义。(三)作者很注意到周围生活的衬托，增强了作品的生动性。作者对军队中的各种生活颇为熟悉，几个场面都配合得很恰当。这一切都有赖于平日的观察与材料的收集。

阿 Q 的 死

来信提及鲁迅先生为什么要枪毙阿 Q 的问题，颇感兴趣。十多年前，为了这问题，郑振铎先生曾经写过一篇文章，对阿 Q 的死，表示“不以为然”。后来鲁迅先生特地为了这写了那篇《〈阿 Q 正传〉的成因》，在那篇文章里，鲁迅先生很决绝地说：

“阿 Q 自然还可以有各种别样的结果，不过这不是我所知道的事。”

这句话，仔细想时，不但决绝，实在还很愤激。鲁迅先生何尝愿意阿 Q 死呢？对于阿 Q，恐怕没有人比鲁迅先生自己更热爱、更同情了，为什么要把他“随意”处死？然而阿 Q 的命运却是在向着死路上走去，这在鲁迅先生又有什么办法？岂仅是阿 Q，更有无数上万的阿 Q 是这样牵出去给人杀死了。这血淋淋的史实，鲁迅先生是比谁都看得清楚，本着艺术的良心，他怎能去捏造“不是他所知道”的“别样的结果”呢？

前几年，雪峰告诉我，鲁迅先生曾和他谈起过，当他写《阿 Q 正传》的时候，越写内心越痛苦。到后来，实在忍不住了，索性把他提早枪毙。想想看吧，这是怎样一种心境啊！这好比一个慈母看着她自己心爱的孩子，患了满身死症，已经无法救药，越看得真切，便越难忍受，倒不如让他早点死，可以减少很多的痛苦。这乃是出于最大的爱的残酷！阿Q就是在这样心境下提早枪毙的。艺术创作，达到这种境界，才真叫人感动，然而这种心境却不幸被误解了。阿Q的死被看做是作者“随意”地开玩笑，这教作者安得不愧痛而且愤怒呢！

我不知道你对阿Q有怎样感觉，但我却记得，阿Q出世以后，向来是被人家当做一个可怜可笑的人物看待的。士大夫们担心是在影射他们，纵使一些明白的读者，也多年只把他看做代表中国人劣根性的一个典型人物。在嘲笑和鄙夷以外，阿Q从读者中间分到的爱和同情，怕是极微弱吧。正因为如此，所以他的死与不死，才不被人家重视！郑振铎先生说，“像阿Q那样一个人，终于要做革命党，终于要受到那样大团圆的结局，似乎连作者自己在最初写作时也料不到的。”瞧，“那样一个人……”这多么鄙夷啊！奴隶的命运在知识分子中间，向来是不大被关心和理解的。阿Q的死，自然也就算不得什么了。

然而，阿Q却实在除死以外，别无路走。鲁迅先生特地为这辟出一章，写得那么郑重，那么细致，这不是没有苦心的。因为阿Q的死，究竟不仅是阿Q一个人的悲剧，而且还是中国历史的一个悲剧啊！

“阿Q为什么要死？”这个问题，我想还可以引申开去，作为下列三个问题来讨论：一、阿Q为什么不得不死？二、阿Q的死是说明着什么？三、阿Q的死，教训了什么？

阿Q为什么不得不死？要解答这问题，首先要了解阿Q这个人物。阿Q是个奴隶，并且是失败主义者的奴隶。这是毋庸讳辩的。他是一个否定的人物。这是无需多说的，但是你说，“这样一个否定的人物，为什么使人同情?”这问题确值得谈一谈。我们来想一想吧。阿Q那奴隶主义根源是什么呢？是谁使他这样的呢？这样一个人物，不仅在物质生活上，连最后一件破布衫都被人剥去，而且在精神上，是被磨折得那样的残废不堪，临到拖出去枪毙了，还在那里自得其乐，这该是谁负责呢?

阿Q自己还是别人呢？让我们再看看吧，在那样残废的精神外貌里面，是隐藏着一个怎样的灵魂？这灵魂和赵太爷之类的灵魂，本质上有一点什么共同之处？想想这一切，就够我们战栗了。这不就是几千年来统治者用血教训出来的成绩吗？血教训出奴隶的失败主义，而现在又要拿这在血的斗争中来试验了，这安得不遭遇悲惨的失败啊！

奴隶是要反叛的，一有机会就要反叛的，所以鲁迅先生说："中国倘不革命，阿Q就不会做(革命党)。既然革命，就会做的。”阿Q的时代正是鲁迅先生所谓“想做奴隶而不可得的时代”，阿Q就是想做奴隶而不可得的一个。看看阿Q一生吧，起先虽然已经弄得什么都没有了，但是靠一套精神胜利法骗骗自己，还可以勉强存在，等到“恋爱的悲剧”发生以后，接着“生计”就成问题了，于是不得不进城去“发财”。但是“发财”还是不容易，刚刚中兴而又没落了。在这样情形下，“优胜纪略”已无可再续，碰到革命起来，自然要想“革命”了，但是阿Q毕竟不是什么“志士”，他的革命实在也只好加上一个括弧。他只是觉得“那伙妈妈的，太可恶，太可恨了”。革命究竟是怎么一回事，可惜他还不曾摸得清楚。他的革命理论只是“我要什么就是什么，欢喜谁就是谁”。他的革命实践，也不过做到

“把辫子盘在竹筷上”，而且还要迟疑多时，才敢放胆地走去。这仍然是没有跳出他那一套精神胜利法的奴隶哲学的圈子。所以鲁迅先生说：“他的人格未必是两个。”奴隶反叛，不能从奴隶失败主义中间解放出来，则这个反叛，也只有失败而已。这是一方面。

另一方面呢，当时虽然是革命了，但奴隶还是不许反叛的。“县官依旧是原官，不过改了一个名称，举人老爷也做了什么……官。”在这样局势下，阿Q自然是不准革命的，然而他偏想趁此来革那伙妈妈的命，这就该死了。当赵太爷恭敬地叫“老Q”的时候，杀机实在已经埋伏着了。此后即使没有未庄遭抢那一幕，阿Q的性命恐怕也未必保全得长久罢。

这样一个“革命”的局面，那样一个奴隶主义的“革命战术”，阿Q除了死以外，还有什么路走呀？

自然，另外的路是有的，就是：第一，阿Q不要去造反，安安稳稳地做他的奴隶；第二，阿Q索性站起来，抛掉那套“阿Q主义”去革命。可惜这两条路在当时都办不到。要安安稳稳做奴隶吧，他的“生计问题”也已经解决了；要站起来吧，阿Q又不曾懂得革命学说，也没有革命党来要他。而且那几千年血教训出来的奴隶哲学，一下子甩掉也很不容易。所以要把他写成别样的结果，实在也是很难。

阿Q是这样死了。他的死，与其说是牺牲于革命，毋宁说是牺牲于几千年血教训出来的奴隶失败主义。正唯如此，所以阿Q这人物是叫人同情的，他的死是令人愤怒的。这又是一次残酷的血的教训啊！

因此，讨论到第二个问题“阿Q的死说明着什么”的时候，我们就不难明白了。阿Q的一生正是一部奴隶失败的历史，扩大开来，也就是数千年来在封建统治下中国人民的一部被压迫史。从历史中间，我们看到奴隶是在反叛着战斗着，但同时又在失败着。偶然挣扎起来了，终究仍被出卖。致使他们失败的，就是阿Q主义那样的奴隶哲学。阿Q的死，是显示两种矛盾交错的结果，一是奴隶和奴隶统治者的矛盾，一是奴隶自身的矛盾——奴隶翻身的要求和奴隶失败主义的矛盾。只有克服后者的矛盾，才能克服前者的矛盾。质言之，就是只有根本摧毁了几千年来统治者用血教训出来的奴隶主义哲学，才能使奴隶解放真正获得成功。这是几千年来奴隶战斗史中的经验，也就是中国国族衰弱的根源，鲁迅先生是从阿Q的死上，给我们指示出来了。

但是，这却不是容易的事。多年以来用血教训出来的东西，须得用大量的血才得洗涤干净。你说"鲁迅先生的枪毙阿Q，是否是表示枪毙阿Q主义"，我以为如果是那样说法的话，依旧还是阿Q主义。阿Q主义的存在，是有它的根源和历史的，非要从根本上去解决它是不会有结果的。把个阿Q枪毙了，反阿Q主义斗争就胜利了，那岂不和阿Q骂人家一声"儿子打老子"一样滑稽。统治者用血教训出阿Q主义，鲁迅先生就用阿Q的血去教训我们反阿Q主义，这是含有无限的沉痛和愤怒的。他在《阿Q正传的成因》一文中说："我也很愿意如人们所说，我只写出了现在以前的或一时期，但我还恐怕我看见的，并非现代的前身，而是其后，或者竟是二三十年之后"，这岂仅是愤激之辞，实在是一个不可忽视的警告啊！

写到这里，实际上把阿Q的死的教训也说了。但我还想提一提《阿Q正传》那末尾一段文章。当阿Q在最后一刹那中，忽然想起了四年以前的一件事情，“他曾在山脚下遇见一只饿狼，永是不近不远地跟定他，要吃他的肉。他那时吓得几乎要死，幸而手里有一柄斫柴刀，才得仗这壮了胆，支持到未庄；可是永远记得那狼眼睛，又凶又怯，闪闪的像两颗鬼火，似乎远远地来穿透了他的皮肉，而这回他又看见从来没有见过的更可怕的眼睛了，又钝又锋利，不但已经咀嚼了他的话，并且还要咀嚼他皮肉以外的东西，永是不远不近地跟他走。”如果是那些奴隶统治者的，倒也并不可怕，可怕的是这些眼睛正是和阿Q差不多的，或者略为高一些的一群奴隶们的。他们的同类要枪毙了，而他们却在喝彩，这才是多么令人战栗的事情！这告诉我们，阿Q主义这敌人，并不是远在天边，就在我们周围和我们自己中间，要战胜它，也只有从我们自己中间做起。在今天，当我们的民族敌人正在到处烧杀淫掠的时候，我们在自己的一些同胞中间，不常常也会遇到这样的眼睛么？这就够教我们警惕了。

在临死的一刹那中，阿Q毕竟是看到这咀嚼他灵魂的东西了。从阿Q的眼睛中，鲁迅先生也毕竟是把这可怕的东西向我们正面显示了，阿Q已经来不及叫喊，然而我们呢……？

阿Q的死，固然只好算“轻于鸿毛”，然而他的血究竟也不是白流的。在奴隶战斗史上他已经给我们留下一个新的教训了。作者枪毙阿Q时的那种痛苦的心血，终究也会获得酬报吧。

一九四二年鲁迅先生忌日

（原载1943年3月《文学批评》第2号）

《圣诞节》注解

A·P·契诃夫(亦译作柴霍夫)是十九世纪八十年代俄国的小说家及戏剧家,一八六〇年出世,一九〇四年死于本国。他是写实主义的作家,作品以短篇小说居多。剧本方面,有《樱桃园》、《万尼亚舅舅》、《三姊妹》、《伊凡诺夫》、《海鸥》等。短篇小说著名的,如《盒里的人》、《可爱的人》、《农夫》、《忧愁》等。

他是善于写讽刺的。他专门从社会极琐屑的日常生活中,抉发出人类精神上可笑的丑陋的特征,或则从这中间去显示出人类灵魂里可宝贵和最可爱的东西。高尔基说,契诃夫好像保有着许许多多小玻璃瓶子,这些瓶子里都盛着各式各样的人生的"秽气",这是很确实的。出现于他小说中的人物,几乎全是些委琐的小市民和农夫等。因为他自己是从这些阶层里出来的,所以对他们极其熟悉。但是到现在,他对于社会渐渐趋向失望,因此,他作品的情感上便带着强烈的忧郁。

这篇《圣诞节》是他短篇小说中很成功的一篇。全篇仅仅三千多字,然而却充分地显示出了一种巨大的力量,这是短篇小说所达到的最高的成功。这里写一个乡下老伴儿,苦念着他们久别的女儿,在圣诞节那天请人给他们写一封信,因为被那种苦念和对女儿的爱压迫得太久，千言万语一时不知从何说起，唠叨了半天，始终说不出一个头绪。偏偏碰到一个混蛋写信的人，糊里糊涂替他们写下一些不相干的军队里的话，这老母亲和老爹爹自管自唠叨了半天，觉得好像一肚子的苦念已经吐了出来，已经告诉他们女儿了，也就不问信里写的什么，给了十五戈比的写信钱，就把信寄出了。信到了那边，他们的女儿只读了头两行问好的话，便流起眼泪来了，也不看下面，便哭着告诉她孩子一大篇关于乡下家里的话，这些话实在也不是捏造出来的，而也是压迫在她心里太久了的一些苦念和对父母的爱，一下子不由自主地倾吐出来。这是一种何等真挚何等动人的父母子女间的纯朴的爱！这种爱已经超过文字所能传达，也无需文字来传达了；好像两股电流，只需那信上头几个字像钢片一样接触一下，便自然精神贯通。信上那些不相干的混话，竟然对他们毫无影响，因为那些信的内容，在他们已经不需要了。这和从前一个故事很相近。那故事是这样：一对相爱的男女，因某种不幸而分居两地，他们之间的通信，每次仅是一张白纸，因为他们的情愫已非文字所能尽，倒不如一张白纸，反可寄意无穷。这都是所谓天地间之至爱，是人类灵魂中一种极崇高的东西。

作者另外写出两个糊涂的人物，一边是写信的叶谷，一边是混蛋的女婿安诸。有了这两个人一对照，使这个故事格外动人，而这两个人物的性格，不仅彼此不相同，而且彼此都是非常现实的。

在描写上，这篇小说确是达到画龙点睛的力量。全篇五个人物，没有一个不活的。每个人只用轻轻几笔，便把性格极明显地勾勒出了。譬如叶谷在写信，忽然插了一句“天气炎热，怕有七十度吧，还早呢?”这就把他不耐烦和不用心听老太婆的唠叨的神情一笔写出来了。又如写安诸和将军，只两句对话，便把一个高傲，一个谄媚的性格都活生生写出来。这是多么洗练的写法啊。

契诃夫向来是主张最经济的写法的。他曾经说过，用一个字够了的，就不要用两个字。能够短篇写的，就不要用中篇。用中篇的就不要拉成长篇(大意如此)。因此，他的作品，往往都是极其精悍短小的。

(原载1943年《青年文艺》第1卷第5期)

对于安东·柴霍夫的认识

今年是安东·柴霍夫逝世的第四十个年头。对于他，人们似乎没有像对托尔斯泰和高尔基那样热烈的兴趣，而且，不知为什么，他常常被人们所误解。譬如说他是悲观主义者呀，厌世家呀，或者说他是人生的旁观者呀，自然主义者，甚至还把他认作一位滑稽家。

最近看了日本昇曙梦的《俄国现代思潮及文学》，他就是抱这样见解的一人。他说："在柴霍夫脑子中是没有社会、国家、主义和理想的……他乃是始终如同一个旁观者，如同一个风俗记者，也如同一个年代记者，而留着现实世相的。"并且说："他除了那由于丑恶的市侩气质的跋扈而所生出的悲剧以外，其他什么事物也都不曾看到。""随着逐渐观察、解剖，乃至描写那缺陷很多的现实，终于现实生活的无意义这事便深深地沁入心中，沉痛的思虑浸沉在社会的病态里，而完全陷入于没有希望的黑暗之中……。"

这样的批评是无怪的。柴霍夫最初给人家的印象，很容易是这样。他和托尔斯泰、高尔基不同；既没有托尔斯泰那样执著对于人生问题的追求，也没有高尔基那种强健新鲜的气息。他是一个忧郁的诗人，有如昇曙梦所说，他是个"悲泣着那一班被这污丑的旧生活所污辱了的人们的心底烦闷的人”。这是不必否认的。

然而，这样是否就可以断定柴霍夫是个悲观的厌世者呢？是否就可说他的艺术态度是冷漠无情者呢？我们如果从柴霍夫一生的为人和不是一点一滴地去看他的作品时候，我想我们是不允许这样想的。一个伟大的艺术家的成功，必须是具有一个伟大的良心和社会的责任感。柴霍夫的作品事实上是在俄罗斯人民中间激起巨大的反响了，这种反响不是颓废、悲观，而应该说是向黑暗的人生挑起战斗的勇气。

我们应该了解，柴霍夫是在什么样的时代，那正是俄国最黑暗的八十年代。也是俄罗斯黎明以前的最苦闷时代。在文学上，这恰巧是在前期英雄的兴奋时代已经结束，而以高尔基为前驱的新的黎明期尚未开始的一个阶段，在一个最黑暗时代中，一个诗人感觉忧伤、烦闷，几乎是必然的事情。鲁迅先生在初期作品中不是也有这种忧伤和寂寞的感觉吗？即使高尔基初期作品中也何尝没有若干忧郁的气氛呢？不幸的是柴霍夫在一九〇五年革命前一年便死去了，使他没有能够看到新的曙光，这辉煌的俄罗斯前途，便抑郁地死去了。历史条件的限制，使他不能清楚地瞭望到现实的未来，这是一件悲哀的事情。因为这样，柴霍夫对于现实的反抗，感觉缺乏勇气。浓重的黑暗笼罩这世界，使他忧郁感伤。在他作品中间，我们几乎找不到一个有反抗力量的坚强的人物。《伊凡诺夫》是柴霍夫的著名剧本，主人公伊凡诺夫追求热爱生活，感觉没有希望，最后便自杀了。伊凡诺夫的自杀[1]，被一般人看做是他绝望悲观的证据。是的，柴霍夫在这一点上是赶不上高尔基的。但是，柴霍夫是不是对人类或对俄罗斯前途绝望呢？他胸中是不是有个热烈的明天呢？让我们从他的朋友科布林和高尔基的回忆文字中来看吧，这两个人无疑是最了解他的。

科布林在他《怀柴霍夫》[2]中说：

> 很奇怪的，误解柴霍夫的真多！他虽被人起了个绰号，叫做“无可救药的悲观主义者”，但他依旧毫无倦怠地在希望着光明的将来，相信我国有那虽不可见却定能到来的好收成。凡是他的朋友大约都曾经听见过，他每每出其不意地用肯定的语气说这样的一句话：
>
> “喂，你知道吗？十年以后，我国将重新组织过。”
>
> 是的，就是在这句话里，他已经把对于快乐的将来的希望表现出来了；在他晚年的一切作品里也常表现这种思想。

在另一段文章里，科布林又说：

---

① 《伊凡诺夫》是柴霍夫的著名剧本，主人公伊凡诺夫追求热爱，感觉没有希望，最后便自杀了。

② 《怀柴霍夫》，有赵景深的中译文，收在《柴霍夫短篇杰作集》第1卷卷首，其译文似有可疑之处。

他的思想是一个超越的完美、可喜，有知觉的灵魂之苦闷，他忍受了多量的平凡、粗糙、困倦、无聊、粗暴和野蛮——整个的近代日常生活的恐怖和黑暗。那就是为什么在他晚年时候，他有博大的名声和比较的安全，以及对于俄国社会中多才多艺而且诚实的人之热爱——那也就是为什么他不关锁自己在冷静的伟大之难处里，也不成为一个权力的先知，也不缩为有毒的仇敌去反对别人的声名。他宽大而坚忍的人生经验，他的忧愁、快乐与失望，都表现在美丽、切望的忘我梦魂里，这个梦是梦到别人的将来。

——“三四百年后，生活将是如何的美丽啊！”

从这里，我们看到，柴霍夫是对于明天具有怎样热烈而坚定的希望的人啊。从高尔基的《回忆的断片》[①]里，我们并且可以看出，他这种希望也不是没有基础的。

我没有看过有谁像契诃夫那么全面地感到了作为文化的基础的劳动的意义。在他里面，那是表现在日常的一切琐细点里，物品的配置里，完全没有仅仅把那收集拢来的意志，而是把那作为人的工作的创造物而不断眺望的那种对于物品的高贵的爱里。他爱修造庭园，爱把土地装饰得美丽。他感着了劳

① 《回忆的断片》曾由胡风译出，收在《人与文学》集子中。

动的诗味。他栽的果树和装饰的丛花在他的庭园里成长起来。他是用怎样的关心走来走去地看呵！他在阿乌特卡照料房子的时候，说：

“假使每个人在自己的小小土地上面做了可以做到的事情，我们的土地该多么美啊！”

当高尔基把一个计划写的《瓦希卡·布斯拉耶夫》剧本中一段充满着未来希望的独白念给他听的时候，柴霍夫非常高兴地说：

“啊……是非常真实的，人间的，在这里面正有‘一切哲学的意义’。人把大地做成功了可以住的地方，他还要把它做成使自己住得很愉快的地方罢。”

对于劳动的意义，高尔基无疑是最感觉到的人。他肯用这样话去赞美柴霍夫，我们怎样能相信他是一个厌世的人呢？高尔基在其致柴霍夫的书简中，常常劝他渲染人的生活，使他更有色彩更鲜明，这是向一个对人生完全绝望的人所说的话吗？这些和他相知最深的友人对他所做的描写，是可以教我们相信比一般把住一些理论皮毛的论客们的论断更亲切而忠实吧。

就是在他的作品中间，我们也可以看到一种作为他对于明天的希望的基础的人类的爱。这种爱正是对照着他对于那些市侩气质的憎恨。在他的《可爱的人》、《圣诞节》、《妖妇》、《凡卡》、《农夫》……以及许多以儿童生活为题材的小说中间，我们都深深地感到他对于纯朴的善良的俄罗斯乡村人民的热爱，尤其对于儿童以及他们的幻想，他特别喜欢。他写过很多这类小说，这不是一个厌世者所能做到的。

即使拿他那些被认为悲观而没有希望的作品来说罢，也不是没有意义的。美国批评家费尔普司(W. L. Philips)引他的朋友《樱桃园》的英译者满伐尔(Manval)的话①，说《樱桃园》这个戏是指示无用的人已经死去，“因此留出地位给更新的后辈，他们充满了希望和准备替俄国人造一座俄国的樱桃园……”这话我以为是很对的。科布林说他晚年作品中常常表现了这种思想，大概也是这样意思罢。费尔普司说，“柴霍夫永远与经验、狭隘以及平凡斗争，没有幻想的地方，人就是死了。”然而别的论客们却反以平凡来责备柴霍夫，这是怎么说的呢?

同一位批评家还说:“托尔斯泰说，柴霍夫像莫泊桑。这简直相差太远了。他像莫泊桑的地方，只是两个人都会写短篇小说罢了。”这话我以为也是很正确的。

柴霍夫在他作品中，把俄罗斯人民中间的琐细的丑恶之处，都无情地抉发出来了。他对于都市文明中的市侩气质是极端憎恶的。这难道不是一种联系吗?柴霍夫是深深了解俄国人民的生活的，不仅仅了解一般的生活，而且了解到他们精神生活的内面，到人民的心底奥秘之处。这样，他总能以天才的笔力抉发出这个民族的病根——那种传统的病根，这和鲁迅抉出中国人的病根是一样的功绩。只有彻底消灭了这病根，这个民族才得救。而现在苏联人民在和这种旧的传统的

① 见费尔普司《柴霍夫论》，中译文刊《柴霍夫短篇杰作集》第5卷。

斗争中，已经取得辉煌的成功了。在这种斗争的过程中，柴霍夫的作品不正是一面最好的镜子吗？我们还记得前几年斯大林在一次演说中举出《套中人》这篇小说，来嘲笑那些机会主义者，引起很有味的影响，使这篇小说重新风行起来的故事。那末，柴霍夫小说就不是像某些论客们所说，只是给社会以消沉的影响了。

高尔基在《回忆的断片》中也说：

> 没有谁像安东·契诃夫这样明了地精细地了解人生的悲剧，在他以前没有谁从商人的日常生活的灰暗的混沌里面把他们的生活之可怕的可耻的情景这样无情地这样真实地描写给人们看。
>
> 他的敌人是卑俗，他同他们斗了一生；他嘲笑了它，用尖利的冷静的笔描写了它，在起初一看像什么都很好，都确当，甚至都有光明的地方也找出了卑俗的污臭……

高尔基以及科布林等的话是答复了把柴霍夫认为是什么风俗记者、旁观者的论客的诬蔑了。

最后，对于柴霍夫那种卓越的风格，我们也应该有些话说。柴霍夫那种对于人深邃、细密的剖解，无论谁都悦服的。然而昇曙梦以及另一些批评家，却把这归功于他医学的修养。这实在是和说鲁迅写小说成功是因为他学过医一样的可笑。知道医学对柴霍夫自然会有帮助，但是如果拿这理由，掩盖了作者对人生与社会的深刻认识，对于其民族的深切关心，这是错误的，我们知道一个艺术家能够深深地窥视人生的秘奥，这不是单靠科学知识或写作技巧所能做到，这首先要他能够深深感受一切人民的生活，和人民的命运拥抱在一起。在这里，我们也就看到，柴霍夫对于现实绝不仅仅是一个旁观者，或者是一个冷漠无情者，他是深深地感受着人民的痛苦，为他们受伤苦闷而斗争的。不过和杜思退耶夫斯基他们不同，柴霍夫的小说具有一种冷隽的风貌，这一风貌和我国的鲁迅相似，但在这种冷隽的底下我们并不难看出是凝聚着对人民热烈的爱和对他们的忧伤。和鲁迅相近的柴霍夫小说的另一特点，便是浓郁的民族性。这也是由于他对俄国社会深切的了解，他对于俄罗斯明天的希望，也是从这里了解来的。

然而，我们仍然不得不指出，柴霍夫对于未来的眺望是被他自己的条件所限制着了的。一九〇五年以后革命不断的高涨，他是未曾看到。科布林说他不是权威的先知，这是确实的。但是，这不能完全责备于他，在那段黑暗时代，有这样先知的作家又有几个人呢。可是，无论如何，正如高尔基说的，“对于他，‘为生存而斗争’在青年时代已经在关于不仅为的自己的一片面包——那么大的一片的日常不断的，精细而劳心的丑陋的形态里面展开了。在被夺去欢喜的这些精神苦痛的里面，他献出自己的一切力量”了。对于这个伟大的俄罗斯作家，我们应该是从他当时的历史环境和从他一生的真实历史上去寻找。一点一滴的看法，或仅凭一般的机械理论去判断他，这是不公平的。

（原载 1944 年《青年文艺》第 1 卷第 6 期）

《饥饿的郭素娥》

假如我们承认，所谓艺术上的现实主义并不仅仅是对于客观现象的描写和分析，或者单纯地用科学的方法去剖解和指示社会的现实发展，而必须从社会的人(作为社会关系的总和的人)的内心的矛盾和灵魂的搏斗过程中间，去掘发和展露社会的矛盾和具体关系，而从这种具体的社会环境里来确证这真实人物的存在，并且因为这样，这些人物的一切必须融合在作家的自身的感觉和思想情感里，才能赋予它们以真实的生命，那末我以为路翎的这本《饥饿的郭素娥》，可以说是达到了这样的境界，可以说在中国的新现实主义文学中已经放射出一道鲜明的光彩。

当我初读了几章之后，非常吃惊。路翎的名字在读者中间还是比较陌生的。我所知道的，他是一个二十几岁、连中学都不曾读完的青年，但是这本书里却充满着一种那么强烈的生命力！一种人类灵魂里的呼声，这种呼声似乎是深沉而微弱的，然而却叫出了多世纪来在旧传统磨难下的中国人的痛苦、苦闷与原始的反抗，而且也暗示了新的觉醒的最初过程。

这本小说，是以矿山生活为背景，来写出几个被生活的酷刑所扭曲了的底层人物——张振山、魏海清和主人公郭素娥等。关于矿山的生活，作者虽然以浓烈的色调描写着，却并不怎样明显清楚，主要的倒是通过这几个突出的人物，使我们窥见了这阴沉苦重的生活的内容。从这几个人物身上，我们不仅看到生活对于他们的压迫与打击，更主要的还看到社会传统的意识、习惯，对于他们的磨折。他们不仅在肉体上是饥饿者，更主要的，在精神上是病态者、饥饿者。这样的人物自然不是健全的：张振山是那样的悍厉、放荡、乖戾的流氓型人物；魏海清是那样怯钝、犹豫的农民性的人物；郭素娥又是像作者所说的“会暂时地又转成卖淫的麻木、自私的昏倦”的人物。我们并不能肯定他们就是新时代的英雄典型。但是，正因为他们被这生活和传统的东西压得太残酷了。这种压迫，跟他们作为一个人的要求已经在他们内心里开始了强烈的矛盾和斗争。这个斗争，使他们更百倍痛苦于肉体上的饥饿，同时也就产生了他们那种强悍的性格。作者所追求的人民原始的强力，个性的积极解放，实际上就是从这样的生活搏斗中间产生出来，锻炼出来的。这种社会矛盾的深刻化表现在个人的内在矛盾的深刻化过程中，使他们有时会变成暂时的麻木，满足于自私的情欲。有时，又突然充满一种原始的兽性的复仇。有时，他们看到了一些光明的曙光，不久又被传统的习性所蒙住而感到失望的狂怒。这样一种奴隶的原始斗争方式，自然是要失败的。然而这种失败，却正是奴隶反叛的初期过程中的普遍现象。奴隶究竟是在反叛了！这种在血的传统下锻炼出来的强悍的性格，现在是开始狂暴地破坏这古旧的传统了。他们未必成功，然而他们却开辟了第一步，他们的代价决不白花的。

我们来看吧：张振山这样凶悍的刚愎的人，当他被郭素娥的话刺激以后，他的灵魂里起了怎样猛烈的冲动。第二章里，张振山从郭素娥那里回来以后，他那种心情是何等使人战栗。这正是他对他自己的一种斗争。而这种斗争，开始在引导他走向更广阔的路上去。

在第四章里，张振山独自留在堰边石水坝上的时候，他这种心情更发展了。

"我可以做别的事去的，在这里，我已经蹲了两年。我有力量，我很恶——但是我绝不该蔑视伙伴们。他们现在有时候还哭哭啼啼，愚蠢，像我一样，以后就要明了，不受骗了。……我太使性是错的，应该相信别人的痛苦经验。"

"我们不能狂纵自己，要选取大家新走的路。……但性格又怎样解释呢？张振山何以成为张振山呢？我已经忍不住了！谁都在毁坏我们。我们还多么不自知的……哼，打击给他们看，社会造成了我，负责不在我！……我就该这样呀，滚他妈蛋什么反省不反省吧！"

"我为什么要干些无聊的事，女人给我什么？……我明天再去试试看。好吧，我承认，因为我自己坏，骄傲，才假装毒相的。我其实是，有时候多么甜呀！独偏爱自己，蔑视伙伴，可恨！""你有有力的生命，别人没有吗？你其实是昏的，痛苦的，自装骄横！……别人总会明了你的缺点！……"

多么痛苦的矛盾啊！郭素娥的强烈的性格给了这个骄横的人一个棒喝，好像两种强力突然一碰，使他在矛盾的痛苦中看到了自己。看到了真实的生命的闪光。然而，这个工人最后却仍然采取了一种原始的复仇方式，放一把火就流浪去了。

这也许叫人失望(因为没有表现了英雄式的奇迹,然而却是悲剧的真实。残留的东西不是一旦抖得掉的。张振山的走开,会给读者一个痛苦的思索)。

魏海清是个善良而老实的人,这个人物在另一种环境里,也许会永远还是个驯顺的人物,然而这里,残酷的鞭子不会错过这样一个老实人的。他对郭素娥的爱,不仅仅是出于肉欲的要求,而且是出于一种真挚的爱,他是执著地爱她的,那种执著的追求是他农民性格上的一个特征。也是这一特征,使他能够跟他的命运去作反抗。然而他同时却是怯弱的,他眼看着郭素娥给人家捆绑而去,却只会向看到的人呼吁,只会想"要我去找——张振山吗,……我不,来不及了,那要闯多大的祸",而全然忘记他自己是个男子汉,自己应该有力量,这是可羞的。但是执著的爱,执著的痛苦终于激发起他反抗的愤怒与力量了。他"在整整的一个冬天,衰老了十年,落在自愿的寂寞和孤伶里,仿佛负荷什么重大隐秘的痛苦似的",他身体衰老了十年,可是他的心却年轻了十年。他对儿子的态度惊异地改变,是说的这老实人已经对现实站起来了。这样一个驯顺而纯朴的农民竟会在血的酷斗中牺牲他自己。想想看吧,这是多么令人战栗啊!

"记罡小川,让他去上工!……"他临死一刹那,却是比张振山更坚强的。郭素娥,这悲剧的主角,是个精神上相当饥饿者,这种饥饿是由于她丰富的青春生命力与她所处的环境(落在一个没有生命力的鸦片鬼丈夫手中)诸种矛盾而益显强烈。她的性格应该是从这种矛盾中来解释的,同时在她幼年历史里,是比较少受到传统道德观念的熏染,这造成她大胆、强烈的情欲，比别的妇女更迫切要求人的权利。而在一般社会眼里，就成为一个淫贱、放荡的女人了。她比较单纯，没有张振山、魏海清那种复杂矛盾的意识，如果在一个新的环境里，她是可能比张、魏更有希望的。然而她是一个女人。一个女人在这社会里是受更多一重压迫的啊！因此她需要张振山来拯救她。她不满足于魏海清是显然的，在极度苦闷之下，一个人是需要更刺激的东西的，这使她看中了张振山。然而张振山却伤害了她庄严的要求，于是使她愤然地自甘于卖淫，这又是一种复仇的心理，用无声的复仇来安慰自己的痛苦。

她没有张振山他们那样复杂，因此在小说中间，这个人物也没有能够像张振山他们那么突出。在她被刘寿春他们带去这一场面，我以为还可以更强烈一点，更勇敢一点。“好些年来我看透了你们，你们不会想一想女人的日子，她挨不下，她痛苦!”这样的话说在这时，似乎太弱了。我以为她这时应该更勇敢地彻底地显示她叛逆者的愤怒。

三个悲剧的主角，死的死了，走的走了，然而这悲剧却在大众眼前演出的，老头子看见，农妇们看见，保长的侄儿看见，五里坞的人们都看见，这难道没有意义吗？没有代价吗？一颗石子投在水里还有浪花呢，这血的悲剧难道不教训了五里坞这群奴隶吗？

我曾在一本书的题记中这样写过：“一个民族的觉醒，并不是才睡觉醒来那么单纯，传统的封建意识的崩溃和新社会意识的生长，这过程是异常复杂而迟缓的，这种新的意识随着历史与社会生活的变化，逐渐渗入于人民日常生活，在这中间带给他们以诞生新的英雄因素，而在巨大的历史斗争和革命过程中，这些因素被孕育着，发展着，……纵然这些因素极其稀薄，多半还不是自觉的，甚至是一瞬即逝的，但是这正是弥可珍贵的民族新生的曙光，我们从这曙光中间，才能去瞭望未来，和从这样出发点上去创造新的英雄典型。”我以为路翎这本小说无论如何是带来了这种新的英雄诞生的因素，纵使不写出魏海清的儿子去上工，也并无关系，因为这种因素，本来并不只寄托在一二个人身上的啊。

而在悲剧的另一方面，作者又写出刘寿春、黄毛这一批人的嘴脸。这也是一群奴隶啊，作为这社会的刽子手的正是这些人，这又是多么可悲。作者把这故事安放在这样一个矿山里，我觉得是很重要的。

作者所使用的言语，有时似乎太冗琐一点，有些地方因为着色太浓，反而看不清楚。然而我们却也在这里看出作者写作时心境的沉重，不是那种以飘然的态度写出来的东西。总之，这是一本不允许我们随意翻翻当做消遣的书。我祈求读者们郑重地来读这一本书——一本好书。

（原载 1944 年《青年文艺》第 1 卷第 6 期）

感谢和期待

——祝茅盾先生五十寿辰和创作二十五年纪念

“五四”后两年，茅盾先生和叶圣陶先生等在上海组织了文学研究会，又编辑了商务印书馆出版的《小说月报》，这是在中国南方第一个出现的新文艺杂志。

那时中国新文化和新文艺运动的中心是在北京，鲁迅先生在那里首先奠定了新文艺的基石。但是在南方却是比较荒凉的。十里洋场的上海，横冲直撞的都是那些花花绿绿的礼拜六派文学，没落的封建文化想利用它最后一张盾牌——色情文学，来抵抗当时新兴的革命文学的潮流。茅盾先生与叶圣陶、郑振铎等就凭借《小说月报》这块孤军阵地，与周围的一切妖魔鬼怪艰苦作战，而在这战斗中间，《小说月报》所揭出一面鲜明的旗帜，就是“为人生”的文学。

这是中国现实主义新文艺最初的一面旗帜，茅盾先生和他的同志们就执掌着这面大旗前进，替中国的文艺运动开辟出一条光明的大道。不到几年，那些花花绿绿的文学一一倒下去了，而现实主义的文学却日益强大，生气蓬勃的新军不断的生长起来了。《小说月报》则正是这支新生力量在南中国的摇篮，而茅盾先生不消说，就是坚护着这摇篮的保姆的一人。

茅盾先生的文学事业，就是这样光荣地开始的。到现在已经二十五年了！二十五年的时间在文学史上并不算长，然而这二十五年中间，中国新文艺运动所经历的血腥斗争，所遭受的摧残压迫和惨痛牺牲，却是超过于以前的半个世纪或一个世纪的。在这二十五年中间，多少的战士是惨烈地倒下去了，多少的友伴是中途脱阵了，而多少新的猛将则又一批接一批地产生出来。这在今天来纪念茅盾先生五十寿辰和二十五年创作纪念的时候，每个人，特别是经历过这斗争全程的茅盾先生，将会引起无穷的感慨吧！然而新文艺运动的胜利却是不能震撼的了，任何的摧残和压迫，任何的“围剿”和打击，都阻止不了它的发展，正因为这个运动的发展是在现实主义基础上，和二十五年来中国人民鲜血淋漓的革命斗争紧紧地扣住着的；而作为最初把两者扣结起来的，则正是《小说月报》时代所提出的“为人生的文学”这个口号——虽然在当时这个口号的含义还没有那么样明确。

人生原是社会生活的一部分，人生的斗争的总和就是社会的斗争，人生的向上也就是不能脱离社会的前进，所以“为人生的文学”就必然是文学的社会斗争的实践。由于二十五年来中国人民战斗的空前残酷与激烈，以及二十五年来在新的民主主义的路线下社会斗争的深入与发展，就不断赋予这个口号以新的内容新的任务，到了今天，人民的生活与思想斗争到了更尖锐的阶段，这个口号也就具有它更显明的社会内容和斗争意义。而在这里，又使我们想起二十五年前茅盾先生编辑《小说月报》时候所提的另一口号——“血与泪的文学”，这大概是指出，文学必须反映出血与泪的人生斗争，必须从血肉搏斗中间去追求人生的真实。这正是现实主义的基本精神，特别是在今天，当社会斗争要求文学更深入到人民大众中去，而另一方面文艺思想上多少显出一种灰白无力的倾向的时候，这一个旧时提出的口号是值得我们特别重视和警惕的。

二十多年来中国人民的血的斗争，培养出革命的新文艺的繁茂花葩，也撒播下无限新的种子，使文艺成长为今天人民斗争中一股强大的力量，这是应该为每个人所欣慰骄傲的；而也由于这种欣慰和骄傲，使我们对于像茅盾先生那样一个不仅曾经领导过和经历了新文艺的全部斗争过程，并且也不断参与了二十多年来人民解放斗争的老战士，在庆祝他五十生辰和文艺工作二十五周年纪念的时候，不能不报以热烈的感谢和敬意。

而正由于这样，我们对于茅盾先生，也就不能不同时寄着更远大的期待了。因为文化思想斗争是愈来愈尖锐，新文艺运动虽然已经获得它光辉的成就，而另一方面封建文化和法西斯残余的思想也正在作着更猛烈的反击，所谓道高一尺，魔高一丈，新文艺运动在今天不但仍然遭受着种种无理的摧残和凌虐，而且在思想上也还需要和四面迎来的妖魔鬼怪作更猛烈的战斗。我们试环顾一下今天的所谓“文坛”，一切非人民的、反人民的、非现实的种种倾向，仍然或明或暗在抬头，封建的、复古的文化，仍然有人在拼命鼓励提倡，而尤其显著的，正是曾经被茅盾先生在《小说月报》时代打击过的花花绿绿的色情文学，又死灰复燃地猖獗一时，而且它的嘴脸比“五四”前后更加丑秽更加卑劣了。这种情形，不仅在文艺界，而且也在戏剧界、美术界各方面，而尤其可虑的，是这种倾向正渐渐深入到新文艺的领域中来。这使我们感到历史的压力是多么沉重，文艺的战斗是多么艰辛曲折，也就需要怎样的更警惕，加强和鞭策我们自己，一方面对敌人，一方面也是对自我，继续展开一个无情的斗争，这斗争无疑正是今天民主主义所要求的。而在这里，除了加强彼此互相团结互相策励以外，对于像茅盾先生那样经历了长期战斗和走在队伍前面的老战士，便自然要期待他负起更多的领导和鞭策的责任。

一个真实艺术家的生命是永恒的。五十年的生涯和二十五年的文艺事业，这在茅盾先生，只是战斗途程上的一个里程碑，在他的前面还有着更艰辛然而也更广阔的道路。凡是认识茅盾先生的人，都知道他有一种永不疲乏的精神，永远像年青时候一样生气勃勃，我们相信他在今后的文学道路上，会老当益壮地做出更勇猛的战斗，和更辉煌的成就。现在正是子夜已过、黎明不远的时候，在这黎明前的黑暗中间，可以相信是有无数千万中国青年的眼睛，正在热忱地注视着和期待着这位老战士的英勇前进。

（原载 1945 年 6 月 30 日《新华日报》）

评《李家庄的变迁》

过去我们所看到的若干描写农村的小说，常常会有这么一种感觉，就是作者是带着一种小资产阶级的感情在写农民：垂怜他们，同情他们，或是过分夸大他们的精神性格，不然就是取笑他们的愚蠢。而在农民主人公身上，自然也就渗入了作者自己阶级的思想感情。所以虽然写的是农村故事和人物，题材也确实是取之于农村，但是却常常给我们一种非真实的感觉。譬如抗战初期被推荐为描写农民的"成功作品"《差半车麦秸》就是一例。差半车麦秸这个人物在作者的笔下，变成一个供小资产阶级欣赏的丑角了。

赵树理先生的《李有才板话》和《李家庄的变迁》就给我们带来一种完全不同的感觉，虽然有些地方还不免粗糙一点，但整个来说，却使我感到一种朴素的真实。在作品中间，我们虽然可以看出作者的思想感情和其所要表现的题材的和谐性。假如拿赛珍珠的《大地》和《李家庄的变迁》比较一下，就特别明显可以分别出这种不同的地方，即作者完全是从农民的生活与实践中去取得人民的思想感情，而以这种有血有肉的思想感情作为他创作的出发点的。我们仿佛是在听着那作品的主人公铁锁——一个真实的农民——向我们直接诉说他们的村子的故事，并不是由另一个知识分子在代他渲染铺张。这样使我们从作品上直接感受了人民真实的感情，因而也引起了深深的感动。

这首先表现在他清新、朴素和健康的风格上，这种风格与其说是作者个人的独创，毋宁说是从中国农民那种朴素、单纯、坚忍的生活风格中吸取来的。这里没有那种繁琐、细腻、纤美的调子，也没有那种脆弱的感伤或空洞的激昂，它所显示给我们的是一种朴素的美，这是符合于现代劳动人民的美学观点的。

作者所采用的形式，仍是现代小说的体裁，倒并不是什么章回体之类；但是却克服了现时小说形式上一般非大众化的弱点，而且也吸收了民间艺术的优点。这表现在一个特点上，就是这本小说可以在一般文化水平较低的群众面前朗诵，不会有念不上口的弊病，而同时可以使他们亲切地了解和接受。听说这小说在陕北人民中间获得普遍的欢迎，并且已经改编为剧本。可见只有真正有内容而能表达这内容的作品，决不会因新的形式就妨碍落后群众的接受；反之，抓不住真正人民的思想情感，徒然在改造旧形式或模仿旧形式上用功夫的，倒未见得能获得什么成就。赵树理先生这本小说，在形式问题上很可给我们一种启示。这除了它是有真实的思想与生活内容以外，主要是茅盾先生在序文中所说的，“他善于吸收人民的生动朴素而富于形象化的语言之精英”，不仅在对话上他是采用了农民的口语，即在一般叙述和描写上也采用了大众的言语，这使它能够普遍地为人民大众所接受，也使它能够充分地表达出人民大众的思想与感情。

小说的故事是写民国十七八年以来一个晋北农村的变迁，即是说明一个落后闭塞的农村的觉醒的过程。它的主题是告诉我们农民潜在力量的所在和它的历史根源。为什么八路军一到村子，这个村子即会彻底地翻过身来，这主要并不是靠八路军的武力，而是靠和封建势力的长期血的斗争中人民本身意识的觉醒与其力量的蓄积。事实上，八路军本身也正是从这种长期血肉斗争中锻炼出来的人民的武装力量。这种人民的武装力量与当地人民潜在的斗争力量相结合，这样就产生了解放区那样坚强不拔的人民力量和人民政权。这种力量是土生土长的，八路军也就是在这土生土长的力量中长大起来的。不了解这点，就将不了解八路军和解放区的意义，八路军会变成自天而降的救世军，解放区会变作乌托邦的奇迹了。这是作者为什么要从遥远的民国十七八年起，来叙述这故事。正因为这种意识觉醒过程是十分困难的，是要从许多悲惨的斗争中一步一步发展过来的。像铁锁这样一个忠厚、愚昧、朴质的庄稼汉，怎样从屡次遭受地主们的欺弄、迫害以致破产中间，获得现实的教训，怎样从自己心中的疑问而引起对于小常和小常的信仰一种模糊的认识，又怎样在继续的斗争教训中间扩展了他那种模糊的认识，使这种认识变成一种他所执著地追求的东西，终于在更残酷的抗日反汉奸的斗争中间找到了他自己的道路，而最后使他变成了村民的领袖。这正是许多中国农民今天所走着的道路——一条历史的道路。作者主要的笔力，就放在刻画出这历史发展的血痕上，不是这样，我们将无法理解这个人物的现实意义，也不能从作品上去理解中国革命的历史实践意义。在某些描写农民的小说中间，我们常常看到一个愚昧的农民在一夕之间变成英雄斗士的故事，又如在抗战初期我们往往看到我军出场、敌伪匿迹、人民解放这一套公式。这些虽是出于作者的好心，却不是现实。这是抹煞了革命的艰苦性，也抹煞了现实的发展过程。赵树理先生这本小说却不仅从过去来阐明了现在，而且也从现在指出了未来。小说并不是以一个大团圆来收场；当李家庄被解放了之后，接着新的保卫解放区与抵抗反动派进攻的艰巨任务又来了。这些人民的战斗者，席不暇暖，又要出发去战斗。这使我们深深想到历史压力的沉重，和中国革命的艰难困苦。小说的结束并不像时下某些戏剧和小说，教我们舒出一口轻松的气，却是在我们的感情上再加上一种沉重的鞭策。我们必须更勇敢更坚实地去迎接那愈来愈残酷的斗争，才能最后完成人民解放的大业。

这是脱却了文艺上的主观主义，也脱却了那种自然主义倾向的一部坚实的人民大众文艺作品。在新文艺歉收的季节中，赵树理先生这本小说是值得我们欣慰和骄傲的收获。自然我也并不想说，这本小说就已经达到毫无缺憾的完整程度。赵树理先生是新出现于创作界的一个人，他还有更广阔的前途，我们也不能不要求他百尺竿头，更进一步。就以这本《李家庄的变迁》来说，我们仍然可以指出一些不够的地方。首先，我觉得他虽然已经抓住了现实，也抓住了人民的思想感情，但是对于人物的发掘，还可以更深刻些，这就是说，人物的典型性还不够。像铁锁这个人物，如果能更多观察一些农民，把他们共同的特征综合在他身上，还可以使他的性格更突出些。其次，对于这个人物内在的精神生活，也还不够深入去刻画，便显得人物平面一点，因而从这人物所显示的力量也就不够强烈。二妞倒是个线条很清楚的农村劳动妇女，勇敢、坦率而泼辣，可惜写得太少，后来就不曾好好去发展。地主李汝珍也只是一种类型，或许是由于作者对这一类人物接触还不多之故。一般地说，在人物创造上，虽然画出了很清楚有力的Sketch（速写），但是还不曾达到完整的雕塑程度。典型性不够，使作品不曾发挥出应有的更大感动力量。

在结构上，前面一部分组织得相当紧密，到了中间以后便显得软弱一点，尤其在最后高潮上，力量反而欠强。在完整性上说，这本书似乎不及《李有才板话》。全书叙述多于描写，也减弱了作品应有的生动性。本来不到十万字的短短篇幅，要写出二十年来的历史是很困难的，作者能够做到这样，已经是难能可贵了。我以为作者如能再花点心血，把它写成一个长篇，或许会获得更大成就的。

然而，无论如何，这还是一本值得推荐的人民文艺作品，至少在文艺大众化上，它是向前跨了一步。它在劳动人民大众中所获得热烈的欢迎，就是它应得的艺术评价的证明。

一九四七，三，五。

（原载 1947 年 4 月《文艺生活》光复版第 13 期）

读黄宁婴的诗

《九月的太阳》《荔枝红》《受难的人》《奴隶歌什》《溃退》《民主短简》

承黄宁婴兄把他发表与未发表的全部诗作送来，要我给他一点意见，这实在愧不敢当。我对于诗的理解很浅，又向来不曾写过诗评。但拜读了宁婴兄全部作品以后，对于诗人十余年来所走过的道路，也略有所感，现在就把这一些浅见，作为一个读者的感想写出来，以就教于读者及宁婴兄吧。

宁婴兄送来的诗集一共六本，即前面所开列的。据作者自述，他已经写了十四年的诗，最初曾学象征派，崇拜戴望舒，后来学新月派，崇拜徐志摩、陈梦家，受宋词的影响。抗战前一年，参加了左翼的文艺活动，文艺思想才改变过来。改变后的第一个集子，便是一九三八年一月一日出版的《九月的太阳》。这以前他曾经编成一个诗集，叫《秋扇集》，他把它断然抛弃了。在《九月的太阳》的后记中，作者说："为了一切的怯懦，一切溃腐支离，我曾经作过噩梦的沉淀。然而光明带来了觉醒，我从噩梦里挺身而起，捐弃了自己涂上艳彩的秋扇。我昂起头，向太阳迈铁步！"

在《九月的太阳》中第一、二两首诗《再生》和《我们的誓词》，就鲜明地标示了作者思想的转变。在《再生》里作者说：

从前（如今说起来当真惭愧）
这儿也曾是一个小小的工场，
也曾制造过玲珑精致的玩具，
也曾制造上流人的美粮。
…………
…………
到底那有什么意义，有什么意义？
我真不明白当时自己的思想。

我觉醒了，从噩梦里挺身而起！
迈开铁步，我践碎了可卑的工场，
我昂起头，眼睛盯着天和地，
向太阳喊出新生的歌唱。

这就是诗人对于过去唯美主义的道路，或是新月派的道路决绝的否定。而使他思想上起这样决绝的变化的，是由于当时抗日革命形势的高涨；现实斗争粉碎了他美丽的梦，他投身到抗日革命的实践中来，实践改变了他的思想。

《九月的太阳》因为是在那样一种急剧思想转变中写成的，所以带着一种单纯的猛烈的新的信念，而抗战的热情在当时是激荡着一般知识分子，这种一往无前的热情也同样涌溢在他的诗篇里。但是，也许由于同样的原因，即是他虽然参加了抗日战争的实践，而这种实践多半还是局限在左翼的文艺团体活动中间，还不曾真正地和广大人民斗争实践相结合，因此在《九月的太阳》中间所表现的多半还是诗人自己对现实的觉醒，对民族革命的热情地奔赴，对于未来的憧憬和追求，而人民生活的实感，却显得不够。这还是作为一个从旧的诗歌世界中走向新生的一个诗人的抒情歌唱。作者对于未来的追求也还多半出于主观的理想。例如在《岸》中，诗人所追求的永恒的国土是这样：

那是在波涛汹涌着的尽处，
一座矗立着无数烟突的城市，
一个忙碌支配着的重工业区。
那儿，大地有了沉重的载负，
庞大的机器做了它的肠胃；
那儿，马达终日轮动着，
人跟工作永远不离，
钢铁的锤击是它的说话，
煤炭的黑气是它的呼吸。

自然，这将是新中国的远景，我们将有一天实现这现代化工业化的伟大社会主义建设，但是这将在更远的将来，这需要经过无数次惨烈的斗争，经过全中国人民的觉醒与长期奋斗才能达到。站在一九三七年抗战前夜的一个诗人，毋宁应预见到那即将到来的一个新的现实，即是八年抗战中间那广大人民力量的生长，那人民的政权与武装的出现，以及从民族革命战争中间所出现的新的社会生活。但是这一切我们的诗人还不能把握到，而使我们感到他对未来热烈的追求，还缺乏坚实的现实基础。

这是一个革命小资产阶级知识分子刚刚走上新生道路时很自然的表现，即是热情、勇敢、激昂，然而还缺乏对人民现实生活和斗争更深入的认识与结合，因此在诗的思想与感情内容上，还不能有更大的天地和更坚实的力量。蒲风在《九月的太阳》序中说：

> 就宁婴的诗全部来说，初期是颇有唯美的色彩……而且，即今《再生》以后的他虽然已有了决心的觉醒，也还得十分注意，非得亲自在实践生活中作磨练不可。

这个意思是很对的。

由于初期的诗还是偏于激昂的呼号。缺乏坚实的思想基础，所以当抗战转入二期，这种激昂情绪逐渐过去以后，个人的忧郁伤感情绪又不免在《荔枝红》和《受难的人》中滋长起来，这也是抗战后期中反映在文艺上很一般的现象。

《荔枝红》是一九四三年在桂林出版的，包括《荔枝红》、《草色的歌》、《山居集》、《秋之献》、《长沙行》几个诗集。从艺术修养上说，《荔枝红》是比《九月的太阳》更洗练更凝聚了，它显出一种很亲切很优美的情调，词句上也很工整清新。如果《九月的太阳》中生活实感不够，那末《荔枝红》却是一本浓郁的生活抒情诗集。抗战初期的激昂情绪已经过去了。表现在这个诗集中主要是对故乡的怀念和在漂泊生活中的抒情。在这中间也处处显出诗人对生活的渴求和对于劳动人民的赞美和向往。作者在序诗中这样写着：

为了孵育未来的
更可爱的记忆
我要向光明的前路
更大胆
更坚实
抛掷出更阔大的脚步呵

一般地说，作者这时是更接近生活了，抗战迫使他漂泊到海外，到农村，到深山，他的家被敌人侵占了，和平的家庭生活被摧毁了，这一切使他多方面接触了现实世界，也增强了他对现实的认识。这时从他诗中可以看出来的，一方面是感情从浮动的激昂状态趋向于沉淀的状态，而在这过程中感情逐渐凝聚起来，另一方面是认识从抽象而趋于具体，不是初期那种带着幻想式的追求，而是面对着苦难的现实生活了。然而同时在大风暴过去以后知识分子那种感伤的情绪也就流露出来。记得艾青的《北方》在当时很受到读者的欢迎，我不知道作者是否也多少受了《北方》的影响。

在《荔枝红》的几个诗集中间，《荔枝红》是一九三九——一九四〇年在香港所作的，几乎全是怀念自己沦陷的家乡，作者的怀乡病似乎很强，特别是显示在后来那《受难的人》的长诗里，这里自然也含着民族的仇恨，不过一般说，感情脆弱，不够坚实，这种怀乡的感情多少还属于士大夫对于自己家园沦落的悲愤，虽然这种悲愤却是那样真切。在《远天的木棉》中作者写着：

我有木棉枝
一样脆弱的情感
我有木棉絮
一样洁白的胸怀
我更有比木棉花
点燃得更红的心呵

我想，这是作者很确切的自己写照。

《草色的歌》写他流浪的生活，是旅途中的抒情小辑。这里有几首是很清新的，如《镜子》，写自己从劳动人民中间找到了自己的镜子：

我惊喜着
“这不就是我的总体吗？”

《鹿颈村》和《彭三婆》是作者最初描写苦难中的人民生活的诗篇，但似乎嫌平了一些。《山居草》是在桂林写的，其中《秋天的儿子》是篇抒怀之作，从这里多少可以明了作者的性格，在这集里处处透露诗人向往于健康活泼的生活的心境，作者的感情也显得广阔起来（像《青年人的影子》《山居小集》等），但有时孤独寂寞之感仍然掩不住流露出来。《秋之献》一辑中特别明显流露着这种感情。作者给我的信中也说：

> 是年秋(按：一九三八年)，广州沦陷，去香港，所写的尽是感怀之作，江南事变在桂林写的还是不离此调，一九四三年出版的《荔枝红》便是明证。

一九四一年皖南事变以后，桂林是苦闷的，正如《受难的人》的扉页中写着的：

> 这样的日子
> 风雨
> 泥泞
> 望不尽的大地
> 在叹息
> 在抽泣……

政治的逆流，使忧郁与感伤的情绪在知识分子中普遍地流行开来。作为曾经感情很纤弱的诗人宁婴，在这苦闷的日子里，自然不能例外的感染了这种情绪。但是革命与苦难所给予他那“走向光明”的信念仍是坚持着的，这样就使他感情上常常激起矛盾的波动。当他在叹息与感怀过去的日子，同时却又在向往着健康与坚强的生活。这种感情上的矛盾在《荔枝红》中已经可以看得出来，而在《受难的人》中便显得格外清楚，当他写完《受难的人》的时候，他写着：

饶恕我呵

我不能为你带来些许温暖

一如你的饶恕雨天

雨天不能为你带来一线阳光

而立刻他又带着忏悔的情绪,说他要把那怀乡的思念"远戍南方,就该让它在南方的土地上被埋葬了"。他坚决地誓说要拔除"昨天"的根,来撒下"明天"的种子,他要不再歌唱"雨天"而歌唱"太阳"了。这就分明地显示了诗人的心境,实际上那时他是不容易去除了那时感情上沉重的负荷的。作者给我的信中说:"那时怀乡病乃至于顶点,乃写千行长诗《雨天》(后改名《受难的人》)。"

《受难的人》是在这样的心境下写成的,这首长诗感情的真挚、亲切,是超过其他几本诗集的。作者写出他父亲、母亲、岳父,三个从生活中苦斗过来,而现在在日寇统治下受着苦难的老人。因为是自己的亲人,写来自然格外感动,所谓真情的流露。而从这里也写出了几种善良而坚强的中国人民性格,这种性格也显示了在敌人统治下不屈的中国人民灵魂的一面。因此,这首长诗基本上仍是鼓舞着人生的向上,虽然作者是带着那样一种强烈的感伤情绪在叙述故事。作者在后记中说(这后记是一九四六年写的):

抗战八年,他们身受的一切,在亿万同胞所同样遭受的苦难中,也只是显得那末不足道,然而即使这一点点,也许已会使人感到受苦应该有它的代价。

> 通过了亿万人的苦难，才能获致这胜利的果实，该是何等宝贵，而今天四野烽烟，势已演成燎原的烈火，那些借胜利而欲囊括一切的“英雄们”，正在把全国人民那饱尝战祸、出生入死才能侥幸以苟存的残命，再轻掷于水深火热之中！
>
> 面对着这惨酷的现实，我激发了新的感慨：假如中国人民不毅然起来，为解除自身的苦难而努力，则他们所渴求的那种幸福的日子，依然是那样的渺茫呵！

如果这样来读这首长诗，无疑在今天仍有它现实的意义。中国人民既不屈于日寇的暴虐蹂躏，将仍然不屈于今天残民以逞的法西斯分子的压迫。

从《受难的人》里，也多少帮助我们理解作者的性格。幼年时代和平幸福的家庭生活，正直善良而患病的父亲，在苦难中挣扎了一生，善于容忍而忧郁的母亲，这些也许就是造成他脆弱的感情与剧烈的怀乡病的根源；而同时他父亲那正直、执著的性格，他母亲那种向生活搏斗的韧性精神，都深深地影响过这羸弱的少年诗人，使他具有那种像木棉花般纯洁而灼热的心灵，对于真理热烈的追求，而时代的风暴终于把他投入到残酷的现实斗争里，使他从唯美主义的道路走向现实主义的道路，苦难增加了他“走向光明”的信念，同时也增加了一个曾经是心灵脆弱者的精神负荷。他已经向着广阔的生活道路迈步前进，但是还不曾和广大人民的斗争紧密地结合在一起。

一九四二至一九四四年上半年一个时期，桂林虽然苦闷，但却是宁静的。敌人的进攻暂时停止了，人们的生活由流浪而暂时安定下来了。那朴质的山城生活直到现在还多少给人们一些恬静的回忆。在这期间，宁婴写下了许多抒情小诗，现在编成为《获梦集》。这是他自我抒情达到最高峰的一个时期。作为一个知识分子自我抒情诗集来看，确是非常优美的、纤细的，技巧比起《荔枝红》来显得更成熟了，但是这感情却是脆弱的，诗人和激烈的风暴渐渐远离了。在这集子里，有一首《希望》：

多谢晨曦
为我剔破了
挂在东窗上一片迷惘
那撒下来的一撮光明
使我回复了生之信念
像一艘颠踬的小船
挣脱了险恶的湍滩
驶向平静的河面

为什么
我刚从梦里醒来
又开始织着我的梦了

真的，诗人这时期是在编织他美丽的梦了，《获梦集》就是他的成品，如果没有一九四四年湘桂大撤退，诗人也许还要向这方面发展下去，或者重新走向戴望舒的道路去亦未可知。

一九四四年春，宁婴从广西返沦陷的广州去省亲，写下了一本《奴隶歌什》。沦陷区残酷的生活，又使他回到现实斗争的视野中来。这集子现在他把它和《获梦集》编在一起，似乎有点不和谐，毋宁是和《溃退》编在一起好些。这集子一方面是继承着《受难的人》那种情感，而同时出现了诗人对敌伪统治的愤怒与诅咒，而作为后来诗人的特色——政治讽刺——在这集子里也萌芽了。如《〈更生〉的纪念》、《鲍斯与汪精卫的眼泪》、《汪主席的肖像》等，大概是作者最初试写的政治讽刺诗了。

一九四四年湘桂空前的大溃退，重新打碎了诗人安定的生活，急遽地投入到一个可怕的难民洪流里，政治的现实无情地撕破了编成的罗网，诗人写出了长诗《溃退》。

据作者给我的信中说："这本东西粗糙得很，我最不满，月前本已下决心重新改写，但一因材料不够，二因没有魄力未能实行。在未重改之前，我绝不愿使它跟别人会面的。"

但我的看法略有点不同，我以为没有《溃退》也许就没有《民主短简》，这是诗人转向一个新的阶段的一个过渡，那样一个血淋淋的现实，迫得一个有良心有正义感的诗人不能不愤怒地诅咒和抗议，诗人已经看出不光是一个民族抗战，而必须展开一个民主的斗争，在《溃退》中间揭露了国民党军队那种腐败无能，控诉了广大人民所遭遇的灾难和不幸。这本诗无疑是比以前诗篇更具有战斗性。在这次大溃退中，很少诗人把它写下来，宁婴这个诗集无论如何应该值得宝贵的。

至于粗糙，那也许应该承认，如果和《荔枝红》、《获梦集》的细腻与圆熟来比较，它在技巧上是粗糙些，但我所指的粗糙还不是那个意思。我不是从那些意义上来比较，我是指宁婴所说的“魄力不够”。魄力不够，换句话说，即是思想的准备不够，即是说作者还不够从历史上去把握这次大溃退的意义。这次大溃退应该看做是国民党反民主统治所造成的贪婪、无能、混乱、腐烂的总暴露，应看出是一个广泛的民主斗争高潮的预兆。一九四五年由重庆、昆明展开的国民党区域的民主巨潮，是紧接着这次大溃退而开始的。如果能抓住这个历史意义，那才能有巨大的魄力去处理这巨大的题材；材料不够倒是其次的原因。《溃退》使作者和我们感觉分量不够的原因，我以为是在此。如果作者要重改的话，希望他能多注意到这一点。

但是《溃退》中间所表现的战斗作用，无论如何是应该肯定的。作者写政治讽刺诗的才能，在这诗集中更加显露出来了。这是使他后来向写《民主短简》道路上发展的一个重要阶段。在《溃退》下半部中，讽刺诗比重占得很大，其中如《总司令到了德胜》、《第一线在这里》、《我们领了救济金》、《稳定与好转的斟酌》、《贵阳在屏息着》，我以为都是很锋利的。诗的节拍在后半部中愈来愈紧，也是很适合的。

民主斗争巨潮终于掀起了。一九四六年，诗人采用了新的风格，写出了他的《民主短简》。

《民主短简》是宁婴走了一段之字路之后又一次的发展。他的思想比一九三八年的时候更向前跨进一步。如果拿《九月的太阳》和它来比较，则前者多半还是偏重于追求理想的远景，而现在则是面对着现实政治作短兵的搏斗了。以前写诗多半还是为了个人的抒情，而现在是把它作为服务于人民的武器了。

对于《民主短简》，我并不想从艺术的评价上说它已经到达怎样的高度，我觉得我们应该予以肯定的，首先是一个诗人能够那么泼辣勇敢地用他的艺术去为人民战斗，能够抓住每一现实事件给予敏捷有力的反击，把艺术和政治紧密地结合，这不仅为今日激烈的人民斗争所需要，而且也是今天诗歌运动的一个方向。这使我们想到目前还有许多诗人，淹没在自我抒情甚至颓废感伤中间，宁婴的《民主短简》便不能不有它的骄傲，它的可贵。其次对于诗人自己来说，他那样勇敢地从民主浪潮中洗刷掉过去伤感忧郁的气氛，克服了过去脆弱的感情，这是读了他几个诗集以后，使我非常感动的。但是这里也特别值得我们警惕，就是一个知识分子旧有的那种脆弱的感情，往往是根深蒂固，很难一下斩除的，在某一时候似乎是被克服了，但过一时候它又会滋长出来，这必须有像罗曼·罗兰所说的那种“斩断身后桥梁”的决心，而这基本上是个思想改造的问题。思想才是我们感情的基础，思想愈坚定，情感亦愈坚决；思想力愈强，艺术力也愈大。《九月的太阳》是作者第一次思想发展，《民主短简》是表示第二次的发展，我祝望我们的诗人能够更加强他思想的修养，使他的战斗力更加强起来。

作者的政治认识，从《民主短简》中看来，已经达到相当强度，例如《给八上庐山的马特使》和《给“把死马当做活马医”的医生们》两首，确是比当时恋恋不肯抛弃幻想的某些民主人士看得更透彻的：

当你们明知不可为却还抱着不成功便成仁的热

情入京的时候，

你们可记得李公朴、闻一多的成仁也正是为了反对内战的吗？

当你们听到野心勃勃的陈诚说三五月内消灭共军的时候，

你们可想到靠自己的舌头去堵塞好战者的炮口是徒劳的吗？

当你们的来京竟那么凑巧变成了给老蒋送行的时候，

你们可明白全国人民所渴求的和平团结已经没处寻找了吗？

当你们打针输血全不见效，当和平谈判这匹死马真真正正活不过来，

全国人民需要你们做见证，请说害死它的是谁？哪一党哪一派？

当民主已非嘴巴所能争取，当和平已遭暴力破坏，全国人民祈望你们在暴力之前不要跪倒，要站起来！

这是对政治上机会主义多么锋利而严正的批判，不仅在当时，就在目前，仍然有它的力量和作用。这短短的五句诗，是较一篇洋洋万言的论文显得力量更大。

但如果严格地作为一个政治诗人来看，那就不能不要求有更大的思想深度和对现实政治更本质的理解。一个政治讽刺诗人所发出的愤怒是由于他更本质地理解到某些历史罪恶

的意义，因而他的愤怒声音不仅代表多数人民的心声，而且彻底地挖剥出这罪恶的历史根源，像鲁迅先生在“三一八”以后所写的几节散文和《无花的蔷薇》就有那样的气魄和力量。我并不是要用那样的高度来衡量宁婴的作品，主要是寄望于他的将来。从这本《民主短简》来说，我想举出那首《给今之拿破仑》，这首诗分量就显得轻了一些，从这首诗所看到的今之拿破仑是不够的，这就是说还没有能够用精练的言语把“今之拿破仑”内心的罪恶思想具体地挖剥出来，使我们能够看出他那凶暴丑恶的本质。《给美国总统》一首，据说曾有人批评，固然这诗是为在一九四六年四月写的，当时许多人对美国帝国主义的本质都很欠缺理解，我们也不必独苛责作者，但也说明作者在这一点上认识未臻深刻，因此向杜鲁门去要起民主催生针和治法西斯的特效药来了。

《民主短简》中，除了大部分是讽刺诗外，也有几首不是讽刺诗，如头上《给印钞工人》、《给农民》、《给兵士》三首便是，这几首诗却完全是以一个知识分子的立场在说话；不仅是那种命令式口吻，主要是以那样的话去质问工人、农民、士兵，我以为是没有意义的。譬如向士兵说：

为什么你们长官要内战，
你们就闭着眼睛乱杀自己人？

对农民说：

你们不该再做给人扎了颈项的鹭鸶。

辛苦的收获填不饱自己的肚子。

对印钞工人说：

为什么，你们还要日夜拼命印下去？
为什么，你们还不歇下来？

作者大概是以这些诗作为鼓励群众的诗句，但是把群众估低了，事实上，士兵几曾肯闭起眼睛乱杀自己人？他们是被麻绳捆起，枪杆顶着，强迫去当炮灰的呀；农民又何尝不知道他们不应该做扎了颈项的鹭鸶？印钞工人也何尝愿意去印钞票？但是生活饥饿的迫人，找求职业的没有自由呀。他们何尝不知道应该反抗他们的命运？他们是在反抗或时时刻刻在准备着反抗。但是他们是没有义务来回答这“为什么”的质问的，因为这不是他们的过错。

如果作者是站在工人、农民和士兵自己的立场上来给他们写诗，我想效果是会不同的。

这是一个立场问题，对一个为人民服务的诗人，是非常重要的。我们写工农兵，为工农兵写，还必须要求我们站在工农兵的立场，接受群众的思想和观点。这自然并不是一个简单的问题或者光是一个漂亮的幌子，而是一条非常艰苦的道路。主要的关键是在群众生活与斗争的实践，在实践中不断地改造自己的思想感情。诗人宁婴是从一条艰辛的历史道路走过来的，我们相信他将更迈步向前走去。

宁婴是个极有才能的抒情诗人，他今后也仍然将写出更辉煌的抒情诗篇，然而不论抒情诗也好，政治讽刺诗也好（自然讽刺诗也还不能不是抒情的），作者的思想与生活将是决定他向前发展的一个基本条件，因此我愿意再度从《荔枝红》的序诗中抄摘数行诗人自己的话，以奉赠诗人：

我要向光明的前路
更大胆
更坚实
抛掷出更阔大的脚步呵

一九四七年七月三十日

（原载 1947 年 8 月《文艺生活》光复版第 16 期）

病中读画小记

一

符罗飞教授作品预展那天，我因病未能去参观；后来承符先生把一部分作品送到我寓所来了。这实在万分不敢当。对于绘画，老实说，我只是个门外汉罢了。

但是当我打开符先生的作品时，却大为惊奇了。有许多幅画是画在撕下的日记簿页上的，有些竟是画在草纸上的。有几幅我最喜欢的画，看了半天，看不出是炭画还是铅笔画，后来经符先生说明，才知道竟是中国的烂毛笔画的。这在我真是一个惊奇的发现。工欲善其事，必先利其器，我向来知道艺术家是很重视他的工具的，但是符先生为什么竟选择了这落后的工具呢？经过符先生再一次说明，我才恍然悟出一个道理来。

原来画画这件事，在中国也是颇多障碍的。一个画家背着画箱，跑到灾区去，要为那些吃草根树皮的人们作画。仅这一点就够叫某一些人觉得不可思议而且惴惴然了。为了避免某些不必要的麻烦和注意，我们的画家就只能偷偷地躲在街角和食物摊上，把所要画的对象写入到他小日记本儿上。这就是撕下日记簿页的原由。草纸呢，那很简单，在乡下能找到的，只有这样的纸张，我们的画家既不能大模大样拿起画箱坐在帆布凳上去作画，自然只有找到什么纸就画在什么纸上了。只要是真正的艺术，我想决不会因所用的纸张而受限制的。真正的艺术家也决不因物质条件而受拘束。那些标榜着“劣纸勿绘”的名士们，只是显示出他们自己的低能罢了。至于用烂毛笔，这却是符罗飞先生一个天才的创见。据说他在意大利研究绘画的时候，就研究了毛笔在西洋画上的利用。结果是获得了美满的成功。请看一看这次展览中《磨折》《正义》那几幅画吧，你将感到巨大的惊异。这个创见，我以为是特别值得注意的。我并不是主张要用落后的工具，但是生在这一切都落后的国家，我们就不能不从落后中间有所创造，以适应这落后的生活环境。中国的农民现已经从落后的生产条件下创造了新的生产方法，中国的艺术家也应该从落后的物质条件下去创造出特有的技术，而且把落后的提高到进步的水平。当我们有时连新的工具也不可能获得，一张草纸，一枝秃笔，也同样能创造出光辉的艺术。这是多么的骄傲！农民用他们朴素的言语唱出他们坚实的山歌，我们的艺术家利用了原始的工具创造出现代的艺术。这是艺术方法的民族化，这是民族艺术的独创性。而且用草纸和毛笔来写出这些吃草根树皮的人们的生活和感情，这件事本身就首先使我们感动了。

让那些斤斤于纸质与颜料的高贵绅士去讥笑吧，但是光荣是属于你的，因为你创造了人民自己的艺术方法，你也创造了人民的艺术，你是属于人民的！

二

高贵的绅士们将鄙夷这落后的拙劣的工具，但是他将更不敢正视这幅画上一些饥饿者的脸色和眼睛。

这会使他们怖栗！

去年湘桂的灾荒，据一个外国记者说，是二十世纪中世界上一次最大的灾荒。但是我们知道，这分明是人为的灾荒。那时我在汉口，对于湘灾颇有所闻。我曾经想，要是有些文艺作家和戏剧家能够去看一看这人间地狱的景象，对于战后人民文艺的内容，当可有丰盛的收获。不幸这一段残酷的现实，在文艺和戏剧上终于留下一片空白，而来填补这一段空白的，却是属于我们的画家。据我所知道的，到湘桂灾区去的，先后有陆地先生和符罗飞先生。当大家忙着复员到上海、广州等大城市去的时候，他们却悄悄地，冒着风霜，不辞艰辛，跑到那没有饭吃的满目疮痍之区去为人民服务。单是这种精神就值得我们感动，也值得我们感谢了。文艺工作者常常在喊“深入农村，面对现实”，然而我们究竟写出了多少农村的现实呢？看了符先生的画，我们是应该深深惭愧的。一个艺术家，画什么？为什么画？为什么人画？这是决定他艺术思想和艺术方向的一个起点。符罗飞先生从他的作品中给予这些问题以分明的答复了。在他六个画集中间，都是环绕一个共同的主题，就是要为这一些饥寒交迫、无家可归的人民提出他们血泪的控诉。符罗飞先生不像那些自然主义的风俗画家，仅仅告诉我们有哪样哪样一些生活，而是从他那气氛浓烈的画面背后，透出人民的诅咒和憎恨，也透出作者自己愤怒的抗议。在《饥饿的人民》中，他给我们展开了一个那样悲惨的世界，这就是虐民者的血淋淋的罪证，在《一群孤儿》中，他为下一代的中国人民提出愤怒的抗议。在《黑色的旋律》中，他憎恨地攻击了那些食血者，描绘出他们荒淫贪婪的嘴脸，也痛斥了那些《受训者》的狗，在《街头拾遗》与《随笔》中，他寄与那些善良朴素的人民以爱和同情，在《正义》中间，他写出中国人民那种坚强不屈的性格，在精神与肉体极度被损害与磨折下那种坚韧深沉的力量。这里，我特别喜欢的是《磨折》《劳役》和《正义》三幅。这也许可以说是达到了典型创造的境界。这些脸孔我似乎在什么地方看见过，而从他们的脸部表情上，我似乎读出了他们的生活历史。像《磨折》中那种被损害者的灵魂，《劳役》中那种强悍的性格，《正义》中那种坚毅的精神，这些综合起来，不就是今天在水深火热中中国底层人民性格一个强烈的表现？符先生似乎是更重视于内心描写的一个画家，他深刻地探入到他对象的灵魂深处。他的表现方法，似乎也更着重于气氛的渲染与抒情。使他的作品显示强烈的感情。这是和那些自然主义的艺术截然相别的，在他的画幅上，处处显现出作者对现实强烈的控诉和攻击。因此，他的画也就充满了战斗的性格。

这些画不是为绅士阶级而画的，他是为那些被迫害的人民大众而画的。他画他们，画给他们看，而为他们抒发出憎恨与愤怒的呼声。这就是人民艺术的路线，符先生是坚实地走着这样的路线。对于符先生的画，我们所应该肯定的，首先就该在这一点。

符先生还有巨幅的粉画，可惜我还不曾看到，但是就从这六幅画集里，我们已经看到了符先生的胸襟和他的艺术思想了。无疑的，他是一个中国人民的艺术家。

看完了画集，我对符先生表示衷心的感谢。

（原载 1947 年 8 月 4 日香港《华商报》）

论鲁迅先生的不妥协精神

一

一九二七到一九三六年之间，蒋介石及其刽子手们，对中国新文化界，进行了一个比中古时代教廷更加残酷的十年文化“围剿”，大批的作家、学者被屠杀、活埋和投入牢狱，大批的书籍被焚毁和禁止。但是在鲁迅先生的领导下，中国的新文化战士们终于胜利地粉碎了这个十年的“围剿”，结果在北方“剿”出了一个“一二·九”运动，在南方又“剿”出了一个抗日文化统一战线。蒋介石是一败涂地了。而在这个反“围剿”快近胜利的结束时，鲁迅先生却长别我们而去。当几万青年把鲁迅先生的灵柩送到墓地，而以“民族魂”三字的大旗覆到他棺木上的时候，鲁迅先生胜利的战绩，是激动了中国每一角落，也激动了整个世界。

关于这一段文化反“围剿”的胜利，毛泽东同志在《新民主主义论》中这样写着：

……最奇怪的，是共产党在国民党统治区域内

> 一切文化机关处于毫无抵抗力的地位，为什么文化“围剿”也一败涂地了？这还不可以深长思之么？而共产主义者的鲁迅，却正在这一“围剿”中成了中国文化革命的伟人。

真的，这还不可以深长思之吗？在那样长期的白色恐怖中，大批手无寸铁的文化战士，是怎样在鲁迅先生领导下，通过十年战斗而取得胜利呢？这除了无产阶级的革命领导和全国人民支持以外，一个主要的条件，就是全国文化战士们共同坚持着鲁迅先生那种坚决、彻底、绝不妥协的精神，以及执行了鲁迅先生那种韧性的战术。这种精神和战术在中国文化史上写下了最光荣的典型战绩。而这在今天，蒋介石绝望的疯狂中企图再来一次文化“围剿”的时候，不是我们最好的历史经验吗？

但是，今天和十年以前已经大不相同了。基本形势已经变了。我们已经具有必胜的条件。虽然我们仍然将遭遇若干困难以至于革命战线上的某些动摇，然而已经不是退却的困难而是前进中的困难。在今天，纵然仍有可能像鲁迅先生所说的，将“时时有人退伍，有人落荒，有人颓唐，有人叛变”，然而也正如他接着所说的：“只要无碍于进行，则愈到后来，这队伍也就愈成为纯粹、精锐的队伍了。”

为了使革命队伍更纯粹、精锐，为了克服革命最后行程中的困难和某些动摇思想，在今年的鲁迅先生纪念日中，加强发扬鲁迅先生那种彻底不妥协精神，和认识这种精神的实质，应该是作为我们的主要任务。

二

鲁迅先生的不妥协精神的实质，是什么呢?

有人常常喜欢把十八世纪的启蒙运动者拉来和鲁迅先生相比拟。例如，斯诺先生以及某些中国作家说鲁迅是“中国的伏尔泰”。这种比拟是毫无意义的。他们的时代、思想并不相同，即在他们的战斗立场与态度上也是各异的(伏尔泰讽刺宫廷与教会，而后来又作了腓德烈大帝的上宾并接受他的恩俸，他讥刺荣华富贵，而自己又置买了很大财产，仅这两点，就和鲁迅先生决不能并论了)。这种仅以他们讽刺泼辣性上的相近而忽略其历史与本质的区别，结果是把鲁迅的精神理解为欧洲资产阶级启蒙运动的精神了。又有人把鲁迅那种不妥协精神，仅仅作为他个人的主观精神因素去理解，而仿佛是这种主观精神因素，决定了鲁迅的一生战斗。这也是片面的看法。他们共同的一点，就是把鲁迅先生这种精神与中国人民分离开来，离开了中国人民，是看不到鲁迅先生的，离开了鲁迅先生与中国人民的关系，是看不到鲁迅精神的。

对于鲁迅先生这种精神，予以最扼要的明确的说明的，我以为是毛泽东同志那句简单的话：

> 鲁迅的骨头是最硬的，他没有丝毫的奴颜与媚骨，这是殖民地半殖民地人民最可宝贵的性格。(《新民主主义论》)

"殖民地半殖民地人民最可宝贵的性格"——这说明什么呢？就是说，这种性格不是鲁迅先生一个人的，而是一种人民的或阶级的性格，更明确说，是现代的，中国这殖民地与半殖民地社会的，劳苦大众反帝反封建的战斗性格。这十七个字说明了这种性格的历史社会与阶级的背景。这种人民或阶级性格反映在鲁迅先生个人身上，又通过他个人而照耀于社会斗争之中，由这硬骨头性格而表现出来的，便是那彻底不妥协的精神。例如鲁迅先生那种韧战精神，就很明显是在长期压迫下中国农民一种传统的反抗性格的反映。所以我们决不能把这种性格或精神和所谓士大夫的气质，或革命小资产阶级的正义感（这些是个人主义的）混淆起来，也不能把它仅仅解释为鲁迅个人的主观精神力量，而忽略了它历史社会的基础。它是和战斗实际结合着的一种社会战斗性格，这正如表现在"横眉冷对千夫指，俯首甘为孺子牛"那两句熟知的诗中的。前一句所表现的不妥协精神，正是根源于后一句所体现的那种为人民服务的实践；没有后一条件，就不可能产生那样彻底的不妥协精神。鲁迅先生之所以具有那样伟大的精神，就因为他自幼是从反抗封建压迫的生活斗争中长大起来的。瞿秋白先生说，鲁迅"是野兽的奶汁所喂养大的……他从他自己的道路回到了狼的怀抱"（《鲁迅杂感选集序言》），这里所谓野兽就是指人民，换句话说，也就是从人民中来，回到人民中去。他又说鲁迅从幼就和农民群众有比较巩固的联系。他的士大夫家庭的败落，使他在儿童时代就混进了野孩子的群里，呼吸小百姓的空气。这使得他真像吃了狼的奶汁似的，得到了那种"野兽性"。鲁迅先生自己也说，"我以为还不如带点兽性"

(《论中国人的脸》)。这种“野兽性”,就是不妥协精神在他那幼年生活中成长的根苗,而经一生战斗,精炼而成“从头到脚纯钢打成”的性格。所以与其说,他是带着这种主观精神而走入战斗,毋宁说这种精神是他从“狼的怀抱”又重复回到“狼的怀抱”的生活与战斗过程中磨炼出来的。这样我们才能认识到这种精神的发展。当他重新回到“狼的怀抱”来的时候,这种精神实质上已经表现为无产阶级革命意识了。这就是为什么在最后十年中,鲁迅的杂文特别显得锋芒强烈,而前期的孤独凄苦之感是完全消失了。

鲁迅的中国,诚如一位作家所说,是“封建势力根深蒂固的中国”,是“充满了做戏的虚无党的中国”,然而同时也是具有几千年人民坚韧战斗传统的中国,是存在着一股巨大的人民力量的中国。(这种力量今天已经十分强大,而在鲁迅时代也现实的存在了。)因此所谓“鲁迅的道路”也不能不是对人民有热情的爱与对敌人有无比的恨的道路;不能不是对群众有最大的宽容与信任而对敌人有无情的冷酷与怀疑的道路。他看见“古国的黑暗之浓重深厚”,也看到了“唯新兴的无产者才有将来”。他勇于去“正视黑暗”,也勇于去拥护光明。以为鲁迅的中国是不曾有过光明的,甚至今天也还没有光明,这是完全不实在的,是对于革命的无视。这种对于人民无比的热爱与对敌人深沉的仇恨,构成了鲁迅的不妥协的精神,依靠于革命群众而取得历史创造的信心。而使他具有那样伟大的爱与恨的,则是他对于中国历史与人民的深彻理解,和在生活中间永不歇止的战斗。

三

不仅在主观上不能妥协，而且在客观上也不容妥协，鲁迅先生的不妥协精神，另一面也基立于中国社会的真实形势。

“因为从旧垒中来，情形看得较为分明”，鲁迅先生对于敌人的认识是透彻无比的，因而也带来他彻骨的仇恨。

> 反改革者对于改革者的毒害，向来就并未放松过，手段的厉害也已经无以复加了。只有改革者却还在睡梦里，总要吃亏……。（《论“费厄泼赖”应该缓行》）
>
> 旧社会的根柢原是非常坚固的，新运动非有更大的力不能动摇它什么。并且旧社会还有它使新势力妥协的好办法，但它自己是决不妥协的。（《对于左翼作家联盟的意见》）

敌人的毒害向来不放松，敌人自己决不妥协，那我们又怎么可能妥协呢？岂但不能妥协，即“费厄泼赖”也不能行，因为敌人自己就首先不会“费厄”。想做老实人，自己吃亏，这道理是很明白的。敌人使新势力妥协的好办法很多，其名曰“中庸主义”，实际上即是妥协主义之别名，它的定义是：你妥协我不妥协。鲁迅先生给我们戳破了这些虚伪的把戏，教我们“打就打到底”，即“落水狗也非打不可”，教我们当心“软刀子”，当心“虽然是狗，又很像猫，折中，公允，调和，平正之状可掬，悠悠然摆出别个无不偏激，惟独自己得了中庸之道似的脸孔”的家伙（有如我们在五星三星旗下所曾看到过的）。这一切，都是鲁迅先生从一生战斗中间摸索的血的教训，而他的战斗愈深入，这种不妥协精神也愈坚决、彻底。

从不妥协精神也就产生了不妥协的战法。最主要的自然即所谓“韧性的战斗”。打仗就要像个打仗，这不是小孩子赌气，要结实立定自己脚跟，躲在壕沟里，沉着地作战，一步步地前进——这就是鲁迅所谓“壕堑战的战术”。这是非合法主义的战术。这是瞿秋白先生对这战术的解释，最清楚不过的。他并且警诫说：“……韧的战斗绝不是歇斯底里地可以干得来的。一忽儿‘绝望的狂跳’，一忽儿又‘萎靡而颓丧’，一忽儿是嚣张的狂热，一忽儿又搥着胸脯忏悔”，那有什么用处，这种歇斯底里式的战斗，正是目前流行于知识分子中间那种倏而冲动，倏而消沉，倏而慌张，倏而踌躇的政治寒热病，或“变天思想”。这是最要不得的。鲁迅的韧战是需要有现实清醒的头脑，坚定自己信心，保住有生力量，找求敌人空虚，“反戈一击，易制强敌之死命”。

最后，鲁迅先生还告诉我们，必须以“袭击敌人为第一义”，“丢开当面的紧要敌人，却专一要讨论枪亮不亮，我觉得实在可以说是‘打岔’”（给胡风信）这在今天尤其要紧，敌人已经像只疯狗在乱扑，如果我们还在一味“打岔”，把“枪亮不亮”的问题提到比打击敌人还高，这将是多么愚傻。

四

鲁迅先生这种精神，这种经验，这种战法，对于我们今天，实在可以说太需要了。我们是在走着革命最苦一段行程，敌人是在做着最后也是最疯狂的一番挣扎。这就非有咬住不放的韧劲不可。今天如果还要跟哈巴狗，落水狗去讲"费厄泼赖"，讲合法主义，那不等它沉下水去，就可能被它反咬一口。这类历史经验，难道还不够么？

今天不仅要坚持彻底不妥协精神，而且还要进一步以一切力量把敌人坚决、彻底、干净、全部消灭。现在中国人民已经懂得鲁迅先生给我们的一个沉痛的教训了，即是：

"血债必须以同物偿还。拖欠得愈久，就要付出更大的利息！"

一九四七年，为鲁迅逝世十一周年作。

（原载 1947 年 10 月香港《群众》第 38 期）

略论新波的画

六人画展以后，观众方面批评很多，这是很好的现象。其中，关于新波的意见尤多。新波是我比较了解的一个画家。事实上，在画展以前，就有些朋友在谈论他的作品了。我们曾经邀集过几个朋友，对他的作品作过一次讨论。虽然对于绘画艺术，我是个门外汉，但作为新波的一个朋友，并且对他有所期望，我仍然想把一些浅见写在这里，作为新波以及其他朋友的参考。

新波是个非常善良而感情脆弱的人。因为善良，他对于现实的丑恶，人世间的不公平，反动者的迫害，是有深深的憎恨；而同时由于感情的脆弱，对于迎接残酷血肉斗争的战斗力量和勇气就不够强。这是现代知识分子中间一种很普遍的性格。这种性格中间包含着人道主义的成分和知识分子的伤感的气质，这种性格上的矛盾便是新波的艺术思想与创作上矛盾的根源。

说新波是唯美主义者，是不公平的。他那些作品的题材，几乎全部都是被压迫的人民的悲惨生活——饥饿、灾难、活埋、监狱、失业等等。无疑他是有所控诉，有所攻击的。这正是显示了他性格善良与正直的一面。然而他怎样去把握这些题材呢，这里就发生了问题。他性格另一方面的弱点，便在这里显露出来了。

从他作品的人物上所显示的，几乎全是一种茫然的绝望的神情。每个人物那特出的巨大无光的眼睛，就是为了表现这种神情。《归侨》中的手，《活埋》里悲惨的呼号，《下一代》里的茫然的凝视，全部画幅上所使用的阴暗色彩，都表现了同样的感情。这种感情实在即是作者自己在这强大历史压力所感到的茫然、悲悯、忧郁与痛苦。这种感情是疲乏的，在这排山倒海的暴风雨时代之前，是不能为大众所接受的。

在这里，不能不追踪一下作者这种思想感情发展的过程。在抗战初期，作者被群众巨潮所推动，强大的社会力量克服了他感情脆弱的一面，因此他那时在木刻上所表现的画面是明快而开朗的，虽然仍不免流露着若干纤弱的痕迹。一九四二年以后，正是中国最沉闷的一刻，抗战初期的巨潮退却了，他思想上失去社会与群众力量的支持，于是脆弱的感情那一面便凸露出来了。在那沉闷的时期里，忧郁的气氛普遍地流行于文艺界。这更促进他这一方面性格的凸出。一幅题名为《孤独》的木刻最典型地表现了他这种感情。在这忧伤的年代里，将从哪里去寻求支持自己的力量呢？于是人们疯狂地去追求所谓克利斯朵夫的精神；想从内心中间去获得一种精神力量。新波是这种精神的热烈追求者，在一九四三年出版的一册木刻集上，就充分表现出他向这方面的追求。陈闲兄所谓“诗境”，大概也即是指这些。在那本木刻集上是表现着两种主题：孤独的忧郁与所谓“圣洁的爱”，这似乎是绝处的意境，然而却是小资产者个人主义意识的结晶。他在序言上明白地说，艺术的任务是在追求“永恒的美”。毫无疑义，他是被资产阶级美学观点所征服了。然而这种所谓“向上的追求”并不能使他突破现实的压力，于是最后自然跌回到忧郁和伤感的阱穴里来了。

而由于这种个人主义意识的引导，使他和现实离开了。《下一代》那幅画最足以说明那种非现实的倾向。现实的中国下一代绝不是那样茫然无前途的状貌。艺术家应该从今天现实中间去感觉下一代的新生力量。然而新波却告诉我，这是他最喜欢的一幅画。新波是有所控诉，但是他的控诉却变成个人的抒发；他追求真实的感受，而这种感受却和群众的真实感觉相矛盾。他忽略了艺术服务于群众的意义，于是在形式上他忽略大众化的要求，而弄得他的画为许多人所看不懂。新波也许是感觉到这种矛盾，想找求另一条途径，于是他画下了《黎明之献》、《峰顶》与《保卫者》，他想表现一些积极的战斗意义，然而无疑是失败了，因为那只是一种概念的表现，而那一幅画却正是群众所最难懂的。

新波确是一个有才能的画家，他的真诚是可贵的，但他必须经过酷烈的思想与意识的改造，克服个人主义与形式主义的倾向。对于他，作为一个革命的艺术家，我们不能不要求得苛刻一点，而且应该正面向他指出，他的艺术思想上是存在一种不可轻视的危机。

（原载 1947 年 12 月 29 日香港《华商报》）

罗曼·罗兰的《搏斗》

——从个人主义到集体主义的道路

近年来，罗曼·罗兰的巨著《约翰·克利斯朵夫》在中国知识分子中间所产生的强烈影响，我想是超过任何其他西洋文学的。这情形是很自然的。在法西斯独裁统治之下，蒋管区人民失去了一切精神与物质自由；恐怖、屠杀、虚伪、欺诈，支配着一切。不甘堕落的知识分子，经历着难以忍耐的精神苦闷与物质生活的压迫，他们要求有一种足以冲破这沉浊气氛的力量，一种强大的生命力。而《约翰·克利斯朵夫》恰恰是给予了这样一种鼓舞的力量，一种大勇者的战斗精神，自然它立刻为精神饥渴的知识分子所热烈欢迎。《约翰·克利斯朵夫》的中心思想，是在于指出生命的意义即是不歇止的战斗；生命的力量是从这样的战斗中强大，真理也是通过这样战斗而取得。对于知识分子，这不见得是无益的，因为离开斗争，我们将是一无所得。然而，这里却不能不有一个更重要的条件，即这样的战斗，如果不是和广大人民力量相结合，不是和社会实际斗争相结合，不是从个人主义中间挣脱开来而投身于集体主义的战斗，那末这战斗的胜利还是无望的。而约翰·克利斯朵夫则恰恰是个人主义的战斗者，并且是这样一个战斗的最高典型：他是初期和中期罗曼·罗兰的英雄主义和人道主义思想的化身。在十九世纪末，这种思想是有它灿烂的光芒的，但是它无法战胜二十世纪这帝国主义和法西斯主义巨大敌人。展开在这个世纪的，是一个具有世界范围的一切劳动阶级及帝国主义的殊死恶战；只有新兴阶级的力量能击败那腐烂阶级的力量。因此，约翰·克利斯朵夫是失败了，他死了，他是痛苦的。当他临死的时候说："我战斗了，苦恼了，流浪了，创造了，什么时候又要为战斗而复活罢！"是的，克利斯朵夫终于复活了，他是复活在集体主义的战斗中间。克利斯朵夫的战斗精神，在后来三十年的罗曼·罗兰身上继续发展着，在他参加社会实际斗争中间发展着；在反战反法西斯运动中，罗曼·罗兰终于和世界无产阶级结合起来了。他从一个唯心主义成为一个社会主义者；从个人主义世界中挣扎出来，投向劳动大众的战斗阵营。"从巴黎到莫斯科，我走了七十年，这道路是多么悠长而艰辛呵！"是的，罗曼·罗兰一生战斗的道路是悠长而艰辛的。从个人主义而突向集体主义的世界，这在知识分子是个艰辛的过程。罗曼·罗兰在一九三一年撰文向高尔基致敬时，写着："十五年之内，他们（指知识分子）中间的最优秀分子，终不能离开个人主义的盲巷。他们做到了'与世隔绝'，只听从自己的良心，和这同一个良心说的话。而说'事实上，我们的优点也是我们的弱点'。我们这些知识分子能够在一起，各闹独立性，大家都无能为力。而写这几行文字下来的人，自身即是最好的例子。一九一四年战争初起，我投出了'超越战争'的喊声。我在战败者的苦涩的傲慢中间写道：'我并不是为了说服欧洲而写作，我是为了宽慰我的良心。’——我那时并没有一个可以让我们生根的坚固的土地。《精神独立宣言》,仅是一九一七年所理解、而用我的署名发出的一个呼吁。它是一枝绿色枝叶向着天空的树木,可是它的根却完全远离了土地。如果我们不能把它移植在全人类中间,在劳动人民的黑土壤中间,它必然会死亡。”

这是一个知识分子的痛苦而诚挚的自白,而且是一个伟大的真理。对于罗曼·罗兰,我们是应该去认识他这艰苦的思想发展历程——从旧的个人主义、英雄主义、人道主义而走向社会主义的历程。这对于我们是更为重要的。如果说《约翰·克利斯朵夫》曾经给予我们启示,那么罗曼·罗兰的后期思想将给予我们十倍更重要的;而且也只有认识他后期的思想,才能使我们对这位伟大的思想家和战斗者,获得较为完整的理解。如果只是停顿在克利斯朵夫的思想阶段上而不前进,或是同样要在个人主义的盲巷中去作无谓摸索而自以为找到了唯一正确的道路,我以为这对于《约翰·克利斯朵夫》的作者,并不能算是一个最忠实的读者罢。

罗曼·罗兰后期的思想,在论文方面,表现在他《战斗十五年》和《与过去告别》一些集子里,可惜我们今天还没有完整的译本。而在作品方面,主要就是继《约翰·克利斯朵夫》以后的五卷巨著《迷人的灵魂》(The Enchanted Soul)。这一卷小说,包括《安耐蒂与赛尔维》《夏天》《母与子》《世界的死亡》和《搏斗》。规模之宏大,可以说不亚于《约翰·克利斯朵夫》。但是它却是《约翰·克利斯朵夫》的一个发展。作者在这部作品中间清算了资产阶级自由主义与个人主义,书中的主人公安耐蒂,一个女性的战斗者,可以说是克利斯朵夫在集体战斗中的复活。我相信从克利斯朵夫到安耐蒂，这里是反映了罗曼·罗兰七十年来思想的发展。和作者自己一样，安耐蒂是一个经过了一生苦斗而最后投向集体主义的女性。这部作品大概是在三十年代到四十年代中间经过了一个相当时期写成的，这正是罗曼·罗兰思想矛盾最剧烈的时期。

我很久以前，从一本外国的刊物上，知道这部书的内容和梗概。我多方找寻这本书，甚至向法国大使馆去探问，但是没有一处能找到。以后，在沪港各书店里也同样找不到，连各外国出版公司的目录上也不见。为什么这巨著没有人翻印呢？我所能做的解释，只是在法国沦陷时期，这样的书是必然禁止的，而英美一般书商大概也不愿意印这种批判自由主义与宣传共产主义的作品吧？但是最近忽然一个朋友从旧书摊上买到它的第五卷《搏斗》上下册的英译本。这消息使我兴奋。我借来读了。这书是伦敦出版的，翻译者是法国人 Amalia de Alberti，是在一九三五年印的，那末战前香港该已经有这书了。

我既然没有读过全书，只有这第五卷，照理说是没有资格来介绍的。但我因为曾经知道它的一些梗概，所以，读起来还能摸到前后的一些线索，而且它各卷有一独立书名，多少还是可以独立起来读的。但是更重要的，我以为这卷《搏斗》恐怕是五卷中最重要的一卷。因为关于个人主义与自由主义的清算是从这一卷开始，而矛盾的顶点和结局也都在这一卷。作者在这卷里替我们指出了知识分子与劳动大众结合的道路。这对我们是有重大意义的。我应该承认，我是被这书所感动了。我近于性急地来介绍它，也许是受了这激动情绪所催迫。

但是无论如何，我想即使这样粗略而不完整的介绍，也不是没有意义吧。

关于以前各卷的梗概，我只能依据过去从杂志上看到过的叙述，极其简单地来介绍几句：主人公安耐蒂(Annett)是个非常善良而坚强的资产阶级女性，她渴求独立的人格和精神上的自由。她是一个最完整的自由主义者的典型。她首先企图在她的恋爱与婚姻生活上来实现她所追求的理想。她和一个叫勃立梭脱的男子结婚了，但结婚以后，证明她是完全失败了。真正的精神独立，在他们这个社会中大概是不会有的。她变得非常痛苦，矛盾愈来愈烈，最后终于离婚。但是她已经有了一个孩子，叫做马克，即是第五卷《搏斗》中的主人公。她全心全意来抚养这个孩子，她企图以她的理想来陶铸自己的儿子，从将来儿子身上来获得她的胜利。这中间，她又经过一些恋爱，但同样是失败了。于是她把全部的爱，都寄托在儿子身上。儿子马克长大了，是和她一样的善良和坚强，赋有她同样的理想和精神。他们极端憎恶这虚伪而残酷的资本主义社会，但是他们都是自由主义与人道主义思想的最忠诚的支持者。他们憎恶暴力，憎恶对自由的干涉。第一次帝国主义战争起来了，这家庭自然要受到战争的迫害。安耐蒂和她儿子马克成为激烈的反战者。战争使他们更加憎恶资产阶级社会秩序，但是他们也不赞成苏联的革命，因为它是暴力的，是无产阶级的专政。因此他们在一种矛盾中间感到痛苦与无力。后来马克和一个斯拉夫女子亚茜雅由恋爱而结婚了。亚茜雅也是一个强烈的个人自由主义者。但是她热情而勇敢，比较马克更勇于去正视现实。第五卷的开始，他俩正是在狂热的蜜月之中。

青年夫妇沉溺在爱情的狂醉之中。“蜜月像太阳似的发光”，他们不仅吮吸了春天的花蜜，而且过早地吮吸了夏天的花汁。成日成夜他们像疯狂的小鸟似的拥抱在一起。母亲安耐蒂却为他们担忧了。她是经验过来的人，她警告他们不要把火焰一下就燃完了：“节省一点你们的火焰吧。”青年夫妇是不会理会的，但是安耐蒂的担忧是对的。不久以后，“一天天过去，火焰熄灭了，天空变得阴暗了。”他们中间渐渐彼此感到一种逐渐扩大的空虚，一种精神上的矛盾。自然他们仍是相爱的，但是当情欲的火焰燃完，思想上实质的矛盾逐渐地显露出来了。他们两个都是强烈的个人主义者，灵魂里都有自己坚硬的核心，正如亚茜雅说：“我的肉体，我的心都是你的……但是灵魂呢，不！灵魂是我自己的！”根本上，这种矛盾是从个人主义来的。安耐蒂是预知这思想的危机——正因为他们的天性是相似的，每个人都沿着同一道路的不同行迹，走着自己的路。他们都来到同样的难关。安耐蒂一生中无形的宗教就是她崇高的个人主义，但是在现实中间，她不能不感到矛盾。她曾经把这个个人主义注入于马克的血液之中，同样的这不能使他的生活得到安慰。马克拒绝把他自己的思想囚禁在任何文件中间，他觉得那些什么主义——唯物主义、社会主义、唯心主义、共产主义之间的争论，与他有什么相干呢？那些都是“锁着链子的狗项圈”罢了。

亚茜雅同样是要逃开一切锁链，一切囚墙，一切足以束缚她的东西，过分要保护她的自我，而结果却是丧失了自我，宛如溢出的狂流，泛滥于田野之中，反而失去它的流势了。而马克又怎样能作为这泛滥狂流的河床呢?

“她和他都想来认识出他们之间是存在着好像罗马神话中间的两面神似的一个两头的个人主义,把他们隔离着。自我,自我!这是生命的本能。它永远是饥渴的。它必须被喂饲……‘以你来喂饲我,我要成为你。成为你呢?还是占有你呢?……这两面神不是背对背,而是口对口的,两个都是吮吸者,谁将吞食谁呢?橙子是既硬而且苦,它不是抵抗,便是柔化,于是被吮吸干了,而还有什么剩留下来足以疗我饥渴呢?那橙皮吗?我扔掉它,而不久我又感到孤寂和饥渴了。’”

这就是两个人中间矛盾的精神状态。亚茜雅是比马克更坚强而且敏感的,她不能为了马克牺牲自我。但是这时她有了孩子,这孩子出世等于把一条锁链钉在他和她的身上了。这对于亚茜雅是个很大的苦恼。“我将为他而牺牲我的自由吗?不!这是太苛的要求了!”

但是自由又是什么呢?她有了自由又怎样呢?她怎样去占有自由呢?这对她仍是一个苦闷,这不仅是发生在她和他之间的矛盾,而更主要的是社会和生活的矛盾。亚茜雅在一家出版社里当过俄文翻译,还在一家出口公司任商业文件的翻译和打字。马克则在一家无线电公司工作。他们都是所谓自由主义者,但是自由主义在大战以后,早已破碎无遗了。所谓自由,只有在资本家饲养下才有你的自由。“在那些骄傲的知识分子与老板(老板是变换的,但奴仆是不变的)之间,订下了一个严格的契约,有如那些管理家畜的契约。一切自由只有在你的受雇和我们的畜场的范围以内,不许超越到这以外去!遵守这件条款,我们使你胖。……而他们就这样养成了习惯,甚至不再想到外面去了。”

作者在这里猛烈地抨击了那些投降的、堕落的知识分子和那些虚伪的民主。“我们在这个时代,我们这些人,我们这些君子们,知识分子同着他们高贵的德谟克拉西意识形态的圣餐,已经在扮演卖淫妇的角色了。在没落的专制主义时代,专制主义使它自己卖淫,我们不管,我们说:掘你自己的坟墓吧!而现在,在我们的田野上,也在腐烂,也在出卖自己了。精神独立——那是我们发光的言语,作为源泉的言语,伟大的个人主义是从它取得本质,……而现在这个精神独立,它到哪儿去了呢?最了不起的也不过是玩弄一些对政府作宪法上的反对把戏而已,而还能保留这个,也无非是为了在丧失它以前表示继续和认可来承担这份遗产罢了。他们成为那样善于在思想的妥协中间游泳,有时是红黑不分,左右莫辨,一切都混杂着,议会中间和议会以外的党派,多少都是暧昧不清的。”

而通过马克,更指出资本主义制度下所谓民主与文化的特质:

“这些年轻知识分子和骗子们把意识形态和商业来合伙开店。昨天在战争中间,是民族,拉丁文化;今天又是欧洲的和平,自然也还有自由。这是商品的交换啊!谁要自由,就必须要有钱。而谁需要钱,就必须卖掉他的自由……马克是抗议着这种堕落。他决心维护他精神的自由。安耐蒂鼓励他,可是亚茜雅却讽笑他:

‘你的精神自由对你有什么用处呢?’

亚茜雅是比他看得更清楚的。她是更坦白而勇敢的,她看出这样个人主义的自由是不可能了。她知道必须从实际行动中去斗争。一段对话中间，显出了两个人的性格。亚茜雅说：‘我要把我的脚踏到地上去运动。热也罢，冷也罢，这有什么相干？我要使我的脚温暖——走路、奔跑和行动。’

‘好呀，我们不能一起行动吗？’

‘是的，但是怎样行动呢？你能干什么呢？’

他太清楚知道自己的无力，但是他企图辩释：

‘我们什么都可以干呀，我们是自由的。’

‘只有在牢墙里散步的自由吧。别胡说了！你是很明白知道自由是囚禁在集中营里，没有出口的！’

‘那末你呢，亚茜雅？’

‘不是我。我也不知道怎样？但自由或不自由，我要冲出去。’

‘自由是在外面，任你喜欢叫它什么名字都可以！我告诉你一句话，我要这东西。’她又说。”

“要冲出去！”要行动，这是亚茜雅所企求的。她实际上已经在内心中间，否定了他个人主义的自由。罗曼·罗兰在这里辛辣地讽刺了那些“知识的凤凰”，这些英雄们唯一的精神自由就是不结果实：“信仰而无行动”。自然，马克并不是满足于这种葬仪式的自由的。“他唾弃它。除了那些行动的人，是没有精神，也没有生命可言的！但是那样的人在哪里呢？他们怎么能够在众人俯首屈身的准绳之下昂然直立呢？破坏那准绳，在屋顶上打破一个洞罢！你一个人单独是不能干的！你的脑壳会碰得稀烂。你必须和其他反叛者联合起来，但是要联合就要受约束，就得接受那些参加的党派的纪律与主义。马克拒绝这个。”

这就是他思想矛盾的焦点。个人主义的思想阻碍了他去实践。而亚茜雅的态度却不同。她要求"行动第一",这也就是构成他们两个人的矛盾的内在因素。亚茜雅分明是感到了时代气氛,暴力行动的气氛,这气氛是从旧世界各部分在起来了。由于她平民社会出身的本性,她的斯拉夫血族的关系,使她倾向于苏联的革命。马克看出她向着这斜坡在滚下去,他想拉住她。他自己是不敢向这斜坡望一眼的,苏联使他晕眩。他以为应采取其他的行动,例如说话或写文章。但是这是很有限的。他即使用来战斗,也印不出什么来,只是一些没有什么反响的短文章而已。他被囚禁在个人主义的牢笼里。他唯一的光明只是从顶上的天空照下来的光亮。自然他需要一个能够看见生活世界的窗子,他要从这窗子跳出去。但是跳吧,假如他爬到窗沿上,她会立刻比他更先跳下去的。他知道她所要求于他的是什么,在等待着什么,然而他不能有决心。那窗子底下是他所厌弃的暴力。"现在的革命是军事化的,纪律伸展到每一个事物、行动、写作和思想,甚至哲学与科学都在受镰刀斧头的新式僧侣所统治。马克是反对偶像的,他不能明白精神领域内的感情。我的精神是我自己的,谁也不能去碰触它。"

这一对矛盾的夫妇就这样生活着,经历着矛盾的痛苦。自然另一方面亚茜雅是爱马克的,但思想问题横亘在他们中间。后来亚茜雅到苏联驻巴黎的商业代表团去工作了,在这里她更进一步认识了苏联的社会主义。她被它所感动和吸引了。"在东方,一个新的上帝重新诞生了!这是无产阶级的马克思主义者,唯物论与无神论青年们,带着严肃的欢欣在牺牲自己为着人类的幸福与社会福利!”马克企图阻止她去做这工作,她毅然地回答说:“不! 我是自由的……”

在苏联代表团里,她认识了一个苏联秘密工作人员狄多。他注意到亚茜雅的内心矛盾。有一天他突然找她谈话,他率直的态度使她感到狼狈,他单刀直入地指出她的心事:“你要跟我们在一起,你已经跟我在一起了。”她被这话征服了。但是她仍然努力抗拒着。她说:“我不能接受任何羁束,我宁死不愿牺牲我的独立,为了维护它,我已经牺牲一切了。”接着又谈到了她的丈夫,狄多还进一步说:“让我们毫无保留的说罢,我们有权利来考察一切对我们有利的事情,这无需戴起眼镜,就可以看出你和他并不是生来拖拉同一辆车子的,我并没有攻击你的伙伴。他有,或许有各种德性,但这些德性不是你的。你是从车辕中间昂立起来了,你是对的。”

亚茜雅为马克辩解着,说他是个“心肠比思想更勇敢的人,他的头脑是被过多的西欧观念所充满了,这妨碍他进步,他需要时间,是会使他解放的”。

“我们没有时间,”狄多说,“让他自己去决定,否则就是你替他决定。把他带到我们这边来,或者把他抛掉,这不是少年哈姆雷特停留在坟墓旁边的时代了。‘行或者不行’,那些不愿意行的人,让他埋葬吧。把他从洞里拉出来,否则就是推他进去。但是首先,你自己要跳出来……

“鞋子太紧会使脚痛的,让他去痛,我说的是真话。你私人的历史是不能和我们所写的历史相比的。一个肚子饿了,让他去吃饭,让他去保持安静。这只是一个肚子的事,没有别的。而我们要为整个人类服务,千百万人民不仅在面包上与爱情上挨着饥饿，而且在光明与自由上挨着饥饿啊。”

“你们也敢谈自由吗？你们！”亚茜雅抗议着。

“我们，我们敢。那些没有力量单独爬向自由的人，我们用力拉他起来。我们要把你拉起来！”

“不！”她把门猛力一关，出去了。

但是她实际上是完全接受了。当天晚上，她就以狄多的观点，去和马克辩论关于甘地的非暴力主义。而另一面，一种矛盾的心理，她竭力使自己不去接近狄多，但是她心里却抑制不住要去找他。她是被他所吸引所征服了。过几天，她终于又去找他谈话，他们在一家咖啡店里一直谈到晚上十点钟。这是一向所没有的事。当她沾染着一身俄国烟草的气味回家的时候，马克发现她是跟另外男子在一起，他生气了。他们口角了一场，马克终夜留在客厅里没有进房。到了明天，亚茜雅带着追悔的心情想跟他去和好，但是马克已经赌气出去了。她等着他不回来，自己也走到街上。她不知不觉又走到苏联代表团去了。狄多这天是要离开巴黎回国去。她送他到寓所——一间污陋的小室里，替他收拾着行李，这时候他两个忽然发生爱的关系了。这是来得那么突然，亚茜雅完全陷于可怕的迷乱中间。当他们分别的时候，狄多对她说：“把你丈夫带到我们中间来罢！我期望着他和期望着你，他是在找寻他的道路，他迷失了道路是一种悲哀，你是知道路了！指示着他，他的位置是在我们中间的。”她为这个话所感动，因此她更觉得不能欺骗他。她决定把一切事情告诉马克。等她回到家里，马克已经宽恕她昨晚的事情，准备跟她和好了。但是愈是如此，她愈难忍。她坦直地把事情告诉他了：“我刚才和别人睡过觉了。”这个打击对于马克是可怖的。他起先是目瞪口呆，接着痛苦而狂怒。他叫亚茜雅立刻滚出去。坚决告诉她不准回来。

一颗炸弹在家庭中间爆发了，一切已经不能挽回，两个人毫不留情地分离开来。亚茜雅搬在一家小客栈里去住，连对小孩子也不及告别。安耐蒂企图去劝服她，但是已经无法弥补了。当安耐蒂从旅馆里出来的时候，她叹息说：

“只有那相爱者才能彼此相仇如此呵。”

安耐蒂是同情她的媳妇的，但是她又爱她的儿子，她知道她儿子的弱点。她完全理解他们的矛盾。她和她媳妇保持了一个联系，布置了机会让她来看她的孩子。亚茜雅在这次刺激之后，也不再到那苏联机关去工作了。当她重新恢复理智以后，她以亚洲式的定命论来接受这个失败。这裁判是公平的。她是做错了。她们两个都做错了，但一个人不必老坐着去默想那无用的遗憾或是悔恨。他能否宽恕她，随他愿意！而她，她已经宽恕他了，现在她要重新开始度她其余部分的命运。她随着一个到挪威去的产业团体当记者。她把过去的破片摔在背后了。

但是马克的创伤是更痛苦的。一个很长时间内，他被屈就在那突然打击之下。疯狂与痛苦震撼着他。他一一研究了她的一切言语、一切观念，那曾和他自己的言语与观念日夜交战的。他粉碎她这些言语和观念的钢片，捡起这些碎片把它再粉碎。但是亚茜雅这些观念真是像锐利的钢片，它保卫着自己，在向他进攻，即使是碎片，仍然是直刺他的皮肉，刺痛得更厉害，留在创口里面。

亚茜雅给予他的刺激，是刺到了他个人主义的痛处，他想要加强那曾经被许多怀疑与经验所动摇过的信念。他想求之于科学，而在科学界内，他看到所谓“为科学而科学”实际上是在为着帝国主义虐杀人类而服务。他抗议这种文化，得到的回答却是：“该死的布尔塞维克！滚到莫斯科去！”马克愤怒得想用“莫斯科棍棒”来摧毁这杀人的文化。但是一触到莫斯科，他又愤怒地想：“他们是不会要我的。”

他竭力要避开莫斯科的道路，但是不知不觉又被迫走到这条道路上来。他又求之于政治，而这些资产阶级政治家全是骗子。他们所谓“和平主义”，只是帝国主义者“掩遮着坟场的围墙而已”。他发觉他被一切党派所冷淡着，他们只是扔掉他。他的文章人家不登。他自己印了一本书，这些敌对者把它全部收购去，六个月之后在一个角落里发现，连一本也不曾卖掉。

他憎忿极了，而在这些现实教训中间，“他的手指触到了亚茜雅叛变的真实理由了。‘真实’和‘叛变’这两个字像一个愤怒的矛盾体在击撞着。但他不能把它们分拆开来，他是被它们的指爪所擒住了。他在那无窗无门，隔绝于伟大的人民与行动的生活的个人主义死穴喘息着，这个死穴是他曾经企图把亚茜雅和他自己一起囚禁在里面的。”

于是他突然感到：“她是对的！”

“他饥饿的身体，这是他自己强迫它饥饿的，现在是在反叛他了。”在极端痛苦中间，马克的内在意识在崩溃了。而在这时候，他又遭遇了一项意外的打击。一个曾经追恋过他而后来嫁给一个资本家的女人，对他作了一次异常恶毒而卑劣的报复，使他犯了一次道德上的罪恶。这些痛苦和打击最后使他明白了。“行动是健康而且必需的。”但是行动在哪里呢？亚茜雅的追求是对的。她是否已经找到它了呢？

而在这个时候，亚茜雅忽然回来了。

她跑遍整个欧亚，到处追求她的理想，但是没有结果。她到了德国，德国正在可怖的精神危机之中，法西斯主义正在抬头，一切都是为着军事的组织，为着战争准备。但她已经走近苏联的门口了。苏联是在吸引她。她想到苏联去，但是最后她取消这意念。狄多告诉过她，她的岗位是在敌人的阵营里，而另一方面她是惦念着马克。她相信马克是能够解放的。她的怀念愈来愈强烈。“我要他！我要有他。但假如他现在还不愿意呢？不管怎样，我应该使他那样。我要这样做，不必使他离开我……然而也许太迟了呢？也许他已经把生活重新组织了呢？……那么他将重新解放他的生活了……”

于是她又回到巴黎。她并没有立刻回马克那里去。她只是先去看了安耐蒂和她的孩子。她知道只有孩子能治疗他们的创伤。只要彼此伸只手出来捉住他就行了，但两个傻瓜却拒绝这样做。安耐蒂是明白他们的心事的。可是谁也不愿意首先表示自己的需要。马克已经知道她回来。他们相互像捉迷藏似的，偷偷地在安耐蒂房子附近街角上企图彼此看到一眼，但是一看到对方的侧影又急遽地避开了。

这样的捉迷藏继续了一个时候，终于一天，两个在安耐蒂的楼梯上突然面对面地碰上了，最先是迷乱，接着是率然擦身而过，但立刻彼此同时转过身来，突然拥抱起来了。

过去的爱情焚毁了，一个新的爱情再生了。这是通过了思想的搏斗而重新结合起来的爱情。使他们相互拒斥的自傲是打破了,这打破多欣幸啊！彼此心灵之间的门相互打开了。

新的爱情从马克的创伤上重新净化了他的血液,新的爱情使他解除了意识上精神的自私和他的绝对信念——这是使他致命的东西。新的爱情帮助他从生活的这一翼上走到那一翼上,从个人的一翼走到社会的一翼上。但是他仍然需要经过一番痛苦的挣扎,才能使他思想彻底解放。他是穿着那破旧的个人外套,直到它完全破烂了,才能把它抛弃。什么精神自由,什么非暴力主义,现在他知道这全是资产阶级知识分子的自欺。现代这些知识分子和技术家都是布尔乔亚的看门狗而已。马克太熟悉他们了,因为他自己的头脑中也曾经有这些观念,而现在他必须把它们根绝。经过无数痛苦的夜晚,马克是从他的个人自由观念解放出来,使自己担承起为那革命群众的共同行动而服务的任务。但是他的思想,还没有能弄清楚他在战斗程序中间他所应该采取的地位,他还未能超越于牺牲这个观念之外。他在暴力这个观念上仍然踌躇着。他知道如果他涉足于暴力,他会全部沉溺下去的,但是他也知道这对于大多数人民是真实的。暴力对于人们是一种强烈的酒浆,喝一杯就足以使人们失去理智的控制。但是今天在欧洲要行动就不能没有暴力。多少世纪以来都是以暴力在统治,你怎样能把他改变过来？说话是无效的,只有实际的行动！

马克变得坚决起来。他觉得首先要震醒那欧洲的麻痹和聩聋。他和几个勇敢的青年在法国搞起一个拥护苏联的组织。他得到一个旧雇主的帮助,开了一家书店,出版多种马列主义的小册子,亚茜雅帮助他翻译。这个工作是危险的。亚茜雅设法使他避开种种危险。但是实际上他在战线中间还不曾确定他明确的地位。他的小册子到处被人封锁，发不出去。直到后来，他自己找到读者群众了，通过这些读者群，他的工作才逐渐展开。

这个时候，安耐蒂也获得一种生命的鼓舞。三十年前一个曾经被她所抛弃的恋人，重新和她恢复友谊了。这个人叫做裘里安·大卫，他是一个学者，过去思想是落后的，但是在大战中间，他因为维护科学的尊严，不肯赞助那些疯狂的战争贩子而遭受酷烈的迫害。这使他觉醒，使他进步，使他三十年后重新接受了安耐蒂过去的思想。在战后，他成为一个革命的知识分子。他的一个意大利友人勃鲁诺，也是安耐蒂以前的朋友，这勃鲁诺是遭受意大利法西斯迫害而逃亡出来的。这三个人是重新结合了，深切的爱在他们中间茁长起来了。这两个学者是从旧时代挣脱出来的知识分子典型，勃鲁诺比裘里安性格强烈一些，但是他们同样脱洗不了知识分子的习气。他们反对旧社会，他们很清楚历史发展的趋势。但是他们不肯行动。“他们看到资本主义的压力必然会引起爆炸，但他们并不去加速或阻滞它。他们看到流血，但不愿把他们美丽的手指插入血污里。”“这种对革命前途的过于清楚认识，这种过多的知识，反而牵掣了知识分子的行动，即使是最自由和最勇敢的。”他们好像看戏者，知道戏将怎样演，但他们自己不去参加演出。

马克这时则和他们完全不同了。虽然他也是知识分子，也有知识分子对于精神的需要。但近几年来的经验告诉他，依靠这些是不中用的。真理是随着客观发展而发展，凡是所谓抽象的永恒的真理，能适用于一切事物的，往往什么也不适用。“所谓‘忠诚’的第一法则，即是精确去认识，而从这认识中间去推求出判断和行动的明确有力而具体的法则——认识不能没有行动。不是明天，不是一切时候，而是此时此地我的足所实践的土地上，才能找出确证的健康观点。”

“今天只有一个神圣的目的，劳动的目的。一切其他东西——信仰与文化，纯粹的理性，社会的优势——一切只有从重新开始建立在有组织劳动的坚强基础之上。但是在酷烈战斗之中，这种组织是要求海克里斯般的强大力量。……个人不是海克里斯，差得远呢！但是我们要做我们所能做的，我们要献出我们的一切——我的生命——以至于我所有以外，如果是必要的，我的死亡——我全部信仰的力量。只要世界上有一个像我们的人——不必多，努力做去，这细胞会使无组织的广大群众自己凝结起来，而我们将变成一座活动的大山……”

马克下了决心，集中力量为这个目的而奋斗。他觉得仅仅宣传是不够的，他开始从事于劳动群众的组织工作。

而当他这样做时，他更被认为“公共的危险”了。敌人运用种种方法来威胁他。在一次巴黎公社的群众纪念大会上，马克去作演讲。法西斯暴徒用暴力向他袭击了，亚茜雅英勇地护卫着他。他和暴徒作了一次猛烈的肉搏。他胜利了，但夫妻两个都受伤了。只有以暴才能抗暴，这简单的真理被证明了。这天晚上马克在卧榻上默祷着：为了减少人们的苦难，为了保卫被压迫者，他甘愿在未来战斗中，牺牲他自己。这件事情以后，马克在巴黎的处境是非常危险了。可是他并不在意。恰巧这时他得到一笔电影公司给他的报酬，亚茜雅提议拿这钱去作一次旅行，这提议被通过了。在这次旅行中间，他们两个人都感到一种生命的和谐，在新的信念基础之上，爱情开放出美丽的花朵。通过了战斗的痛苦，才尝到生活的欢欣。

但是悲惨的事情发生了。当他们到达意大利边境时候，已经被特务跟上了。他们曾经在旅馆里被搜查了一次，但他们仍然到弗劳伦斯去。在弗劳伦斯的最后一天，全家到街上去买东西。在一个街角上，他们看见一群法西斯暴徒在围殴一个老人和孩子。马克忍不住冲进去拯救那孩子，突然一个特务把刀子猛地刺入马克的胸口，这阴谋显然是事先布置的。

马克死了，亚茜雅陷于悲恸的昏迷之中，但安耐蒂却以更大勇敢去承受这意外的灾祸。在一个凄惨的深夜，婆媳两个在黑暗中守着马克的尸首。安耐蒂枯干的眼睛注视着黑暗的深渊，一切都是黑暗，上下内外都是黑暗，连她自己也是黑暗。但是“黎明回来了。一个新的时代……死亡以后的……一种奇异的阳光，她的眼睛从未见过的。……安耐蒂现在是属于另外一个时代了。”

当马克入殓的时候，她默默地向他说：

“别怕，我在这儿，我的孩子……”

她是在继续着马克的战斗了。

小说到这里完了。对于这小说，我想更无需去作什么分析了，和罗曼·罗兰其他作品一样，这本小说是充满了那样排山倒海的力量，那样明确而有力的思想。这也可以说是作者一本自我批判的书。他向知识分子提出这样一个基本的命题：个人主义必须彻底摧毁，自由主义破袄应该立刻脱掉，而且如何去摧毁呢？它明白地向我们指出两点：实践的行动，同劳动群众的结合。脱离群众，个人是无力的；没有行动，真理是虚伪的。没有抽象的生命力，只有社会的真实斗争力量。克利斯朵夫所苦恼的问题，安耐蒂、马克、亚茜雅答复了。这答复是多么重要啊！而他们能够答复它，并不是由于他们的主观精神的作用，而是由于斗争实践，由于与人民结合，由于他们的自我批判。这是应该为我们所了解的。历史又过了二十年，今天的知识分子再无需在个人主义盲巷中去作长期的摸索了。人民的力量，革命的巨潮，像太阳一样照耀在面前，现在的问题是如何去抉择，去行动。那末，对于站在新时代前面的知识分子，这一本书是有它巨大意义的。

（原载 1948 年 9 月《大众文艺丛刊》第四辑）

敬悼朱自清先生①

——并略论朱先生的为人与其文艺思想

八月十三日早晨，报上赫然刊出朱自清先生逝世的消息，这消息把许多朋友都震动了。就在几天以前，我们还在谈起朱先生最近的著作和言论，感到朱先生近年精神是愈来愈年青，思想也愈来愈精锐。自从闻一多先生逝世以后，在同样一条道路上，朱先生恐怕是最勇敢迈进的一位了。不久前我们还听到北国青年传来的消息，知道在那阴霾密布的北平城里，朱先生是怎样的关切和爱护那些受难的青年，而同学们又是怎样的热烈爱戴朱先生。谁料没有几天，这样一位可敬的教授和作家，竟在中国黑暗将逝、曙光已现的时候，就离开我们长逝了呢？

朱自清先生一生，正如鲁迅先生所说，“吃的是草，挤出的是牛奶，血。”几十年来，他孜孜不倦地从事于教育与写作工作，从来不计较个人的得失、个人的荣辱，拖着沉重的胃病，把自己全部的心血一点一滴，切切实实都贡献给社会、给下一代。他的为人也和他文章风格一样是那么的朴实无华，那样

① 本文原署名“同人”，经向有关同志了解，系由荃麟同志执笔。

的恳切、清朗。这不能仅用“书生本色”，或“淡泊以明志”一类的话去概括他。在他那朴实与淡泊的生活与作风里面，是充满着一种强烈的社会责任感，一种为人民服务的精神，以及对于正义与真理的执著的追求，正如他在追悼闻一多先生的诗中所说的：“你是一团火，照彻了深渊。”朱自清先生自己也就是如此。这是知识分子能否承受历史考验的一个基本条件。四十年来的中国，是处在最剧烈的变化过程中，“五四”以来，多少知识分子是被历史淘汰了，又有多少勇猛的战士是随着历史前进而愈战愈悍。决定没落和前进，就在他们对于人民大众的关系和态度这一点上。近几年来，在昆明的学潮中间，在李闻惨案中间，在北平学生斗争中间，在一切民主运动和思想批判的斗争中间，朱先生无处不显出他从善如流、嫉恶如仇的精神，无处不表现他为人民、为民主的积极战斗。疾风劲草，岁寒松柏，环境愈是险恶，朱先生的人格也愈显得辉煌。支持着他这种精神的，就是他对于现实、对于人民那种是非分明、决不含糊的立场与态度。因此随着人民革命愈加前进，朱先生的思想也愈加进步了。

今天展读了叶圣陶先生追悼朱先生一文，我们十分感动。叶先生是朱先生的挚友，相知愈深，理解愈切。从叶先生所提出的几点中，可以说是最中肯的说明了朱先生的一生为人：

佩弦是个好人，凡是认识他跟他有交谊的人都承认。他可不是“烂好人”，不是无可无不可随俗依违的那一流。只要看他对于几年来一些看不顺眼的大事，都站出来说话，就可以知道。他这样做，我确

> 切地知道，不是讨好什么人，不存什么企图，只是行其心之所安。目前由于多少顾虑，有所见到而不愿宣露出来的人很多，这就不能行其心之所安，结果弄到经常不安。经常不安才有所谓“烦闷彷徨”，随时行其心之所安，又有什么“烦闷彷徨”呢？

“好人”和“烂好人”，看来像是差不多，实际上是有泾渭之别。“无可无不可”的“烂好人”，实质乃是利己主义者，因之才是患得患失。只有接近于人民、正视现实的人才能有爱憎分明、敢说敢为的态度。朱先生固然也接受了儒家的那种“有所不为”的精神，但是我们也可以看出这是他的一种平民性格的表现，他把这种传统美德结合于为人民大众服务的事业中，因此形成他耻于为己、勇于为人的正直精神。我们再看叶圣陶先生对于他为大众服务的精神的叙述吧：

> 离开了人的观点，或从天文学的观点，或从生物学的观点，人生只是宇宙大化中的一个波澜而已。但是取了人的观点，就有了个范围，定了个趋向。既讲人，不能不求其进步，不能不求其好，物质方面跟精神方面都好，而且必须大家好，不能单让一部分人好，其他人不好。这就产生了服务大众、努力将自己成绩贡献于大众的想头，个人名利有什么可以追求的呢？惟有实实在在的成绩足以贡献给大众，在大众的海洋里加增一点一滴的，才是生命的真意义，才算没有虚度了短短几十年的寿命。我虽没有跟佩弦

> 谈过这一套近乎玄虚的话，可是我确知他带着病辛辛苦苦地工作着，是含有这一点意思的。

叶先生这里似乎是从人文主义的观点去分析朱先生，事实上，朱先生思想中间，也多少含有人文主义的因素。但无论叶先生和朱先生，都不是曾经一度流行的那种个人主义的、唯心的人文主义思想者，他们是从客观实践出发，把“实实在在的服务大众”，作为自己的责任。因此把个人利益看得很小，而把对大众的责任感提得极高。这正是我们所应该肯定、应该追求的一种积极的人生观，朱先生对事物有那种爱憎分明的态度，可以说是由此而来。

因为不是把自己看得过重，这才能有虚怀若谷、向群众学习的精神，才能有自我批评的风度。叶先生接着又说：

> 说起生活，他也是经常在学习的。本月五日出版的《中建》北平版《知识分子今天的任务》的座谈记录，他老老实实地说，“现在我们过群众生活还过不来。这也不是理性上不愿接受，理性上是知道该接受的，是习惯上变不过来。所以我对学生说，要教育我们得慢慢地来。”这其间绝无虚矫之气，却表明他愿意受学生的“教育”，将习惯慢慢地变过来。向学生受教育，在权威主义的先生们看起来是岂有此理的事。可是我确切的相信，在生活实践方面，现代的青年实在比中年人老年人进步了不少（糊里糊涂的青年人当然不在此例）。中年人老年人要自己好，就

得从青年人学习。

这些话看来是那样平凡，然而做起来却是谈何容易。知识分子最易犯的毛病，就是唯我独尊、自高自大，往往愈是浅薄，这种自尊病也就愈深。在这方面，我们可以看到朱先生修养之深，胸襟之宽。一个能向群众去学习的人，也就必然为群众所爱戴。北平千万学生对于朱先生的衷心拥护与尊敬，岂是偶然的事情？

有社会责任感，为大众服务，向群众学习，这就是从叶先生文章中所看出来朱先生一生为人的三大特点。确实的，就是这三大特点，构成了朱先生一生灿烂辉煌的人格。叶先生在真情洋溢的短文中，清楚而扼要的写出一个优秀的中国知识分子的典型性格，不仅使我们感到他们两位交谊之深，也着实是为今天中国知识分子指出一条应走的道路。

从朱先生这样的性格理解中，也帮助我们理解他对于文艺思想的见解。朱先生是个诗人、散文家，几十年来，他的作品如《踪迹》、《背影》、《欧游杂记》、《伦敦杂志》，以及近年来的《新诗杂话》、《标准与尺度》等书，颇为人们所熟悉。我们不及在这里详述朱先生一生的著作和其文艺思想的发展，只想就近年来朱先生对于文艺的见解略述一二。朱先生本来是个自由主义作家，他和闻一多先生文艺思想发展的过程颇有相似之处。当他在写《背影》时代，对文学尚采着这样的见解：

我们莫妙于学行云流水，莫妙于学春鸟秋虫，固不是有所为，却也未必就是无所为。我们与一切外物相遇，不可着意，着意则滞，不可绝缘，绝缘则离，这种况味正在不离不着之间。

这种见解，颇和朱光潜的距离美学有相似之处，自然不能为我们所赞同，当时朱先生这种思想，猜想是颇受了中国旧文学的影响，与朱光潜搬弄克罗齐美学，并非相同。但是近几年来，他的文艺思想的发展，在朱先生自身可以说是等于一种革命的飞跃。他不仅超越了自由主义的范围，而且在某些问题上的见解，也超过了一些自命为革命现实主义的作家。我们读了他近年的著作，可以看出在他的文艺思想中间，有两个重要的特点：第一，即是他抛弃了原来的那种“不离不着”的见解，断然地肯定了文艺革命的功利性；第二，即是他断然地肯定了文艺的大众化。

在他的《文学的严肃性》一文里（这是他一九四七年在清华文艺晚会上的演讲，后来写成文章，刊在《中国作家》第一期上）指出：

新文学开始时反对载道，但反对的是载封建的道，现在快三十年了，看看大部分作品其实还是在载道，只是载的是新的道罢了。三十年间虽有许多变迁，文学大部分时间是工具，努力达成他的使命和责任，和社会的别的方面是联系的。

这显然已经是离开唯心论的观点，从唯物论的观点来看文艺了。文艺不仅是种“工具”，不仅“和社会别的方面有联系”，而且“要努力达成他的使命和责任”。新文艺所载新的道，也即是“人民之道”，从这样一种观点出发，必然是肯定了文艺的革命功利性。因此他在《文学的标准与尺度》一文中又说：

> 五卅运动接着国民革命，发展了反帝国主义运动；于是“反帝国主义”也成了文学的一种尺度。抗战起来了，“抗战”立即成了一切的标准，文学自然也在其中。胜利却带来了一个动乱时代，民主运动发展，“民主”成了广大应用的尺度，文学也在其中。这时候知识阶级渐渐走近了民众，“人道主义”那个尺度变成为“社会主义”的尺度，“自然”又调剂着“欧化”，这样与“民主”配合起来。但是实际上做到的还只是暴露丑恶和斗争丑恶。这是向着新社会发展的路。受教育的越来越多，这条路上的人也将越来越多，文学终于要配合上那新的“民主”的尺度向前迈进的。大概文学的标准和尺度的变换，都与生活配合着的，采用外国的标准也如此。表面上好像只是求新，其实求新是为了生活的高度深度或广度。社会上存在着特权阶级的时候，他们只见到高度和深度；特权阶级垮台以后，才能见到广度。从前有所谓雅俗之分，现在也还有低级趣味（按此一用语恐与一般所谓“低级趣味”有所不同，大概是指民间俗文学而言），就是从高度深度来比较的。可是现在渐渐强调广度，去配合着深度高度，普及同时也提高，这才

是新的“民主”尺度。要使这新尺度成为文学的新标准，还有待于我们自觉的努力。

因为肯定了文艺的革命功利性，自然也就肯定了文艺的大众化。文学既然要作为一种载道的工具，载的道既是人民的，这工具的对象自然也就首先是人民大众，所以普及工作的重要性便不能不提高了。这种见解，朱先生溶解在他的诗论中间。他主张诗必须口语化，诗应该能鼓舞群众，诗应该能朗诵。他推荐田间、何达的诗，在课堂上教授《李有才板话》，这些地方，都看出朱先生理论与实践的一致，他在论闻一多先生对新诗的写法时说：

> 对诗的批评方面：他说是新诗愈写愈纤细，使人都不易懂，所以他以为应该做粗线条的诗，不管是诗也好，诉之于大众的也好，不叫诗也好，总之要以新的尺度去创造新诗，从理论上来。……他的态度一贯是诉说大众，帮助大众进步的。他曾说，他不能受幸福的贿赂，而忘记了苦难的一群，可见他始终愿做一个人民的诗人。

他对闻一多先生的新诗的写法分析，其实也就是他自己的新诗观。朱先生受闻一多先生的影响颇多，自己也是愿意来做一个人民的诗人的。假如再有五年十年的工夫，我们可以相信朱先生在新诗的理论或实践将有很大的发展。可惜，他竟在五十一岁的年龄上，就离开我们而去了！

朱先生这种急遽的进步，是反映了近十年来中国社会斗争的剧烈，知识分子在人民觉醒普遍提高中急遽的进步。

他在《〈语文影及其他〉自序》中说，“三十年代渐渐地变了，四十年代更大变了，时代越来越沉重，简直压得人喘不过气，哪里还会再有什么闲情逸致呢。”这是说明了客观对于一个人的主观所起的作用，而另一方面，朱先生那种为大众服务的人生观，自然也是使他进步的一个主观因素。

朱先生实在是死得太早了。五十一岁，这在一个人的工作和事业上，正在如日方中的时候，朱先生却因为胃病的拖累而竟致弃世。这在朱先生说，可以说是他做到了鞠躬尽瘁的地步；而在另一方面，我们要指出，朱先生的早死，实在是受了国民党残酷的迫害。今天，一个大学教授，物质待遇，是低得无可再低。听说北平的教授都是靠窝窝头度日，试问像朱先生这样孱弱的身体，又何能支持，更何能谈到营养与疗治？大学教授负着培育人材的重任，而反动政府给予他们的是使他们陷于饔飧不继的生活。然而还不止此，除了物质生活的迫害以外，更加以残酷的精神迫害。言论、著作、讲学的自由之类姑无从说起，而那接连不断地屠杀与摧残学生，给予他的刺激又是如何之深！如昆明的血案、李闻的被惨杀、北平学生的被枪杀与最近“特种刑庭”的乱捕学生等，白色恐怖愈来愈烈。高等学府宛如囚城，试问在这种情形之下，一个有正义感的教授，又安能专心教书？又安能静心养病？朱先生的死，直白地说，就是国民党这种惨无人道的法西斯政策迫害死的！朱先生的死，是反动法西斯对于文化与智慧的摧残的又一血证！

因此，对于朱先生的死，不仅使我们感到深深的哀悼，而且感到无限的愤怒！

然而朱先生的人格，却是辉煌地照耀着一切中国知识分子，他坚贞不屈的战斗是答复了美帝与国民党反动派的迫害。他临终前一天，对他的夫人说：

“一件事得记住，我曾经签字在拒绝美援的文件上！”

这一句何等响亮、何等坚决的遗言，将像炸弹一样震栗着马歇尔、司徒雷登和一切美帝国主义的反动头子，震栗着乞怜于美帝的×××和朱家骅以至胡适、晏阳初之流！

当笔者撰述此文的时候，窗外正是满天风雨、愁云重重。遥想那血腥的北平城中，多少青年学生正在那缉捕革命学生的恐怖命令之下，在那些出卖青年的文化奴才的狞笑之下，度着如何紧张而危险的生活。而朱先生竟在此时离开这些青年而去，他们将怎样感到如丧慈母的痛苦与哀伤，转念及此，实在难以抑制满腔悲愤。朱先生真是死得太早了。朱先生的死，对于我们的文化、教育、青年，以及对广大人民，真是损失太大，而这种损失却又在人民解放革命最迫切需要他的时候！

（原载 1948 年 9 月《大众文艺丛刊》第 4 辑）

《乡村教师》观后感

我是一个很少看戏的人，但是在上星期内三天中间，却一连看了两场好戏：一是中原剧社演出的、柯灵先生改编的高尔基的《夜店》（改名《人间地狱》），一是苏联电影《乡村教师》。这两个戏，在我个人，可以说是近年来看到的最好的话剧和电影了。这两个戏恰恰反映出两个时代的一个鲜明对照。高尔基的《夜店》是剖露了十九世纪俄国底层生活的最阴暗最悲惨的一面，而《乡村教师》则是写出了二十世纪社会主义的苏联人民的幸福的欢歌；而这幸福的欢歌，则正是从前世纪那被压迫人民解放中间发出来的。我在看《乡村教师》时想到，像沃龙诺夫这些青年英雄们，如果早生几十年，在那愚昧而悲惨的西伯利亚底层生活中，何尝不会变成像《夜店》里那些悲剧的人物？而《夜店》里那些小偷、鞋匠、妓女、垃圾仔等，如果生在后二十年，又安知不就是像沃龙诺夫一样的光辉英雄？这念头使我深深感动，深深痛苦。在封建和资本主义的社会里，人民的本性、智慧与创造才能是遭受着怎样残酷的虐杀。高尔基的《夜店》血淋淋地给我们显示了一幅那些被虐杀者的标本，而《乡村教师》则恰显示了一个相反的现实：在阶级解放之后，人民的智慧与创造力是发扬到怎样的高度。三十年时光，乾坤被旋转过来了，而旋转这乾坤的却是人民自己的力量。在电影院的两小时中，我深深地体验了伟大历史的力量，体验了新的生长的生活和旧的死亡的艰辛过程。

从电影院里出来，碰到杜桐兄，他和我说起这个电影。他说："从最近演出的三个苏联影片：《我的大学》，《波罗的海代表》和今天这《乡村教师》中，我以为是给今天中国知识分子显示出一条现实的道路。"

是的，杜桐兄的话是很对的，可惜那两部影片我还没有看到，但即就这一部《乡村教师》来说，这个女教师华尔娃的一生经历和奋斗，不正是对于中国知识分子一个重要的启示吗？

当华尔娃最初抱着一个地球仪，带着几本初级小学课本，来到那冰天雪地的西伯利亚，来到那"只讲金子，不讲学问"的落后地区，从一无所有的环境中，想来创办一所小学，这个时候，她不过抱着一种朴素的平民教育的思想，决定把自己献身于平民教育事业。她没有什么明确的政治思想，甚至连"列宁"和"共产主义"这样名字和名词都不曾听见过。但是四十年的艰苦奋斗，使她亲身接触到地主富农对贫农的压迫，沙皇对革命者的屠杀与迫害，旧社会对于青年与教育的摧残，残余封建势力对革命的阴谋破坏——像沃龙诺夫家庭的悲惨生活和地主富农以烧钞票取乐的对照，她的丈夫马丁诺夫因从事革命而遭受不断的流放与囚禁，她所教育的天才儿童因贫穷的理由而不准升学，她所惨淡经营的学校却有富农恶霸企图来烧毁并且把她杀死。这一切都像一个一个烙印痛苦地加在她的身上。四十年中，她天天在教育着小学生，而社会又天天在教育着她。在小学校里，她是一个教师；在社会大学里，她又是一个学生。电影作者用巧妙的手法给我暗示了这种关系，这才能说明华尔娃一生思想的发展和她那种苦干精神的社会根源。一个知识分子只能“为人师”，而不能虚心向社会与人民学习，则尽管学富五车，他的前途也就有限得很。因为社会的进步往往总是比个人快得多，脱离社会的实际生活，转瞬之间便已为时代车轮所抛落。这样的例子，我们是看得太多了。像华尔娃这样一个人，论地位不过是一个小学教师，论处境是在最落后的穷乡僻壤，然而她却是永远在时代的前面，成为新时代的母亲，无非是因为她始终是生活在人民的中间，从人民生活中间汲取了真实的学问，而以这种学问培养出无数的青年。一个人对于社会的贡献，岂在乎地位之高下，华尔娃一生的贡献，又有多少的博学鸿儒能望其项背呢？

在这里，我们深深感到社会实践对于知识分子的重要。知识分子是所谓精神劳动者，因此常常重视思想而忽略实践。思想不和实践结合，思想总是没有血肉的空虚东西。罗曼·罗兰曾经嘲笑过那些“有信仰而无行动”的知识分子为“知识的凤凰”，这些凤凰，尽管变得如何美丽，对社会却是无助，对自己也未必有益。就现代中国知识分子来说，大半都是小资产者出身，由于其社会的处境，他们对于旧社会是不满的居多，然而对于新社会却又不免尚有隔阂。因此形成他们中间一个普遍的特征，即否定旧的生活容易，肯定新的生活就比较难；或是在理论上肯定新的容易，而在感情与内在意识上肯定新的就比较难。正如高尔基所说，“情绪倾向于过去，理智倾向于未来”。这确是今天知识分子的一般特征。所以，在我们中国，常常产生了理论与行动的脱节，理智与感情的矛盾。要打破这重“难关”,并不是空空洞洞谈什么主观精神、人格力量所能济事,主要在于实事求是为着人民大众服务。华尔娃的一生,并无什么特色,就在于她能够切切实实做去,把一点一滴心血都献给人民,从无到有,从小到大,办出这样一所人民的学校,从这里也看出今日苏联的文化建设上是如何重视那种实事求是的精神。华尔娃从不夸夸其谈,从不计较个人荣辱,不管遭受什么打击,决不放松一步她自己的工作。在她丈夫被捕以后,在马丁诺夫死去以后,在沃龙诺夫升学失败回来以后,银幕上总是接着出现课堂的一幕,这说明什么呢?她把一切个人的痛苦,仇恨与耻辱都吞在心头,而以更坚强的工作来答复这一切痛苦与仇恨,而从这里锻炼出她一种韧性的战斗精神。

这种韧性的战斗,鲁迅先生曾经再三拿来教育我们的,是充分地显示在华尔娃的身上。四十年来,她在冰天雪地的西伯利亚,没有一刻离开自己的岗位,没有一刻灰心和动摇。她说:“我要做一个西伯利亚的人。”她果然做到了,西伯利亚成为她的家乡,西伯利亚人民成为她的家人。他们不会让她离开,她也舍不得离开,她和他们之间已经是血肉不可分了。一个人能在一件事业上长久坚持下去,已经不易,又何况是在这样艰苦环境之中坚持至四十年之久。一般知识分子的毛病,往往容易见异思迁,想往高枝儿爬,或则留恋都市生活,或则醉心个人名利。这样的人,尽管口头说得如何漂亮,却永远是浮泛在生活的表面。反之,华尔娃的那种韧性精神,却正是来自人民,几千年来统治阶级对于人民的迫害,早已教会了人民这种韧性的战斗了。

拿反映在华尔娃身上的这些特征，来和中国优秀知识分子的典型比较一下，我们可以看出这些特征几乎是相同的。这里也就看出知识分子从旧社会走向新社会的一种规律。鲁迅先生不必说了，就以陶行知、邹韬奋、闻一多先生以至最近逝世的朱自清先生来说，他们或早或迟走向人民之路，都不是偶然的事情。固然中国客观的形势是使他们走向革命的基本条件，而使他们能承受历史的考验成为人民的战士或导师的，不外乎他们都具有向人民虚心学习的精神，有实事求是为人民服务的工作实践，有坚持事业的锲而不舍的韧性精神。像陶行知先生一生为晓庄与育才学校的苦心经营，像邹韬奋先生的创办生活书店与帮助青年，像闻一多、朱自清先生的坚持教育岗位，他们在工作精神上多少可以找出一致的地方，而因此他们终于会从不同的道路上，最后汇合到人民革命的洪流里来。

最近一些时候，国内许多杂志上都在讨论知识分子的问题。从这些讨论中间，一般可以看到中国自由主义的知识分子已经逐渐从幻想的破灭而转向对现实的正视。由现实的教训而面向人民的社会，这是可喜的现象。虽然也还不免有人对新的社会尚有若干疑忌与不安，其实这种疑忌与不安是不必的。人民的社会不仅热烈欢迎一切真诚的知识分子为革命服务，并且也只有在人民的社会里，文化与知识才会被提到最崇高的地位和获得真正的重视与尊敬。革命并不要求知识分子放弃其专门知识与技能而去做革命的短裤党，而却要要求他们把知识与技能去服务于人民。而就知识分子来说，也只有这样，才能使文化与知识得到最丰盛的收获。

看完了《乡村教师》，我感到华尔娃是幸福的。经过四十年的艰苦奋斗，她终于亲眼看到她亲手播下的种子，一一开出灿烂的花朵。一代一代的青年在她手里成长起来，成为苏维埃的英雄。当她听到收音机广播政府给予她列宁勋章的时候，一滴眼泪从她暮年的脸颊上流下来。这是含凝着多少痛苦与欢欣的眼泪呵。让我们从一滴眼泪中去体味她的一生，也从这里去认识她一生所走过来的一条道路吧。

（原载 1948 年 9 月香港版《群众》第 2 卷第 37 期）

《万家灯火》略评

今天，蒋管区的都市社会中，可以看出在进行着一种非常明显的阶级分化，这就是一批小资产阶级经济状况的急剧地无产阶级化。这些小资产者在都市居民中间，往往占着人民的最大比例。在蒋政府的疯狂掠夺政策之下，他们大量地陷入于失败、破产和饥饿中间。这种趋势的发展，产生了两种结果：一方面是都市消费力普遍的降低，形成都市经济的致命危机；一方面是迫使这些没落的小资产阶级以及中产阶级势必更靠紧无产阶级，形成政治上统治者与官僚资产阶级的绝对孤立。小资产阶级，特别是城市的小市民阶层，原来是非常软弱的，但是现实形势的发展，迫使他们不能不逐渐自觉地认识到自己在革命中间的基本同盟军地位。事实上，他们也只有和无产阶级紧紧靠在一起，才能有他们的出路。这些年来，纵然曾经长期在都市物质诱惑与思想麻痹生活下的小市民，已经渐渐的认清这一点了。

《万家灯火》这部影片的最大特色，就是在表现了小市民阶层这一种急剧变化的过程。作者是抓到了当前蒋管区都市社会中一个普遍的现实的问题。他并不像有一些剧作者往往从伦理善恶观点上去处理他的题材，而是从社会与阶级关系上去认识问题。这是作者在现实主义上的成功之处。在这一点上，它是超越其他也许技术上比它更高的片子。主角胡智清最后一句话："我们今后要更靠拢一点！"这是作者的主旨，这主旨是明确而主要的。

但是，我们也可以指出一点，就是作者虽然把握了这个关系，非常注意地在发展着他的人物与故事，可是却不免忽略了去表现整个社会的动乱与矛盾状态与这一个家庭的矛盾的关系，致使我们不容易从这剧本中清楚地感觉到那整个社会在崩溃的气氛。这一方面的气氛渲染，非常不够。因此，迟钝一点的观众，不免仍然会把它看成一个伦理的片子，仿佛是好人与恶人之间的一个悲剧。这就是说，描写推动这个故事发展的典型环境不够，因而使它主题应有的强度，不免削弱了。

作者把胡智清写成一个柔弱的性格，把他的妻子写成一种庸俗的性格，这都把握了小市民性格的特征，而把这些性格和从农村来的老太太与春生的强悍而健康的性格，以及阿珍等的工人阶级坚决性格相对照，这些处理我以为都是很好的。这也说明作者是从阶级关系去把握性格的特征。但是，阿珍和小赵的性格似乎把握得还不够，因此也不免多少影响到剧本主题的力量。如果阿珍这个人物能够处理得更有力更主动的话，我想对于主题的积极性会表现得更强烈的。

从剧情发展来说，后半部戏剧性过强。胡智清失业以后，我以为应该让他向社会其他方面，多碰几个壁。在这里，也可以反映出社会各方面的崩落状态，不必老针对着钱剑如；连砸车也非他不可，反而使观众感到仿佛罪恶就在钱剑如一个人身上似的。而且，像胡智清这样一个地位的人，因为一次失业就陷到一筹莫展的窘境，在过程上也不免太急促了一点。

以上是我对于剧本的一些浅见。在上海那样严厉管制的环境下，能够产生这样的电影，实在是不容易的，至少在反映现实关系一点上，这剧本比我以前看过的几个国产片是有它更大成就的。

至于导演方面，我以为最大的特色是严肃。在描写小市民生活，为小市民而写作的戏里，并没有给我们带来小市民落后的东西，如色情、噱头之类的低级趣味。这在今天是应该特别赞扬的。事实上，这些东西不过是没落文化的特征而已，真正为小市民的作品是并不需要这些。这个剧给了我们一个事实的证明。

在演员方面，我以为吴茵的老太太，蓝马的胡智清，上官云珠的又兰和傅惠珍的春生妻，都演得很好——特别傅惠珍能够从没有戏中间演出戏来，是非常难得的。

不过关于这方面，我很外行，所以就说到这里为止吧。

（原载 1948 年 10 月 1 日香港《华商报》）

关于文艺作品的阅读

不久以前，有位青年朋友向我这样说：

“我常常看了文艺作品，觉得它很好，可是说不出它好在哪里；或者觉得它不好，也说不出它不好在哪里。”

我问他什么道理，他回答说：“大概是我的文艺修养太差了罢。”

文艺修养不够，或许是有的。但我以为未必是主要的理由。假使这样，文艺作品的好不好，只有由文艺修养高的人来发言了。主要的一点，我以为是在他所说的“我觉得它好”的“觉得”一点上，就是说，他只是凭借了感觉去接触文艺作品。

仅仅靠感觉是不能认识事物的。对于事物的认识总是从感觉到思维，或者说从感性的认识到理性的认识。“觉得它好”就未必能知道它好。而且觉得它好未必就是真好。仅仅依靠感觉来判断好或不好，那是靠不住的。

有些人把文艺看做仅仅是感情的东西，因此对文艺的欣赏，也仅仅当做一种个人的感受。他们所说的好不好，实际上就是那作品感不感动我。这是一种有闲阶级的观点。有闲阶级对于文艺只是看做一种陶性怡情的或者消遣的东西；他们只要得到个人感受的满足就够了，并不需要去追究这作品的思想内容。

自然，好的文艺作品必须有感动人的力量。同样，我们也必须要求文艺能满足我们的美学要求，否则艺术就没有力量。但是能感动我的，能满足我美学要求的，是否即是好的作品呢？那却未必了。因为这里不仅是作品的问题，还存在着被感动者的主观思想感情的问题。我们必须追问，作品所感动我的是什么呢？我之所以被感动的又是什么呢？文艺作品能够引起一个读者的感动，是由于作者所表现的思想感情和这个读者的思想感情之间起了共鸣。这里是包括着一种社会的关系。对于这个阶级的读者能引起感动的作品，对另一阶级的读者也许正是起相反的感觉。在同一阶级中，这个读者和那个读者对于同一作品所得到的反应，也并不完全相同；即就同一个读者来说，以前使我们感动的作品，今天未必仍使我感动。这种例子是很普遍的。许多青年，过去曾经被伤感主义的或甚至颓废派的小说感动得流泪的，但经过实际生活斗争的锻炼以后，再去重读时，却感觉爽然若失、味同嚼蜡了。这说明人的思想感情是随着其生活条件的变化而在变化。因此仅仅凭借个人一时的感觉，凭借作品的动人与否，来判断作品之好坏，是得不出正确的结论的。

好的文艺作品之所以具有感人的艺术力量和教育力量，是由于它表现了现实。它把客观现实生活中本质的东西，通过艺术的形象，集中地典型地展露在读者前面；使我们更深刻地认识了现实世界，更亲切地体验现实生活中的斗争，因此使我们得到感动。对于一个敢于正视现实的人，现实性愈强的作品，感动的力量也就愈大。但是对于那些没落阶级的读者，由于他们根本畏避现实，因而只有在一些虚伪的幻觉中间去寻求自我陶醉。对于他们，这也是一种感受的满足。但是这种满足对于自己只是一种麻痹和毒害罢了。

日丹诺夫在论及苏联文学时说："苏联作家应当帮助人民、国家、党，把我们的青年教育成生气勃勃、相信自己的力量、不怕任何困难的人。"为什么无产阶级的文艺能够发挥这样的作用呢？就因为它向青年们正面地照明了现实的前途，使他们更深刻地认识了苏维埃国家和阶级的力量；因而才更坚定他们的信念和战斗的勇气。这才是真正有力的感动，而不是个人一时感受的满足。在这样的基础上，文艺的政治教育意义和其艺术上美感的获得是统一起来了。

因此，在阅读文艺作品中间，怎样判断它好和坏，以及知道它好在哪里，坏在哪里，不应是单纯凭个人主观的感觉，而应该去认识作品中所表现的内容和现实的关系，即研究作品中所反映的社会生活和阶级关系，是否符合于历史现实，以及它所达到的某种正确程度。这种反映，有正确的，有歪曲的，有深刻的，有表面的；阅读作品的时候，需要仔细去分析、思索和研究。首先是作家所要表现的是什么，其次他所表现的是否符合现实，再次，他所表现的程度如何，而最后归结到这个作品对于人民群众所产生的效果是什么。这就需要从感觉提升到思维的阶段上去；用通俗的话来说，就是要多动脑筋。自然，对于社会认识不深的青年，在这些上面能力或许是不够的，需要批评工作者多多的帮助。但是我们也不要把文艺看成一种神秘的东西，以为只有专家才能理解它的奥妙。文艺无非是现实的表现。对于现实生活，我们并不是一无所知，因此也绝不会毫无判别的能力。工人农民，一般说文化水平是很低的，但是他们常常能够对于描写他们的作品，提出了很正确的意见，这正是由于他深深了解他们自己的生活。批评的工作并不是少数人的事情。专门的批评家也需要倾听群众的意见。群众能够判断一件作品的好坏，正由于他们是生活在现实中间，他们是有认识他们自己生活的能力的。对于青年来说，即使这种认识能力较差，但也正可以从这一方面来锻炼。阅读文艺应该是一种学习，这种学习是为了帮助我们增强对于现实的认识。

毛主席曾经告诉我们，判断作品好坏的一个标准，就是“鼓动群众同心同德的，反对倒退、促成进步的东西，便都是好的”，和“鼓动群众离心离德的，反对进步、拉着人们倒退的东西，便都是坏的”。这里可以明白，所谓反对倒退，促成进步的东西，一定是符合于历史现实的发展的。因为历史现实本身是在不断进步；而拉着人们后退的东西，一定是违反历史现实的。同时能够鼓动群众同心同德的东西，一定具有相当的艺术力量，否则就起不了鼓动的作用。这就是政治的标准和艺术的标准统一起来了。但是作为主要标准的，却是政治的标准。

青年中间有一种倾向，喜欢把自己的兴趣来作为选读作品的标准；即选择适合于自己的脾胃的东西来读。这是一种不严肃的态度。实际上，即是从有闲阶级带来的一种对于文学的态度。我们知道在小资产阶级知识分子身上，常常有些不干净的东西，而这些东西常常又是有意无意被留恋着的。只找适合于自己兴趣的东西来读，就会不知不觉把些不干净的东西往自己身上拉。这种态度，还是从把文艺看做一种单纯满足其个人感受的东西这种观念而来，因而放松了从正确立场与观点上去分析和判断作品的内容。在这中间，还有这样一种情形，即一本作品基本上是可以读的或应该读的，但由于只从满足其个人感受的观念去接受这作品，而缺乏从正确立场与观点上去分析和研究，效果却变成相反的了。例如托尔斯泰的《安娜·卡列尼娜》，是值得读的一本古典巨著，但是许多青年却曾经因而梦寐地去追求安娜型的对象，而竟然自命为渥伦斯基，这就和读了《红楼梦》而和宝哥哥、林妹妹同病相怜，一样变成笑话了。不仅对古典作品如此，即是现代的革命小资产阶级的作品，也常常会产生类似的效果。曾经有位朋友告诉我，当抗战初期许多青年进入到延安去，他们中间许多确是受了某些革命小资产阶级文艺作品的影响而倾向于革命的，但是同时也就把从这些作品中所感染到的一些非现实的幻想、小资产阶级的伤感和罗曼蒂克情绪一齐带来了。因此到了解放区，接触了实际斗争以后，这些情绪却成为他们思想上沉重的包袱。这情形我想是确实的。这也就说明，对于阅读文艺作品，需要有分析判断的能力，是何等的重要。

从来没有一个时候，有像现在社会主义国家和新民主主义国家对于文艺这样的重视，和给予文艺以这样明确的任务。正因为无产阶级是把文艺看做是青年思想教育的重要事业，把它看做是无产阶级事业的一部分，是革命机器的螺丝钉。因此，在我们的社会里，不仅作家在创作上应该对于群众取严格负责的态度，不仅批评家应该善于帮助和指导读者，即在青年读者自身，对于阅读作品也必须取十分严肃的态度。我们应该把文艺阅读看做是学习生活中重要的一部分，看做是帮助我们认识现实世界的方法之一。我们应该学习善于分析，善于掌握立场和观点，并且研究文艺的创作方法。一切从资产阶级带来的观点——兴趣主义，直觉的经验主义，无批判的态度和旧的美学观点，都应该抛弃。我们要从革命文艺的教育中间，获得修养，使我们成为日丹诺夫所说的“精神百倍，相信自己的事业，不怕障碍，准备克服任何困难的人”。

（原载 1950 年《中国青年》第 39 期）

关于《三千里江山》的几点意见

同志们，这个讨论会开了三次，开得很好。这种讨论会的目的是为了互相学习，互相帮助，使我们对社会主义现实主义的创作方法弄得更清楚。意见不一致也不要紧，不同的看法当然可以保留。但有一些意见经过讨论是可以统一起来的。

讨论会上许多同志提到批评的问题，我首先就批评态度讲几句。创作组就是根据苏联作家协会的经验，作为一种社会活动方式而建立起来的。批评家和作家应该是亲密的合作，不应该分家。作家和批评家应该以同志式的合作态度互相学习，互相帮助。古语说："集思广益"，每一部作品经过多些人的研究讨论，对于作者本人和我们大家总会有益处的。因此我们在这里不是消极地来批评作品；而应该以热情的、积极的、严肃认真的、实事求是的态度研究作品，使作者在讨论会上得到亲切有益的帮助。只有在这样的条件下，才能把创作组的讨论会开好，才不至于起初热烈而后来冷淡下去。

我们必须尊重作家的劳动，爱护作家；但不能认为爱护作家，就不能对作家提出严格的要求。只要是一种积极的、友谊的态度，只要从实际出发，从具体分析出发，这样的提出要求是完全应该的。意见如有不恰当之处，大家可以讨论，作家也不会因为你有些话讲得不恰当，就认为是了不起的事情。讨论中间总会有种种不同意见，不能要求只有一种意见，各种意见经过大家研究讨论，才把问题弄得更为明确。这一个讨论会上所有发表意见的同志，我看大都是采取尊重作家的积极的态度的。我们的讨论态度一般说还是好的。

讨论中曾经有人提到对《三千里江山》肯定或否定的问题，我想最好不要这样简单地来提。我们讨论应该是具体地分析作品，指出哪些地方现实性表现得充分，哪些地方还不够，哪些地方还有缺点，这些缺点的原因又是什么。从创作方法的研究上帮助我们的学习，而不是简单地笼统地来表示肯定或否定，或是给作品来打分数。

其次，有人提到《三千里江山》是否社会主义现实主义作品的问题。社会主义现实主义是我们的方向和目标，不是像一种工业品的生产的规格，用它机械地去衡量作品。社会主义现实主义是在创作实践上发展的，可以有高度的、成熟的社会主义现实主义作品，也可以有萌芽的、还不够充分的社会主义现实主义作品。一部作品是否是现实主义的，和作品在现实主义成就上所达到的水平是两回事，不要混为一谈。《三千里江山》应该说是反映现实生活的现实主义的作品。至于现实主义所达到的程度如何，则正是我们要研究的问题。

斯大林同志曾经指示我们，对于作品的评价应该从总的倾向来决定，而不是从它的细节来决定。《三千里江山》尽管在细节上有缺点，但从总的倾向来说，应该说还是一部较好的作品。然而从总的倾向来决定，并不等于不要分析细节。如毛主席所指示的，应该有政治标准，还有艺术标准。恩格斯也说，要细节的真实。因此，对于作品总的倾向与细节的分析，应该统一起来。

对于《三千里江山》，我想首先来分析一下作家所选择的题材和主题；作家是怎样来处理他的题材和表现他的主题；以及作家的努力所达到的效果如何。杨朔同志在他的书前面有《几句表白》，在《人民文学》上也发表了《我的感受》，说明他怎样写这部作品的，这些材料对我们的讨论和研究，是很有帮助的。

《三千里江山》的题材是很好，很重要的。它描写了一九五〇年到一九五一年朝鲜战争运输战线上的斗争。我们知道那个时候，美帝国主义打到我们边境，我们志愿军出国，和朝鲜人民军一起，把敌人打到三八线以南。在这样的战争中间，战争发展得非常快，这个时候保证运输是战争中一个极其重要的问题，我们如果能充分保证支前的供应，就能使战争取得更大的胜利，否则就有很大影响。所以运输方面的斗争成为当时抗美援朝斗争中的主要关键问题之一。在运输斗争中，敌人要切断运输线，我们要保护运输线；敌人要轰炸铁路，我们要抢修铁路；敌人不许火车过去，我们要过去。斗争的中心正如作品中的秦敏所说的“三抢”——抢救、抢修、抢运。在斗争中敌人依靠他的飞机轰炸，依靠特务破坏。我们依靠的基本条件，就是小说中秦敏向志愿军司令部汇报工作时，志愿军司令员那句一针见血的话：“高度觉悟的人，发挥了高度的智慧和勇敢。”这种力量从中国人民的长期革命斗争中，从党的教育下锻炼、培养出来的，我们依靠的就是这样的力量，这种力量是无敌的。《三千里江山》的主题，是要描写这种力量在抗美援朝战争中所起的作用的。作家企图通过他的人物来表现这种国际主义、爱国主义的高度精神和力量。作者在他的《几句表白》中写道：他们牺牲个人的幸福，投到最艰苦的战争里去，在他们灵魂深处，闪耀着一种光芒。这是种爱。他们爱祖国，爱人民，爱正义，爱和平。同时作者又说，他以这种爱作为经线，以中朝人民在共同命运下，共同战斗里结成的生死交情作为纬线。经线纬线该怎样理解，且不去管它；写出这样的东西是读者所需要的，是正确的。

作者是怎样来表现他的主题，怎样来安排他的情节和描写他的人物的呢？我们从他所写的《我的感受》中可知道，作者经过一年多的酝酿，从一九五一年冬开始写作，他检查他以前对描写人物和结构等问题看法上的一些毛病，企图在这次写作上加以改进。他说，他过去写作品喜欢追求故事，不注意描写人物，写的英雄没血没肉，缺乏生气。这次写作，他是着重于人物的性格、思想、感情以及他的成长过程的描写，这无疑是很重要的；从作品中也可以看出，作者是用了很大的努力来写人物性格的。在结构方面，他说，过去喜欢写热闹的情节，忽略对生活的描写，现在觉得是错了，认为"故事性应该放在矛盾上——放在敌我的矛盾上，放在人物思想性格的矛盾上。矛盾越尖锐，故事性越强"。因此"我有意多写人物生活，从生活中寻求矛盾，慢慢发展，一直发展到斗争比较激烈的场面上"。同时又说："在寻求人物生活的矛盾上，我明白并没做好。譬如写那群女电话员，我写她们在生活细节上的斗嘴吵架，矛盾固然有，却有点琐碎，与小说的中心主题并没多大联系。恐怕我又过分在生活小矛盾上兜圈子了。"作者的这些意见，是很好的，对于他创作工作来说，无疑是向前跨进了一步，他最后几句检查自己作品的话，也是很真诚的。

由于作者对于人物和生活描写上的注意，因此《三千里江山》中的人物，一般说是有性格的，有生活的。作品中的人物如车长杰、姚志兰、姚大婶、禹龙大、老包头都是写得生动的。其他人物也有他们自己一定的性格。自然也有少数人物是概念的，最明显的是郑超人。作者在《我的感受》中说："小说里也有我不喜欢的人，那就是害恐美病的郑超人。在拟提纲时，我考虑再三：写不写这样个反面人物呢？中国人民志愿军已经变成中国人民的旗帜，写了，岂不会损害我们志愿军的面貌？"但作者认为"恐美病是中国历史造成的一种思想病，在一定的阶层中，并不是个别现象"。因此，他就"在小说里暴露了这种人，这种思想"。从这段话里，我们可以看出要写这个人物只是由于要表现这样的一种"思想病"，而去创造这个形象的。因此，郑超人就写得概念化了。武震也有点概念化的。但一般说来，作者是写了人物的性格的，作家在描写生活上，也确有一些场面是很生动的，如过江以前姚长庚、姚大婶家庭的生活等。在写主要斗争场面上，如第十二段写抢救电话线，第十五段写抢救桥梁，第十八段写抢运，也都写得很动人。

在讨论中，有人提到作品中常常通过人物或通过作者自己来说教，而没有通过行动来表现，这是有的；特别武震口里有不少这样的口吻。但是也应该有所区别。有些地方是很好的抒情，比如：武震过江的时候，回头看祖国的那一段描写，是富有诗意的；在描写朝鲜军队与中国军队碰到时，也是写得好的。有时作者自己出来说话，在作品中也是允许的。许多古典作家和现代作家都有过这种写法,问题是看说话的内容,不能一概看做是说教。

作者在上述这些方面是有他的成就的。而由于他有这些成就,所以这部作品在群众中产生了一定的积极影响。和杨朔同志其他作品来比,这部作品确是前进了一步。如果不指出这些成就,只是笼统地说是概念化,作者是很难接受的,也是不公平的。

但是,尽管有这些成就,《三千里江山》读起来,却仍然教人感觉沉闷、松散、不集中,特别是援朝大队过江以后到十五段以前。正如好几位同志说的,抓不住它的中心。这部作品给我们一个印象:片断好,整体松散。作品中虽然写了人物、生活,但是没有很好地通过这些人物、生活把主题集中地突出来。问题在哪里呢?我想这是值得谈一谈的,许多同志对这方面都发表了很好的意见,我这里不妨补充一下。

主要的问题,我以为是作品结构的问题。

作品的结构,并不是单纯的技巧问题。这是说,作者如何来处理和表现反映在其作品中的矛盾斗争,以及如何通过这些矛盾来描写人物性格的发展,从而使反映在作品中的人物和生活更有集中性、更典型、更有理想性。毛主席说:“文艺就把这种日常的现象集中起来,把其中的矛盾和斗争典型化,造成文学作品或艺术作品”,如何把日常现象集中,如何把矛盾斗争典型化,这就是作品结构的问题。作品的结构是通过作者对于现实认识的概括和集中而形成的。作品中的矛盾斗争是通过人物及其行动表现出来,因此人物和故事必须是围绕着作品所要表现的中心矛盾去展开,人物随着这个中心在活动和发展，而不能离开它去描写，这样才能通过这些人物和故事的描写把主题集中地表达出来。

随着结构问题而来的是如何组织材料的问题，也就是所谓剪裁的问题。我们从生活中找了很多材料，这些材料应该服从它的中心，组织成统一的整体。作品总要有枝节的东西，不能只要光杆；但这些枝节应与总体很好地结合起来。法捷耶夫说："在作家面前还摆着一件可以说是最大的复杂任务：必须把全部已有的、往往是巨大的材料组织成一个统一的整体。面临许多事实、事件、思想，其中有些思想是好的和大的。但要想使这一切都有声有色，对于达到既定目的有所帮助，需要找到匀称的配合比例，需要确切地知道什么是比较重要的，什么是并不十分重要的；什么地方要抓得紧些，什么地方要放得轻些。托尔斯泰把这个称为文学作品中'总体'与'枝节'的结合，'总体'的意思是指概括，'枝节'——指具体的细节。在他看来，组织材料是最困难的任务：有时细节会使作家离开主题，有时相反，主要的东西没有体现到必要的形式中……。"法捷耶夫讲的和引用托尔斯泰的这一段话是值得我们学习的。组织材料确实是一种困难的任务，有时写枝节离开了主要东西，结果达不到作者的愿望。如造房子，要有中心支柱，作为作品里的支柱是作品中反映的主要的矛盾斗争，没有这个支柱，结构就站不起来。而主要人物和次要人物的安排也就不易得当。

《三千里江山》的作者是否注意了表现矛盾斗争的问题呢？我以为是注意到的。他在《我的感受》一文中就说到这一点。但是我觉得作者这里是忽略了一个重要的问题，即是如何把生活现象中的矛盾集中起来加以典型化，如何使一切人物生活的描写，环绕着这个中心矛盾去发展。作者把人物生活的描写和他表现的主题中心似乎分离开来；作者的注意力集中到一些琐屑生活描写上去，描写生活中间一些琐屑的矛盾，而这些描写和小说的主题并没有多大联系。作者自己也说："恐怕我又过分在生活小矛盾上兜圈子了。"作者这一句话，我以为是说中了他在这部作品创作上的主要缺点。由于这样，使他作品的结构上，缺乏一个主要支柱。就这个题材来说，书中的主要矛盾，应该是抢修、抢运、抢救的斗争；而在作品中从第十五段以后才明显地展开这个斗争，作品前面的四分之三篇幅，几乎很少写到这种斗争，只是写了一些在山洞里面、汽车里面、在朝鲜人民家里等等场面。在作品前面的大部分中，我们感觉不到战争的强烈气氛和斗争的紧张性，读者只看到作者的笔一下滑到这里，一下滑到那里，抓不住它的中心。由于这样，作品的结构就不能不松散。这也许是作者故意这样安排的，正如作者所说，要把矛盾"慢慢发展"；慢慢发展是可以的，但也并不能离开作品的中心。一部作品在写了四分之三之后，才进入主要的斗争，这样发展无论如何是太慢了。而且这样的发展，又缺乏一贯的线索，这就更不能不使读者感觉沉闷了。

其次，由于作品缺乏一个中心支柱，使作品的中心人物也不明确。《三千里江山》的主角究竟是谁呢？有些人读了以后觉得很不清楚。据杨朔同志自己说，主角是吴天宝和姚志兰。就这个题材来说，以吴天宝为主角是适当的。但是吴天宝这个主角除在第一段出现一下以后，中间偶然的露过一次面，一直到十二段以后才出场。全书描写吴天宝的篇幅极少，虽然后面吴天宝抢运一段，一般说是写得好的，但是刚刚展开，作品也就结束了。因此吴天宝性格的发展很不清楚，他是作品的主角，却没有发挥主角的作用。姚志兰虽然是贯穿前后的一个人物，对姚志兰的描写也有成功之处，但她并不是处在斗争中心的一个人物，并不是使故事的发展起决定作用的人物，因此她事实上是很难成为作品的主角的。

作者原来似乎想把吴天宝、姚志兰、姚长庚、姚大婶这个家庭在战争中的变化作为一条线索。如果是这样，那就应该把这个线索和作品的主要线索很好结合，并且服从它去发展，但是作者并没有能很好完成这个企图。因此把姚志兰来作为作品主角，就很难和作品的主题相称了。

一部作品没有一个作为中心的突出的主角，它的结构自然也就不易站得稳。

第三，由于作品缺少中心支柱，也就使一些描写得很好的片断不能围绕一个中心很好地连贯起来。《三千里江山》有许多好的片断，例如开头写姚志兰的家庭生活、写抢运、抱定时炸弹、炸冰排、保卫电话线等等场面都很好；但是整个看来，却感到有些凌乱，忽东忽西，而其中有许多片断的描写是多余的，不必要的。如写朝鲜的崔站长，写小朱和小姚吵嘴，写一个华侨家庭等等，这些片断和作品主题并无多大联系。我们写作中有一种普遍的毛病，就是作者总想把他的全部材料尽可能地塞到作品中去，因此常常使作品臃肿。《三千里江山》也有这个缺点，这就是前面所说的组织材料的问题，由于作品缺乏中心的支柱，因此对材料的取舍上，也就缺乏依据了。

最后，由于同样的原因，也就影响了人物性格的发展。人物性格总是应该通过矛盾斗争去发展，而作者在这部作品中，许多地方对人物性格的描写是孤立地去描写的，使人觉得作者似乎是为了描写性格而在描写性格。例如大家都说武震这个人物没有写好，我看确实也很难写好。武震是领导斗争的人物，只有通过他对于斗争的具体领导上，才能表现他的性格；假如斗争没有很好的展开，那么，武震就是英雄无用武之地，只能说教说教、讲讲笑话、吃吃酒。所以，我认为，武震写得不好主要还不是没有把他摆在适当的地位，而是作者没有通过斗争去描写他。因此武震这个人物也就没有发展。

总的说来，这部作品一个重要的缺点，就是结构松散，缺乏中心支柱，人物和主题、人物和环境缺乏有机的结合，因而使主题削弱了。我个人感到问题是在这个地方。假如结构更完整，那么姚志兰、姚长庚、小朱、大乱、老包头这些人物一定还可以写得更突出。杨朔同志注意了人物的描写，是很好的，可惜只注意了一面，而忽略了人物、故事和主题、和斗争环境的结合，因而使他的努力没有能够获得预期的效果。这一点，我觉得对于我们的创作是一个值得注意的教训。

除了结构问题，大家还讨论到描写生活和人物的问题。有些同志说，《三千里江山》中斗争写得太少，生活写得太多了。我觉得生活和斗争是不能分开的，斗争就是生活的一部分。我们所说的生活，大概是生活细节。生活细节要不要写呢？我以为完全应该写的。问题是在这些细节的描写必须是服从一个目的，不是为写生活细节而写生活细节；而且“除了细节的真实之外还要正确地表现出典型环境中的典型性格”。

《红楼梦》里面写了很多琐碎生活，但我们并不觉得它琐碎，因为它正是通过这些细节描写显出人物性格的特征，而这种特征都是有典型性的。

关于生活细节问题，高尔基讲过这样的话："我们所见的一切事物，我们所生活着的一切条件，是由琐细事所构成的，正如同有机体是由眼睛看不见的细胞所构成的一样。一切琐细事虽都极其重要，但我们必须能周到地描写最典型最特质的东西。描写建设的长篇小说，并没有十分成功，就因为这些作品中，无选择地采取琐事叙述的地方太多的原故。作者只是全神贯注于琐屑化，读者看不出问题的所在。"高尔基的这段话，对我们理解这个问题是很有帮助的。《三千里江山》在描写生活细节上的缺点，我想就在于"无选择地采取琐事叙述的地方太多的原故"。许多现象在我们生活里是存在的，但是并无必要写到作品中去。例如大家提到的在这部小说中写了很多开玩笑、耍贫嘴的地方，这些描写就并无多大意义；如果用这些开玩笑、耍贫嘴来表现革命的乐观主义，那就更不恰当。因为革命的乐观主义是要通过艰苦的斗争来表现的，如果只是依靠开玩笑，逗爱来表现，则不仅得不到应有的效果，反而会冲淡了斗争的紧张气氛。此外还有一些近乎描写朝鲜风俗习惯的地方也是没有必要的，如崔站长的用文言文说话，写朝鲜人民裤子里可以装上四斗粮等，不仅没有必要，反会引起反感。

自然，作者在生活细节描写上，也有许多地方是成功的，如写姚志兰和她父母之间的关系，写朝鲜阿志妈妮的生活等等，都很生动，并不使人感觉琐屑。因此在谈到描写生活细节的问题时，也不应得出那样一种结论，要求作者不应描写生活细节，应该专门去写斗争场面；这样又会把作者引到他过去专门“追求热闹的情节”的道路上去了。问题是在如何使生活细节的描写与主要斗争的描写很好结合，如何从生活细节的描写上去表现典型的特质的东西，反对“全神贯注于琐屑化”而忘记了主要的东西那种写法。

在人物描写上，作者也是很注意到内心生活的描写的。在这点上车长杰是写得最成功的。这个寡言寡语的人物，他内心中存在着一种很强烈的感情，这种感情是从长期苦难的生活斗争中磨炼出来的。这是中国劳动人民性格中勤劳和坚忍的特征，作者抓住了这个特征，并且把他内心生活和他的行动结合得很自然。因而虽然花的笔墨并不多，但却给我们一种真实感。

但是在写人物内心生活上也有很失败的，这就是武震。作者似乎为了避免把这个领导人物写得枯燥无味，竭力想写他的感情。但是作者并没有很好掌握这个人物性格的特征，不是从斗争生活中去培养这个人物的感情，使我们读起来感觉这个感情是外加上去的，有些虚伪的。作者一方面写他想孩子，想爱人，立刻又自己批判这种感情。在武震看来，似乎个人对生活的感情和对国家人民的感情是对立的，其实这不应该是对立的，而倒是可以统一的。我们所指个人主义的思想感情，和个人对于自己爱人、孩子的爱情并不是一回事。作者在这个问题上似乎没有弄得很清楚，因此在处理时就显得别扭，使人觉得这个人物的感情很矛盾、很勉强、很不真实。有许多这类描写的地方使人感到非常不舒服，如干部牺牲或受伤了，他总是要装作无动于衷，对干部喜欢作些教条式的批评；他与秦敏谈话，刚讲完前方战士如何饿肚子，接着自己就喝起白干、吃起牛肉干来了；在斗争紧张的时候，他爱说空话，例如吴组缃同志提到的，老包头抱定时炸弹，武震在背后喊："这是你替祖国立功的时候了。"这些描写，不仅使我们对于这个人物感觉缺乏真实感，并且觉得不可爱。武震是整个斗争中的一个领导者，这个人物描写的失败，使作品遭受很大的影响。吴天宝的描写在后面一部分是写得很动人的，有很强烈的感情，但是这个人物前后写得不调和。最初介绍他的时候，仿佛是个很轻佻的人物，后来表现得很英勇沉着，我们看不出他的思想性格的发展过程。

对于人物的描写，我不想多谈。作者自己在《我的感受》一文中说："首先熟习我周遭新人物的性格，就可以多少掌握住我们人民的英雄性格——这是我塑造小说人物的基本方法。"我们相信作者这样去描写人物是正确的。上面所说的一些失败的地方，怕也就是熟习不够的缘故。我们还应该指出，就是作者不仅要熟习新人物的性格，并且要经过自己胸中成熟的酝酿，使他通过作品中的矛盾斗争去发展，使他经过作者的概括集中，而更显得突出和有力量。

最后，想附带谈到语言问题，杨朔同志这篇作品的语言一般说是相当成功的，用了很多生动的人民语言，文字也相当简练。不过使用民间语言，必须要有选择，而且用在什么场合也要注意。像王西彦同志指出的，形容朝鲜人民被敌机炸得"鬼哭狼嚎"，写我们善良的人民在敌机轰炸下面这样狼狈；又如刘白羽同志指出的，其中有一个战士用"天无边，地无沿，牛没有上牙狗没有肝”这类语言来形容祖国的伟大，确是完全不恰当的；而且应该说是错误的。这样的情形，常常由于不注意而发生。因此特别提出来，希望我们在选择语言时必须注意这样的问题，并且应该把它看做一个带有原则性的问题。

还有，在作品中使用了一些没有意义的开玩笑的话，这些话不仅没有效果，反而招致反感。例如吴天宝在车上受伤跌倒了，刘福生向他开玩笑说：“跌了一跤，拾个大元宝。”这时读者都知道吴天宝受伤很重，替他很着急，忽然从他同伴口中听到一句这样的话，就把情绪破坏了。即使不是在这样的场合，这类语言也是应该避免的。此外，小说中还使用了一些歇后语，如“冻豆腐难拌（办）”等等，这种歇后语是近乎文字游戏，没有什么意思，在艺术作品中不去用它为好。虽然杨朔同志的作品在语言上有很大成就，但在选择语言上还不够注意，把一些不好的语言也写了进去。这些地方希望能注意修改。

我讲得很凌乱，也可能有不对的地方，希望同志们讨论。我认为这部小说，终究是一部较好的作品，尤其是描写抗美援朝的长篇小说，这是第一部。这样题材的作品是我们人民所迫切期待的。我们应该感谢作者的努力，应该承认它在广大青年群众中所起的好的作用。因为这个作品是写这样好的题材，作者花了很大的功夫，为了使它更加完整起见，我倒希望杨朔同志在这本书再版的时候，能够修改一下。讨论会的意见，只是供给杨朔同志参考。

（原载1953年《作家通讯》第4期）

从一篇散文想起的

前些日子，从《人民日报》上读到赵树理同志的《新食堂里忆故人》。这是一篇很亲切的散文。作者描述他去年冬天回到自己故乡去的情景。文章很短，却流露出作者对于他故乡劳动人民一种极其淳朴真挚的感情。赵树理同志是一个从故乡生活中土生土长的作家。在我们这些同志中间，他大概是最熟悉也最热爱自己故乡的人了。正如他在文章里说，“我不但在那地方生长、上学，而且直到全国解放以前，都在那个山区工作。……我所写的小说，大部分取材于这个地区。”因此他一有机会，总想回去看看，而每次回去又“总能碰到一些新鲜的事物”。

去年全国农村公社化，他的故乡面貌也起了很大变化，他当然更想回去看看。他在农民自己修建的新食堂里吃饭，和乡亲们谈论着修建食堂的故事。这所食堂的地基原来叫做“南院门口”，大概从前是座大杂院，作者的许多亲族故旧都曾经聚居于此。他在吃饭的时候，便回想起这些故人。在他们中间，有各种各样受过苦难的人物——阿Q型的流浪汉，一辈子没有结过婚的贫农，热爱民间音乐的旧艺人……这些人大部分都在解放前逃荒中饿死了。作者描述了他们以后说，“这些故人，数起来要上百（连邻近村里的数要够好几百）。这些熟悉的善良的面孔，东逃西散，死的死亡的亡，大多数连个后人也没有留下。假如他们不是被旧社会的贫穷和灾荒逼死而能活到现在，一定有好多是领导干部或者劳动英雄，这时候一定都欢聚在这个新食堂吃饭。”这寥寥几句话里却蕴含着多么深厚的感情。自然，南院门口早已不在了，这些人物也都过去了，但是他们却仍然活在一个现代作家的心里，他们将在他的作品中得到再现，或许终于将在他的笔下被发展成为新社会的领导干部或劳动英雄。

他们中间有一些人，就曾经是赵树理同志小说中的模特儿。据他自己说，《福贵》中的主人公和《李有才板话》中的一些老字辈人物，就是从他们中间取材的。实际上当然不止如此，这些人物和生活对于他旁的作品，显然也产生过一定的影响和作用。赵树理同志在描写农村生活和创造农民形象上的成功以及他小说中那种独特的朴素风格，看来是和他这个南院门口的生活分不开的。

每个成熟的作家，都经历过各种各样的社会生活，看过各种各样的人物，但在他的一生中，大抵总有一个最熟悉、最热爱的地区，或者是他的故乡，或者是他长期工作过的地区，用句借喻的话来说，每个人大抵都有一个自己的“南院门口”。这个地区的生活和人物跟他建立了一种特殊亲切的感情。他随时都会像对亲人一样想起他们，想在作品中去表现他们。他或者已经根据这些生活和人物，写出过一些成功的作品，而即使当他描写其他题材的时候，它们也往往成为他补充形象的重要材料。这种经验，许多作家都会有的。

事实上，我们所有人都有过这样的经验，即在我们生活中留下最深刻印象的事物，常常是我们最熟悉的或是和自己的感情起过共鸣的事物。许多无意义的事情慢慢被忘记了，而某些东西则在记忆中长久地保留下来。这是生活经验的积累。这种积累，对于作家来说尤其重要。这是他们创作的基本材料。一个作家总是随时随地，自觉地或甚至不自觉地，在观察着生活，把生活中一点一滴的印象、感觉、某些形象、某些片断的故事或场面，收贮在自己的脑子里。他的脑子常常像一个守财奴的仓库似的，积蓄着各式各样的东西，有的是不成形的，或甚至是不明确的。他经常在选择、比较、提炼、酝酿，探索它们的意义，而说不上在什么时候，某些东西的意义突然在他脑子里明朗起来了，某些东西成为他创作中宝贵的材料了。艺术不同于对现实生活的抄袭，就因为它要经过这种选择、比较、提炼、酝酿的过程，最后经过作家的想象，才能创造出比现实生活更高更美的艺术形象。一个作家的生活积累愈丰富，他在认识和创作过程中选择、比较的范围愈大，提炼、酝酿的条件愈充分，因而他所创造的形象也可能更有典型意义，更明确；而在这样的过程中，作家生活中最熟悉的事物往往起着更主要的作用。作家可以凭自己的设想或根据他偶然看到或听到的某些事情，构成他作品的情节，但是他作品中的人物性格却总是经过上述过程而逐渐形成。最近从一本书上看到一段文章，讲果戈理怎样写他小说《外套》的经过。这篇小说的故事是他从同事们谈天中听来的，他的同事们只是把它当做一个笑话，但是果戈理却忽然陷入沉思，他把自己长期观察到的和在心里酝酿着的这一类人物的形象和这个故事联结起来了，于是就利用这个故事的情节，加以改造，写成了这一篇著名的作品。这件事情很足以说明作者的生活积累对他创作工作上的重要。鲁迅说过写小说选材要严，开掘要深，也是指创作必须经过这种过程。这种过程不仅和选材及创造人物有直接关系，而且也影响到作品的结构、剪裁。有些不够成熟的作者，常常把大堆的庞杂材料无取舍地塞入到他作品中，使读者感到冗赘、臃肿，这并不是因为他的材料太多，而相反的是由于材料贫乏。如果他只拥有手头搜集到的一些材料，而缺乏长期社会生活的积累，那末他当然很难从广博深厚的生活基础上去进行选择、比较，因而在艺术上也不容易达到较高的概括。

认识生活是长期的过程。真正熟悉人、理解人并不是容易的事情。这需要在一定的群众生活实践中经过长时期的观察、体验、分析、研究，才能不断地取得丰富的生活积累。所以建立长期的生活根据地，对于作家是件十分重要的事情。以赵树理同志来说，他的作品虽然不是没有不足之处，但是他大部分的小说总能创造出几个使你不容易忘记的典型人物，表现出他独特的风格，这在艺术上就是不可多得的。他之所以能够如此，最主要的也无非由于他对于农村生活具有较深厚的基础。赵树理同志不是从“外面”深入到生活中去，而是从生活的黑土中成长起来的。他的根子始终没有离开过他故乡的土壤。他这篇散文中所说到的那上百的以及够几百个的故人，就是使他能够创造出李有才、小二黑、常有理、糊涂涂等一系列形象的主要原因。

自然，这不是说，作家只要依靠过去的生活经验就够了。

任何时候，作家必须不断地去熟悉新的生活、新的人物，尤其在我们这个时代，这是作者头等重要的责任。但绝无理由把过去的生活和新的生活隔断开来。生活总是历史地发展过来的，新生活与旧生活之间并没有一座万里长城，而且一个作家对过去的生活愈熟悉，他对新生活的理解也会更深刻。比如这篇散文中说到，假如“南院门口”那些人物能够活到现在，他们中间一定有好多人成为领导干部或劳动英雄了。那末反过来说，现在我们的有些领导干部或劳动英雄岂不也是从那样的旧生活中过来的吗？你要理解他们，描写他们，不也就要熟悉他们过去的生活吗？因此，认为过去的生活已经过时了，在创作上已经没有价值了，或者不值得去描写了，这种看法显然是不正确的。而另外一种更幼稚的理解，以为只有直接描写当前发生的事情，写新人新事，乃至真人真事，才叫做现实主义，才叫做反映现代生活，这是把社会主义现实主义的创作方法庸俗化了。社会主义现实主义要求作家真实地，历史具体地，从革命发展中去描写现实。并不排斥现代生活以外的题材，而即使反映现代生活也决不能那么简单地局限于当前事物的描写。现代生活的范围是很广阔的，而且是历史地发展过来的，为了使人们更好地去认识现代生活，作家就需要更深刻地从现实的历史发展中去揭示出新生活的意义。

一个作家应当珍视自己长期积累的生活经验，运用这些生活经验更深刻地去理解新的生活和新的人物，同时也要有对生活的远大理想，用这种理想去照耀现实的历史发展，这样才能更全面更深刻地去认识现实，反映现实。当然，迷恋于过去是要不得的。作家的眼睛必须永远向前看。赵树理同志这篇散文的结尾，叙述着当他从对故人的回忆中惊醒过来，发现大人们都已经去干活了，食堂里只剩下一群学龄前的儿童，围绕着他问这问那。他抚摸着每个孩子的头，询问他们的名字，心里想着：这些小字辈的人物比起他《李有才板话》中的小字辈人物幸福得多了。这自然是真实情景的描述，可是这描述多好呵，这里显示出作者对于未来的喜悦。

真的，这些小字辈人物将在新的幸福生活中日益成长起来，并且将创造出我们所尚未能创造的伟大业绩。

（原载 1959 年《人民文学》7 月号）

文章检讨会(1940 年 9 月)

本刊每期收到的来稿,最多的便是文艺。这可见青年同志对于文艺和写作兴趣的强烈。但是本刊的篇幅有限,我们只能每期选登几篇,这自然会使一部分投稿者感觉失望,也许会骂编辑者“瞎了眼睛”。但我们有一点可以告慰各位投稿者的,就是我们对于每篇来稿都仔细地看过,尽可能使其能发表,有些未能发表的,固然大多因为水准太低,但也有因为题材不合,或者题材很好而表现方法不好,或则是缺乏主题,空乏等。这些毛病只要细心去克服,是不难进步的。所以对于稿子没有发表的投稿者,希望切勿灰心懊伤。同时,对于稿子发表了的投稿者也希望勿因此自满自骄,因为发表了的稿子并非完美无疵的,许多地方毛病还是很多,如果看到文章印了出来,便自以为了不起,自以为成了作家,那就反而害了你了。

从这一期起,我们特设了一个文章检讨会,把每期选登的文章提出来检讨一下,指出它优点和缺点,以供青年写作者的参考,同时希望原作者和读者也能提出意见来,共同检讨。我们相信检讨对于写作的进步是极有帮助的。

一、体裁不统一

凡是作品总有它一定的体裁，小说就是小说，散文就是散文。如果一篇文章，又像小说又像论文，那就有点不三不四，固然有些好的论文中往往也含有诗的美，有些小说中间也含着散文的意味，但统篇看来，总有它一定的体裁。决不能又是这个又是那个。这期选登的一篇“祖国的燕子”，原名叫做“在天愿作比翼鸟，在地愿为连理枝”，骤然看这题目好像是篇写恋爱的散文，但是它的内容却是一篇关于航空员飞行的生活记录，而现在我们看他文章又是一篇写燕子的散文。这怎么一回事呢？原来作者是想写他自己的飞行生活，于是先写一段雁燕在天空的生活，以为这一衬将更有力。不料前一段写成散文，后一段却写成生活记录的体裁，（而且后一段还夹着一大段教官关于飞行技术的说教）放在一起，读者就觉得非常不顺，但是前一段散文和后一段生活记录文字都写得还好，现在我们把它切开来，作为两篇文章，这就较为完整了。

二、芜杂的句子

萧息君的“赴考”，这是写学生生活一篇很有趣的速写，描写那种空虚，自大，喜出风头而带着阿Q性格的人也很生动。在本期各篇青年作品中，这是值得称赞的一篇。这大概由于作者自己是学生，对这种生活与人物特别熟悉之故。但是在技巧上还有若干缺点，主要是句子的芜杂而无力，例如一开头作者就写天气热，用了许多句子：

> “热光辐射到大地上，人流着汗，牛喘气，狗伸长舌头，街路边的胖女人没命地挥动着芭蕉扇。
>
> 热流洪水般地泛滥着，流过大街，浸过小巷，漾过路上的黄沙，透入人们的孔毛里……”

作者以为这样总写得热烘烘了，其实这却反显得没有力气。假如照这样写下去，我们还可再写一百行描写关于热的，那岂不更热？作者既然是从船舱里写起，那不妨在船舱内和船舱四周描写几笔就可以表现出来，而且在后来故事展开中，还可以处处显到热的环境。所以上面这些芜杂句子我们就把它删去了。

其次，有些句子作者以为是美丽的，然而实际上却表现不出什么。例如“人气渐渐在狭小的舱里沸腾起来，以至于达到饱和状态。”“达到饱和状态”是怎样的呀，这太难想象，似乎该自然科学家来说明了。

又如阳光爬上了树梢，“鸟儿在歌唱着一支考试进行曲。”这“鸟儿唱着一支考试进行曲”也太无力气。此外还有些半文半白句子，如“赴考诸学子”“亦在围观之列”“千题一卜”都损害着整个语气，故把它删去了。

三、空泛、不形象、说教

文艺写作处处应求其形象化，避免抽象和空泛，你的主题应该通过人物和事物表现出来，勿必在尾巴上加一段结论般的说教，否则岂不如去写论文。这里一首吴文翼君的诗《耘田人》和明夫君一篇散文《搁浅》都犯这个毛病。例如《耘田人》末一节原来是：

“……
似乎是说
在自己灌溉着血和汗的，
不久，
可以长出一番
蓬勃的
新生的气象”

又如《搁浅》末一段原来是：

“——这不是我们祖国的象征吗？
不知谁在低语着。
江面上，月正明。”

这里所谓“似乎是说”和“不知谁在低语着”，显然就是作者在“说”，作者在“低语着”，然而这是大可不必的。

最后湘江荒野君的学生抒唱，也犯了空泛的毛病，这一篇里刷掉了二分之一以上的空泛句子，因为太多了，不能列举出来。作者以为这些呼号般的诗句是很有力的，其实诗并不是空洞的呼号，而应该通过实在的感觉、情绪而凝成的晶体，否则尽管你满纸“热血”“生命”也并不会激动读者情感的。再则写诗应避免那些论文式的句子,如“耘田人”第二节末一句原来是“继续他那助长的工作”,我们就把它改为“举起他的耙”。又末节最后一句“赤铜色的脸,露出劳作后的欣快”,“劳作后的欣快”改为“露出一排白色的牙齿”,因为读者从他美的形象中,自然会感到他“劳作后的欣快”的。

文章检讨会（1940 年 11 月 10 日）

鲁迅先生在《且介亭杂文》集中，曾经有一篇短文，叫做“不应该那么写”，大意是说，学习写作者一方面必须知道了“不应那么写”这才会明白原来“应该这么写”的。文中并且引用惠列赛耶夫的“果戈理研究”中的话说：“应该怎么写，必须从大作家们的作品去领会。那么，不应该那么写这一面，恐怕最好从那同一作品的未定稿本去学习了。……”

大作家们的未定稿本，这在中国有印出来的，似乎不大看见。要这样去研究，自然很困难了。退而求其次，我们把自己的习作，提出来加以检讨，找出“不应该那么写”的地方，加以研究，同时再看看人家是怎么写，这也不无益处吧。检讨的意见，当然不见得就是定评，但经过一次检讨，总多少可以发现一些“不应该那么写”的地方，比之写完拉倒，自然要好得多。至于“应该怎么写”，一方面固然需多读人家成功的作品，一方面还靠不断地改作、改作。一篇文章写好，最好能经过几次修改，不要太性急，求发表。这样我们相信进步一定很快的。

文章检讨会的设立，大致就是这个意思。所以希望投稿者最好能留一份底稿，预备把原文跟检讨的意见，和删改的地方加以比较研究。因为这里的删改只能根据原文的结构，略加剪裁，有许多需要根本改动或增添的地方，别人不能代劳的，所以这里的删改只能作一种参考，要精益求精，还须自己多多改作。同时这不仅给原作者参考，也可以供给其他读者或投稿而没有发表的作者参考；更希望的是原作者和其他读者对检讨的意见，能提出意见或补充来，这样检讨会的作用当能更扩大一点。

以上，算是补充上次未及说完的话。

这一期，我们选登了四篇习作。一篇是诉说小学教师艰惨生活的散文，一篇是青年航空员的生活记录，一篇是描写抗战中间那种高傲而又不能奋斗的青年的小说，最后一篇是游击战斗的回忆。这四篇的题材大都很好，或是从作品中提出了当前青年的问题，或者描述了抗战中青年的新的战斗生活。我们选载这四篇，主要也因为他们内容上比较有实在的东西，虽然技巧很差，我们仍然设法删改了刊出来。这里我们顺便提一下。本刊选载青年习作的标准，第一是看它是否有内容，第二才看它写作的技巧。如果字面上堆砌得很漂亮，而内容空空洞洞的，我们却无宁去刊载技巧差一点而文章有实际内容的习作。这一点也希望投稿者注意。

现在，我们把各篇分别来加以检讨吧。

第一篇是鸣君的《我的暑假》。作者是位乡村小学教师，这里所叙述的，完全是他自身的经历，因此，比那些幻想出来或无病呻吟的习作自然亲切得多，虽然文章写得并不好，但读了仍然多少能使我们感到今天小学教师生活的悲惨。这篇文章里显然提出了两个问题：第一，在生活程度日益增高的今天，小学教师的生活问题；第二，抗战中间在物质生活压迫下的青年应该怎样奋斗的问题。本文作者仅仅靠三块钱度过一个暑假，在这样悲惨艰苦的生活中，他却更加强了学习，更认识了真理，更坚定了严守岗位的信念。这不仅值得我们同情，而且是值得我们十二分尊敬的。

如果作者是位成熟的文艺作家，这样的生活题材，一定能够写成一篇非常动人的作品。可惜作者技术太差了。上面发表的，已经经过大大的删改。有许多应该是很动人的场面都无法充分地表现出来。

首先，照作者原文一开头就是："从前被大众认为清高而又神圣的小学教员生活，现在已处在饥饿，病窘，卑贱，死亡的挣扎线上了。"

不仅这句子的构造欠妥帖，而尤其这种开门见山的写法，是非常糟糕的。整篇文章本来就是写现在小学教师艰难的生活，却劈头先来交代这么一句，既不像小说，又不像论文，这有什么必要呢？假如说，茅盾先生写《子夜》，一开头就来一段：自从帝国资本主义侵入中国以后，中国的买办资产阶级怎么怎么……试问这还成什么小说吗？虽然鸣君所写的并非小说，但这样写法同样是应该避忌的。

其次，鸣君要描写他精神上的痛苦，再三的搬用了"辛酸""迷惘""彷徨""苦闷"一大串字眼，作为表现的方法，例如："这辛、酸、苦、碌、病的一百五十日……""它使我深深地陷入空虚，迷惘，彷徨的苦闷中。""我迷惘着，徬徨着……""万分的伤感，惭愧，气馁，""愈迷惘，愈悽惶的情景中""但是黎明前的黑暗，必然是万分的严重，阴森，悽惨，萧煞……"（以上大都已删去）等等。这样写法其实是毫无力气的。因为你怎样苦闷，怎样迷惘，必须从事物的形象中来表现，否则纵然堆满一纸的悲惨凄凉字眼，人家也无从领会你究竟怎样悲惨凄凉。但是这篇中间有几个地方是比较生动的，例如写小学生天真烂漫地告诉先生，他今天抓了几条鱼，锄了几块草，来对照教师的饥饿生活；又如用乡里人对他的讥刺，来衬出教师的穷困可怜。这都比仅仅用成串的形容词更有力的。但是这些地方都写得太不够了，仅仅几句就带了过去，如果作者能把这些场面强调一点，减少那些空洞无力的句子，这篇文章也许会比较好一些。此外，对于句子的构造和用字方面，都欠简练通顺，例如“病妻一丝未断的医药费”“一股股势利的洪流偏想把我没顶地淹没”“脑满体胖的商人”等，希望作者以后注意。

第二篇是薛海燕君的《我们在天空》，这篇原来是和二卷五期中薛君那篇《祖国的燕子》连在一起，我们把它切开来的，因为作者把一篇散文和生活记录合在一起了（详情请参考二卷五期的“文章检讨会”），因此这篇题目也是我们代安上去的。

作者是青年航空员，本文就是写他的飞行生活，这种新的生活，不仅是读者所不容易知道的，而且也很想知道。作者告诉我们空中生活的情形和飞行上的一些把戏，都很有兴趣，末一段描写傍晚景色也相当轻快。和前面鸣君的一篇一样，作者都从他们自己熟悉的生活中去选取写作的题材，这是很好的。

缺点方面，作者所犯的第一个毛病，仍和前次所说相同，就是文章的格式不统一。例如这一篇应该是一个青年航空员的生活记录了。但是作者忽然在中间借教官的嘴，叙述了足足有一千多字一大段的关于航空的知识，差不多占去全文的三分之一（已删去），和其余的三分之二完全不能协调。这些知识自然是很宝贵的，但作者不妨另外来写一篇“航空知识”之类的科学小品，不必夹在一篇文艺习作中间，使文章的格式被破坏了。

其次，作者似乎很喜欢耍一些词句上的花样，例如“好铁不打钉的军人”“月上柳梢头，人约黄昏后的时候”（均删去）黄昏就是黄昏好了，加上一句“月上柳梢头，人约黄昏后”的形容词，非但没有形容出什么，反而显得恶俗。记得作者在二卷六期的征文里，也同样用了一句“月上柳梢头，人约黄昏后”，我奇怪作者对这一句古诗何以如此眷恋？这也许是受了一些鸳鸯蝴蝶派小说的影响吧。一般地说，作者的笔，较能发挥得开，但易于陷入散漫和草率的毛病。

第三篇是强夫君的《沉淀》，该算是小说了。题材是很好的。写一个高傲自大的青年，自以为了不起，想做大时代一个杰出的青年，但是一方面既瞧不起人家，一方面自己又吃不起苦，不愿担任低微的工作，只知道对环境不满意，不知道怎样去奋斗。这样，终于悄悄地跑回家来，等到知道人家怎样从工作中获得光荣的成就，他却更忧郁了。经过一个多月忧郁和病的磨折，这样高傲的少年终于死掉了。这样的人在青年队伍中间确实常常可以碰到，结果悲哀地变成了大时代的“沉淀”。这都是很现实的。这样的人物如果经过一位大作家的雕塑，很可能写成一个典型的人物。可是这里却写得太简单了。事实上这只能算作一个小说的素材或一个故事的轮廓，因为作者是大略地叙述了这么一个人物的经历，小说上应具有的人物与环境的描写，心理的变化和故事的发展过程都谈不到。所以很希望强夫君能够根据这个故事用功地把它重写，使它成为一篇真正的小说。

即使作为一篇故事的叙述来看，强夫君也犯了一些毛病，譬如说写主人公在一九三八年五月也到桂林去了，去了以后却“把他轻轻巧巧地送进了‘忧郁之宫’！他颓丧的应酬着书记的工作。”（照原文，已删去）可是究竟他怎样去的？究竟怎样会去做一个书记，这书记又是属于什么机关？都没有交代（这里只能改为“在某机关找到一个书记工作”），使读者摸不着头脑。又如叙述他从学生军里偷逃回家来，这应该是个重要的关键，但作者只含含糊糊的交代了一句“所以我毫不留意地走开了”，这太不够，而且这一段照原文忽然改用第一人称的自述，也不妥帖，所以现在仍改为第三人称的叙述。又如描写了一段县政府怎样派人来慰问出征军人家属（照原文足足有三四百字，已经删了一些），无非为了陪衬出少年弘毅对这种刺激的反应，可是写到弘毅时，却仅仅只有六个字的一句，而且是无力的：“焦急袭击着他。”（已删改）这又太不够了。

此外，芜杂的句子很多。例如：“中华民族的革命运动，已随着日本军阀的无休止侵略而自然的急剧的发展了。‘八一三’的炮声，正是全民抗战的号炮激动着每个中国人的胸怀……”又如“旧年已艰难的度过，跟着来的是所谓‘新年’，大家都轻松地念着‘今年是二十八年了’”，（均已删去）不但句子幼稚，而且完全没有必要的。总之，该着力处不着力，不该着力处在着力，这是作者一个大毛病。

第四篇是施增新君的《病中》，这是属于回忆之类的文章，写病中回想起从前一次英勇的战斗。这一篇的主要骨干自然是战斗的描写。其实作者不一定要用病中回忆的方法来写，但既然用了这样方法，自然也不妨，不过我们必须记住，病的描写在这里并不重要，只不过借此来回忆起从前一次病后的战斗而已。可是作者却不然，照他原文从第一段起第八段止差不多一千多字（占全文四分之一），都着力来描写他的生病，怎样发冷，怎样发热，这样反把下面文章压住了，而且写得又重复拖沓，所以把它删了很多。反之在写战斗中的一段，据作者说，在出发前也是在生病，那么，在战斗中间多少应该照顾到病后身体的现象，可是却一句也没有。这显然是轻重倒置了。

其次，谈到战斗的描写，一方面过于简单，例如写出发和歼灭敌人的时候，而另一方面又近于过分夸张。譬如说，“我们游击队刚才和敌人交锋，在敌人控制下的镇上居民，被枪声惊醒，立刻“老少男女，每一个都响应起来，从四方八面赶拢来，每条堤岸脚边，每条小路上，全都是可爱的老百姓——杀杀杀……”（已删去）这除非镇上民众中间早有游击队埋伏，或民众早被组织起来之外，是很少可能的。但是作者却并未交代。自然我们应该相信作者的遭遇是真实的，或许是过分夸张一点，反倒弄得似乎不真实。文艺写作中的夸张，必须顾到现实性，如果超过这个界限，即使是真实的故事也会使读者觉得不真实。这一点必须注意。

此外，冗杂的句子也很多，都删去了。最后我们愿意介绍施君多看一点关于描写战斗的成熟作品，如 Ms 的《闸北打了起来》（七月）、《一个斜交的遭遇战》（七月）、丘东平的《第七连》（七月业书）都是很有益的。

《罗梭·麦柏罗》注释

这篇小说是意大利作家奏发尼·未加写的，他是西西里人，一八四〇年出世，在绅士贵族中颇有地位。四十岁以后，他感觉生活的空虚，到乡下去从事农业，从这时候起，他开始写关于穷苦平民生活的作品。他以地方风俗小说闻名于世，是欧洲杰出作家之一，死于一九二二年，这篇《罗梭·麦柏罗》(Rosso Malpels)是他最著名的作品。

这篇小说是以沙坑工人生活为题材，它的主题是描写那种吃血的资本主义产业制度对于人性的摧残。作者在这里替人类的幸福提出一个猛烈的抗议，全篇小说充满着血泪，读起来教人战栗，像麦柏罗这样一个孩子，不但丧失了一般儿童应有的幸福和爱，并且是丧失一般儿童的天性和天真，不仅得不到人家的爱抚，并且得不到他自己母亲和姊姊的爱抚。他都压根儿不知道，当田鸡快死了，他看见田鸡的母亲悲哭绝望的神情，他简直不能了解，一个做母亲的为什么要这样悲伤。爱和他是绝缘的，他所知道的，只有人类的残酷，憎恨。这幼年的孩子，他的人生哲学就是这样："驴子被人鞭挞，因为他自己不知道怎样鞭挞人；倘然他会打我们，他一定要把我们践踏在他脚下，撕去我们的肉。”因此，他的性格便是冷酷，乖戾，粗暴，卤莽，把世界一切都看成怀着恶意，互相报复，于是他被人家看做是“有邪恶头发的”坏孩子，连他的母亲也相信他是邪恶。麦柏罗，他的名字就是代表邪恶的意思。作者说，“他实在已经降到狗的地位，那种时刻得躲避蹴踢和石子的，后来一见人就把尾巴夹在两腿间逃走的，终于成为饥饿，秃毛，狼般凶暴的狗。”

麦柏罗就是被磨折得这样的一个生命，是谁磨折了他？是谁的罪过？作品里是显示得很明白的，麦柏罗自己也知道，“他对于什么都是惯常了的，他惯于被敲着头，踢着，被鹤嘴锄柄或马鞭皮带打着，惯于给每一个人侮辱，愚弄，他惯于睡在石头上，在工作了十四小时以后，觉得他的手臂和背似乎都已折断；他甚至惯于禁食，当坑主刑罚他停止给他面包或汤时，他常说坑主从不曾停止过给他另一种饮食——恶劣的待遇。”

世界上最残忍的，还不只是肉体上的虐待，而是人性的屠杀，而尤其是对于未成年的天真的儿童，做着这种人性的屠杀，那是最可战栗的。麦柏罗的“邪恶”是什么意思？这就是沙坑的剥削制度鲜血教训出来的成绩。儿童是天真的最值得同情的，而现在却磨成这等模样，终于送上死路，这是何等教人战栗，作者用一个儿童来做小说主人公，这就显出一种极强烈的刺激力量。

然而麦柏罗却是倔强的，不屈服的，他降落为狗，然却不是奴才一样的驯犬，他还是保有强烈的反抗意志，他还是有爱。他爱他的父亲，爱残废的田鸡。他不忘报复，不忘他父亲的惨死，田鸡要他避免责罚，他重复说：“这有什么用？我是麦柏罗！"这多么强悍，他对田鸡说："如果你必须打时，你就尽力的打得重，这样被你打的人会知道你比他强，你可以少服从了。"而当田鸡向他提到上帝时，他扮个鬼脸嘲笑他说："你母亲告诉你这个，因为你是不该穿裤而该穿裸的。"

虽然沙坑能够虐待他的肉体，屠杀他的人性，然而却不能屈服他。他是个叛徒！

作者是同情着这个叛徒的。

这里又显示给我们一个怎样的真理！

作者对于这个人物性格的描写，是非常成功的。要写这样一个人物，他又写出一个忠厚可怜的父亲密西，和一个柔弱残废的田鸡，这一对照，使麦柏罗的性格便愈显突出。此外加写那匹灰驴，对于麦柏罗又是一个强烈的对照，这匹灰驴在这篇小说中，绝不是闲笔，而是起着很大作用的。驴子的惨死，麦柏罗的毒打驴子，以及他在驴子死去后去凭吊他，田鸡死后又去探望灰驴的被剥削的白骨。这是极其动人表现性格的地方。

还有几个地方值得特别提出的，例如写麦柏罗对父亲的爱，"自从找到了这只鞋子，恐怖抓住了麦柏罗，他怕在沙间发现他父亲裸了的脚。他不肯用尖锄再击一下，于是他们给他头尝一下尖锄柄的味儿，他到另一部坑道中去工作了，拒绝回到老地方来。"又写他把父亲遗下的那双鞋子"挂在钉上的粗布短衣上面，似乎这鞋子曾是教皇的。在星期日，他把它们拿下来，擦光，试着穿上，然后把它们并放在地上，几小时的坐着默想，肘撑着膝，下巴放在手里，只有天晓得他奇异的小脑子中在想望什么。"这双鞋子在另一地方又提起："他的母亲已经再醮，住到契发利去了，他的姐姐也结婚，家是关闭着，他什么都没有，除了那挂在钉上的父亲的鞋子。”

从一件小小事物上，来写出一种崇高的爱，这是多么的有力。

又如写麦柏罗之于田鸡：在田鸡咯血以后，“麦柏罗从他自己一周的工资里偷了几个便士，买酒和热的汤给他吃，并且把他自己那条像新的那样好的裤子给他遮盖。但是田鸡仍旧咳嗽，每次咳嗽似乎要窒息而死，在晚上也不能使他的热度降低，无论用短衣或稻草盖他，或把他放在燃着细枝的火焰前。麦柏罗不动地立着，俯向他，两手放在膝上，眼睛专心地向他注视，似乎要画他的肖像。”

这种柔和动作和前面默望着父亲鞋子的动作，跟麦柏罗那种粗犷性格是多么不相调和，然而也惟其不调和，才强有力地显出了在这样一个磨折得不堪的人物的灵魂深处，是依然燃着人类最崇高的东西——爱，可是这爱是悲痛的，是血泪培养着的，是教人加倍感动的！

没有这些，这篇小说将是缺乏热情的。

这篇小说的故事很简单，主要成功是在人物性格的创造，这性格是从残酷的生活的斗争中产生出来的。

1943 年 1 月 10 日，《青年文艺》第 1 卷第 3 期，葛琴主编

《叶曼良·披略延》注释

高尔基早年的作品，大部分是以浮浪汉为题材的，譬如《拆尔卡胥》、《秋夜》、《我的旅伴》、《草原上》等都是。那种人或是浮浪的工人，或是小偷，或是失业的农民，或是兵士。这些人物大部并不是健全的，高尔基为什么老喜欢他们呢？这是因为高尔基非常熟悉他们，从他们那种悲惨的生活中间，他看到了这些人，虽然是在饥饿中间，却保持一种人的天真，一种强项，单纯和高傲的性格；他们的灵魂是善良的，虽然那种纯良是掩盖在愚昧、无知和一些可笑的弱点底下，这是人类中间一些美丽的东西，不过被些肮脏的东西所遮住罢了。艺术家的高尔基便是从这些肮脏的表面上去掘发出真实的、宝贵的、可爱的东西来，他初期作品的伟大之处就在这里。自然到了后来，他更看到新时代的英雄典型出现，他的笔也就移到那方面去了。

叶曼良·披略延便是这样一种浮浪汉，他们是到处靠做点短工糊口，时常陷在饥饿的中间，他们的生活便是"只有去做，因为你若耽搁一时间，你就要饿着倒毙！"

但是我们看着叶曼良的性格，却是多么天真和纯良，然而他却不像俄国农民那样懦怯，他保持一种顽强的嘲弄的反抗性格，虽然这种反抗是无用的，这从最初一段对话和动作是可以看出来。他对于老板们的憎恨，对于知识分子的瞧不起，对于外国故事的无兴趣，以及对于他伙伴们的高昂和顽强，对于困难的不介意，显出这种人物性格的特征。这篇小说的中心是叶曼良所讲的那个故事，他在说故事以前，曾经向第一人称“我”提过一种问题，即在为了皮肉和一切生命，碰到一个有钱的人，你是不是要去谋害他？那“我”回答他说，“不，无论谁没有将他人生命的价值去购得自己的幸福。”叶曼良却说，“在书本上只管这样写着，只是为了良心，而事实上，如果有这样人来了，为了保存自己终要谋杀他，权力！这就是权力！”

抢劫，谋杀。这原是像这种浮浪汉的一种流氓无产者意识，这无疑是不对的，然而讲到那故事，叶曼良在那次打算去抢劫谋害一个商人时候，他做了些什么事呢？他却相反地救了一个女人的生命，而且连那女人送他钱他都没有受，第二天反而因此给人家驱逐了。这里就看到，在那种不正确的流氓无产者意识的底下，他的本质却是善良的，具有人类的爱情，而这种善良和罪恶，在他几乎是不自觉的，这显出他是多么天真，他做了一件像他所说的蠢事实际上却是一件好事呵。从这里也使我们想到，世界上所谓罪恶，究竟是什么造成的啊？

这篇小说的成功之处，是他非常真实地写出主人公的性格。在讲故事以前写了那一大段，都是为了写出他的性格，看来无关，实际上却绝不可少。这里写生活，写心理动作，都使我们获到一种亲切的真实感觉。这是高尔基所亲身经历的，所以写来如同亲身感受。譬如讨烟吃那个场面，何等敏锐而有力写出这种人物的性格特征。而那些言语也是异常有力的。从这里，我们看出生活的感受对于文学是何等重要啊。

这篇小说以海边作背景，写得异常美丽，恰恰衬出主人公那种豪迈的性格。我们知道高尔基是极喜欢海并且极爱描写海的。

1943年7月10日，《青年文艺》第1卷第6期，葛琴主编

《包身工》注解

作者介绍 夏衍，浙江杭县人。著名的剧作家。早年留学日本，学电气工程。一九二八年归国，开始文艺工作，译高尔基的《母亲》等书。一九三〇年以后，从事于电影戏剧活动，最初的剧本是《赛金花》。抗战后戏剧著作尤多，著名的有《一年》、《法西斯细菌》，《离离草》、《芳草天涯》等。除戏剧外，他也写小说和散文，小说作品有《春寒》。他曾经主持过桂林的《救亡日报》和上海的《建国日报》，也是个杰出的新闻工作者。这篇《包身工》是一九三六年夏天写成的，发表在《光明》的创刊号上；发表以后，引起当时文坛上热烈的赞颂。当时报告文学形式初流行于中国，这篇报告颇起了示范的作用。

内容分析 这是描写半殖民地国家内，帝国主义工业资本一种最残暴的劳动剥削方法，——所谓“试验工”和“养成工”，普通说法就是“包身工”。

这是近代资本主义的劳动剥削方法，和半封建社会的奴隶剥削制度的一种结合。帝国主义者利用中国的封建剥削方法到他们资本主义的生产上，这样既可以取得最低廉的工资条件，而且可以无限制地加强他们的劳动，可以任意打骂，并且还可以防止他们参加工人的组织和反抗活动。这是最合算不过的。但是这种工人却遭受了双重的剥削。“带工”的收买他们完全是一种封建剥削方法。对于“带工”，他们是一种没有人的地位的奴隶，对于外国资本家，他们又是一种“活机器”。这就是所谓半封建半殖民地国家劳动者所遭受到的命运。由于帝国主义商品的侵略，使中国农村日益破产，于是大批饥饿的农民儿女，便被诱骗到都市来，通过这种残酷的方法出卖其劳动力，帝国主义利用这种低廉的劳动力，又不断地扩张其商品生产和市场，使中国农村更陷于破产的地位，这样循环不已，中国便愈来愈穷，而人民的生活也愈来愈悲惨，这就是为什么人民终于不得不激起反帝反封建的革命巨潮的原因。这篇报告虽然仅仅告诉我们这种“包身工”的剥削制度，但是从这一点挖掘下去，也就使我们明白了所谓半封建半殖民地社会的意义。

一九三六年前后，正是中国农村经济剧烈崩溃的时候，同时也是上海工人斗争，在大革命失败后重新开始抬头的时候。帝国主义的资本家，特别是日本帝国主义的资本家，便竭力利用这样的剥削方法。上海是个东方纺织工业的中心，像芦柴棒这样的包身工不知道有多少。虽然作者说，这些工人“没有自觉，没有团结，没有反抗。……”“在这些强压强榨着的生物，好像连那可以引火，可以燃烧的火种，也已经消散掉了。”但是实际上“石在火种在”，他们的力量是存在的，也正如作者所说：“黎明的到来，还是没法可以推拒的。”当人民翻身起来的时候，她们将是最坚决最勇敢的先锋队。

这种剥削方法，也存在于其他产业中间，和其他殖民地国家中间，特别像马来亚、越南各地的华侨工人，许多都是这样卖掉身体去做工的。方式上虽各有不同，但实际上却是一样的。在海外和国内的读者，如果仔细去调查一下许多大产业的劳动状况，就可以发现有无数和芦柴棒同样命运的人物。

所谓“带工”一流人，大都是都市中间的流氓、工贼一类人物。他们是帝国主义和资本家的最下等走狗，他们无疑也是人民的敌人。

本篇的创作方法和报告文学的写法　这篇报告是没有什么具体的故事，它只是写出了这种包身工的具体日常生活和她们被剥削的一些细微而真实的情况。但是它的价值就在这里，它彻底地、无情地揭露了这种血淋淋的残酷剥削的生活，它这里所写的，全是毫不夸张的真实情形，这是一般人所不清楚知道的。因此，它本身就是一个有力的抗议书。据作者自述，他这篇八千字的报告，却花了三个月的时间，他每天清晨四五点钟起来，跑到日本纱厂和工房门口去调查和观察实际的情形，和工人们谈话。这种不惮劳苦、耐烦的精神，终于使这篇作品取得了真实的内容，这是值得学习的一种精神。了解报告文学，有些读者以为写报告文学一定要有轰轰烈烈的故事才能写，或则觉得自己生活周围都平凡得很，没有什么可写，因此觉得不知道该写什么，这其实是不对的。只要有真实生活内容，并不一定要什么轰轰烈烈的故事，否则岂不是要变成等待主义了？而真实生活是存在于我们周围的，问题是在我们能否去发掘？像包身工这一类的生活，无论在上海、在香港、在海外到处都存在的，我们为什么不能像作者那样，躬身力行去发掘，去调查研究呢？我们真正接触了一种生活，为什么担忧没有东西可写呢？作者对于那些工人并没有什么直接关系，但是决心要去认识，就终于得到了成绩。这种实事求是的精神是很可贵的。这篇《包身工》对于我们写作上，是很有帮助的。

文学上有一种所谓“材料主义”，这是应该为我们所反对的。这是说，只有材料没有通过作者的思想情感，那只能说是一种新闻的记事，不能算文学作品。但反对“材料主义”，并不等于反对“材料”。文学的材料就是生活，没有生活，怎么能写出东西呢？所以仔细而具体地去认识生活，在写作者都是重要的。先进者常常叫我们重视调查研究，实事求是，这在文艺工作者也同样重要。尤其写报告文学更不能不重视这种条件。但是这些材料仍然要通过我们的思想感情，把握它的主题，这样才会成为一篇有血有肉的作品。

《残冬》注解

作者介绍 茅盾(沈雁冰),浙江桐乡县人,"五四"时期,与叶绍钧、郑振铎编辑《小说月报》,提倡"为人生的文学",并介绍西欧现实主义文艺思想。是中国新文艺运动的先驱者之一。一九二八年,发表他的第一个三部曲,——《追求》、《动摇》、《幻灭》,以后陆续发表许多长短篇,如《虹》、《三人行》、《路》等。一九三一年,长篇《子夜》出版,博得全国读者热烈的欢迎,不久被译成各国文字。抗战后,主编《文艺阵地》,发表了长篇《腐蚀》、《霜叶红似二月花》及《第一阶段的故事》等,并写剧本《清明前后》。他除小说外,并且是优美的散文家。他还翻译了许多苏联小说。一九四六年受苏联政府邀请,赴苏游历,回国后著有《游苏日记》、《苏联见闻录》、《杂谈苏联》。

他的小说以善于描写人物见称,《子夜》中的吴荪甫,是中国文艺上的著名典型人物之一。这部小说是暴露中国买办资产阶级的罪恶,写出半殖民地社会的真实状貌。在大革命后的最黑暗时期,这部小说,在群众中起了颇大的影响。

写作时期和背景 本篇是在一九三三年左右发表的,在这以前,他写过《春蚕》和《秋收》两个短篇,和这篇可以说是姊妹篇;小说中的人物和背景大体上都是相同的;这几篇都是写江南的农村生活。一九三二年前后，由于帝国主义的商品的疯狂输入，和当局的横征暴敛，中国农村经济陷入于一种恐慌的状态。地主阶级更乘机加深剥削，农民生活痛苦万分。当时是革命低落的时期，特别在江浙一带，农民运动是比较消沉，但是自发性的零星斗争是没有停止的。《春蚕》写出了蚕丝业萧条所引起的农村破产，《秋收》写农民在饥饿中的吃大户的斗争，这篇写到残冬了，在一年生计完全绝望以后，农民一切希望都幻灭了，终于走向自发性的武装斗争。这三篇小说，对于当时中国农村状态和农民斗争的情形，给我们留下一幅清楚、生动的历史图画。

主题思想与内容分析 作者站在革命的观点上，猛烈地控诉地主、官僚阶级贪婪的剥削，农民生活的悲惨，并且暗示出农民斗争的道路——从宿命主义思想走向于现实的武装反抗，这是现实主义的创作方法。

作者首先写出，在全村死样灰色中间，只有地主张剥皮的坟园独自葱茏着翠绿，活人的村庄还不如死了的地主坟园，这对照是很清楚而深刻的。接着作者写出地主的威风，——别人偷了他一棵树，却要全村的农民替他负责。从荷花和其他人口里，作者显示出农民潜在的反抗意识。荷花说："张剥皮自己才是贼呢，他坐地分赃。"又说："局长么？局长自己也通强盗"，农民已经清楚地看穿地主官僚的嘴脸，因而他们的结论便是："不错，世界要反乱了！"

农民是要造反了，但是怎样造反呢？依靠什么力量造反呢？这在当时农民中间还不能得到一个明确的观念，他们只是朦胧地觉得世界非变革不可了。在这样情形下，黄道士那一套封建迷信观念，便自然打动人们的心了。

作者写出黄道士这个“怪东西”和他拜草人这一些故事，是很重要的。几千年来，中国农民在宿命论思想束缚下，他们不能看出自己的力量，因此当他们觉得忍不下去的时候，便会幻想有什么“真命天子”来拯救他们。这是在农民革命意识还没有完全觉醒以前，一种很普遍的观念。这种观念是一种革命的阻力，实在就是封建阶级麻痹农民的一种观念；每当农民生活到了非常不安的时候，总有一些像黄道士的人在农村出现。这一方面是反映了农村迷信对于农民的遗毒，一方面也是反映出农民要求一种变革的迫切。像四大娘那样一个忠厚的农村妇女，在一切希望都幻灭以后，都会想到：“多早晚真命天子才来呢？黄道士的三个草人灵不灵?”作者在这里是有深深的悲痛，也有深深的愤怒。

黄道士口里那一套胡诌，终于引出一个十二岁拖鼻涕的“真命天子”，这是一个绝大的讽刺，也是作者对于这种封建的宿命论一个有力的鞭挞。农民所依靠和期望的“真命天子”，却是这样一个大谎话！当这个“真命天子”被地主武装“三甲联合队”捉去，拴在土地公公泥腿上的时候，把农民这种迷信观念打破了；终于由坚决的贫雇农代表多多头，率领了众人打到了土地庙里去，用自己的力量，把地主的武装解除了，三条枪握到农民的手里。多多头最后说：

“哈哈，你就是什么真命天子么？滚你的罢!”

这一句响亮而有力的话，是宣告了农民对宿命主义的告别；也说明了农民已经感觉到了自己力量和斗争的信心的。

多多头，在《春蚕》和《秋收》里都是一个最坚决的斗争领导者;他是一个贫雇农的代表,这也说明了,农村斗争中间,只有受压迫最深的贫雇农,才是最坚决的分子。

农民从绝望走向夺取地主的武装,这还是斗争的开始,并不是斗争的结束。作者在这里为我们指出了一个农民斗争的道路,这道路,即使在今天,在这里仍然是完全正确的,现实的。

表现方法 这篇小说在表现方法上所显示的特色,是他写人物的真实。作者并不如一些庸俗作家所描写,把农民都写成一样性格,机械的或概念的。在这篇小说里,人物性格是多样而生动的。这里有坚决、爽快、乐观的多多头;有忠厚、老实的阿四和四大娘;有从丫头出身的泼辣大胆的荷花;有代表落后农民意识的黄道士;各个人物的性格完全不同,然而却各自代表了农民性格的一面——进步的,中庸的,落后的。这样才使这篇小说人物虽不多,而所显示的生活内容却很丰富多姿,而且非常现实。如果把前二篇小说一起来读时,则更容易感到这几个人物性格的凸出。

其次,这篇小说的故事性是很少的。作者并没有矫揉造作去布置一些曲折的故事,但是整篇小说却使我们感到很生动。这主要是因为有了生活内容。如果没有生活内容,单凭一些杜撰的故事和情节来支持,那好比纸扎的花朵,没有艺术的生命的。这也说明了认识生活,对于一个文艺工作者是怎样的重要。

比较研究 (一)把《春蚕》(开明版)和《秋收》(收在《茅盾短篇小说集》内,开明版)找来一起研究,可以增加对于本篇的认识。

(二)把本篇和以前所选的描写目前农村的各篇作品,作一次比较的研究。

《一个女人翻身的故事》注解

作者介绍 孔厥，解放区作家，抗战前，即在各杂志发表作品，大都是短篇小说，抗战开始后，去山西转赴延安。他的短篇小说很受到各方面注意，所作不很多，大都收在《受苦人》集子内（“七月文丛”第一种）。他的作品多描写人物，一九四一年以后，他的作风起了显著的变化。由于深入生活，使他对农民生活了解得十分熟悉。他开始用陕北的方言来写作品，废除了知识分子那种矫作堆砌的言语，他在这方面获得很大的成功。

内容分析 这是一篇报告文学，里面所记述的完全是真实的故事。有如题目所标示的，是写一个女人翻身的故事。但实在说，这个女人一生的历史，也就是许许多多中国农村妇女的历史，不过她是翻身过来了，而许许多多农村妇女今天则还在奴隶的命运中挣扎着。折聚英的翻身，是给中国劳动妇女指出一条现实的解放道路。

折聚英一生的历史，是反映出中国劳动妇女共同的悲惨命运。这里有灾荒的磨难，妇女的买卖制度，童养媳的生活，公婆对媳妇的压迫等等。这些都是封建制度的残余，不彻底地扫除掉封建制度，真正的妇女解放是不可能的。而这种解放只有依赖于广大人民自己的力量。而另一方面，也说明在新社会中间，一个被损害被侮辱的女性，完全没有受过教育的，精神与肉体都遭受过剧烈的损伤的，却可以在群众斗争中间锻炼成为一个那样健全的人物，甚至作为十万人民的代表。这在旧社会中间几乎是种令人难信的奇迹，然而这奇迹是确确实实出现在新的中国了。所以说，革命是人性的解放。在人民解放大业中间，我们可以看到有千千万万的折聚英将站立起来。这是多么雄伟的力量，这一篇报告文学，是给我们显示出一个新中国的远景。

在这篇报告中间，我们可以看到，折聚英的反抗和解放是非常自然的，她自小受了那样残酷的磨折，那种翻身的要求，在她潜意识中是很强烈的，只要和革命力量一接触，就像氧气碰着火似的，立刻燃烧起来了。但是促她坚决地离开家庭的，却是那可怕的结婚。正要成亲那一天，是折聚英一生中最重要的一天。这一天迫得折聚英非立刻来决定她自己的命运不可，于是她断然走了，这是她一生的一个转折点。她后来那种坚强勇敢的性格，都可以从她从小那种被残酷迫害的生活来说明的。除了折聚英以外，还有她公公和她男人这两个人值得我们注意。她公公从前折磨她，不一定他就是个坏人，他自己也是个穷苦的工人；正如这报告中所说，这个人“只要吃上喝上穿上，他总是嘻嘻笑的，一有什么难处，可就不得了”。可见他的虐待媳妇，一半是因为穷，另一半是受了传统的封建社会意识的影响。媳妇，尤其是童养媳，在封建社会里是没有“人”的地位的，公婆压迫媳妇已经成为一种习惯。她公公自然也受着这种传统观念的支配，但是这种人（他自己也是被迫害者），是容易改变的，只要经济一把他解放了，他这种旧观念就自然会慢慢改变过来，所以当革命解放了他，他对媳妇的观念就不同了。关于他的改变，报告中写得很少，所以读者也许会觉得有点转弯得太快，但是因为他不是主要人物，作者也就不去详细描述了。至于她男人，却是一个脱离生产不劳动的二流子；这种人是农村中的寄生虫，因为脱离劳动，所以他是没有劳动观念的，也没有革命意识；这种人虽然不是绝对不能改造，但却是非常困难的；所以虽然一度似乎改过，但是因为基本上没有劳动者的革命意识，所以结果仍然堕落下去；他和折聚英的关系是没法调和的。读这篇作品的时候，仔细去研究这几个人的性格和意识状态，会使你更了解农村中间的实际情形的。

有些读者常常在文艺中间追求一些英雄的性格，那末，像折聚英那样人物，才是真正的人民的英雄，这种英雄是从平凡而艰苦的生活中锻炼出来的。她本身仍然是平凡的，然而，历史的创造却是要依靠于他们。个人英雄主义的时代已经过去了，我们现在是应该歌颂人民的英雄主义的时代了。

关于报告文学及其写法　报告文学是近二三十年来才出现的文学形式（自然过去的笔记小说之类也是属于相同性质的），它的主要特点是以文艺的表现方法去记叙实在的故事。因为生活中间有许多事实，本身就是完整的文艺题材。这种形式是首先出现于苏联与德国的革命中间，那时有许多可歌可泣的事实，于是产生了这种表现形式。它和小说不同的，就是不用艺术的概括方法，不采取典型创造方法，朴素地记述真实发生于一定地点一定时间的人物与故事，尊重它的实在性；

它和新闻通讯不同的，是需要以文艺的表现方法，来描写人物性格、环境，而且有它的主题。它的体裁没有一定，可以由作者自由处理，有的是用第一人称写的，作者自己也写入到故事中间；有的是用作者叙述故事的方式写的（如本篇），也有是借人物的嘴里来叙述一件故事的。所以在报告文学中间，叙述往往更多，或是把描写和叙述溶合在一起。它和速写相同之处，就是都是写实在的事物，不同之处是速写往往仅写几个场面和片段，而且比较简明。报告文学可以叙述历史的发展，也可以写得较细腻。它的形式可大可小，也可以写成一个长篇，例如本篇题材，就可以扩展成为一个长篇，这要看材料而定。

写报告文学，一定需要调查研究。作者为要写成一篇报告文学，常常需花费一些时间，去实地调查，访问，收集材料。譬如夏衍先生从前写一篇《包身工》，他就天天早上到工人中间去做访问，三个月才写出一篇八千字的报告文学。这种方法，对于初学写作的人是很可采用的。如果你觉得有什么生活或故事值得写，就花点工夫去做调查研究，朴素地写出来，一定比你凭着空想去写出的东西有价值。

但是，也不要误会，以为写报告文学只需要客观的态度。作者应尊重客观事实，但还是应该有他主观的分析、判断，有对事物的爱憎、同感，要指出是非，把握住中心。这样才能使他的作品不是照相式的机械反映，而是具有艺术生命的。

写报告文学，应注意题材的剪裁，分别哪些是必要的，哪些是不必需的，哪些是着重的，哪些是次要的。否则把一些材料乱塞进去，那会垃圾堆似的，变成材料主义了。题材的剪裁，是应该看你所把握的中心。例如本篇报告，一共分成十节，每节都以折聚英翻身为中心，把握住她一生中历史的重要关节写下去，某些场面写得很简单，某些场面写得很细腻。这中间，自然也可以看出，前一部分是根据折聚英自己的口述，后一部分则还加上了作者的观察和调查。这都要看作者自己在实际情形中如何去处理。

学习要点 一，本篇除了故事的生动以外，作者关于语言运用的成功是一大特点。

这里所用的，全部都是方言，这使作品更加生动起来，在读这篇作品时，请特别注意到方言运用这一点。

二，关于题材的剪裁，前面已经说过，请注意研究作者是如何把主人公一生的历史，经济地而又不枯燥地叙写出来，这中间有什么优点？什么弱点？

三，从这篇报告中间，可以帮助我们去认识中国农村劳动妇女的生活，研究它的特点，和新社会与妇女解放等等问题。

四，你能否根据你所熟悉的生活，经过调查研究，以报告文学的形式来试写一篇？

《灯下漫笔》注解

作者介绍 详前(上册第二四五页)[①]。

写作时期和背景 本文是鲁迅先生在一九二五年四月二十九日写的,好像是发表在《语丝》上,后来收在《坟》内。这时恰是"五卅"运动爆发前一个月,经过一九二三年的"二七"运动和一九二四年中国国民党的改组,革命统一战线扩大。当时中国反帝反封建的革命运动正在高潮的前夕。那时鲁迅先生在北京,一方面支持《语丝》,一方面在北京女子师范大学教书。北京(北平)在当时是封建反动势力最浓厚,而革命力量则最薄弱的地方,鲁迅先生就是单枪匹马地在和这些封建势力作战。这些封建思想在当时主要表现为所谓国粹主义。章士钊(北京政府的教育总长)是当时这反动思想的领导者。他们主张复古,崇扬东方固有文明,反对革命。而鲁迅先生则竭力抨击这种反动思想,称之为"人肉的筵席"。在写本文前数月中,鲁迅先生写过《论雷峰塔的倒掉》、《说胡须》、《再论雷峰塔的倒掉》、《看钟有感》、《春末闲谈》等杂文,几乎都是对这种国粹主义以痛击的。本文发表后一月,女师大的风潮爆发了,

---

① 原文如此。

这就是那些国粹派章士钊、杨荫榆、陈西滢之流压迫青年的一幕阴谋。鲁迅先生跟他们作了坚决的斗争，关于女师大事件，鲁迅先生写过许多锐利的批评文章。接着，五卅运动影响发展到北方，鲁迅先生又和那些企图遏止学生反帝运动的文人、“诗哲”作笔战。鲁迅先生不仅猛烈地抨击那些封建与奴才的思想，而且对于这些反动思想的实质，作了深刻无比的抉发。本文可以说是在那个时期中作者抉发封建思想毒害的最有力的一篇文章。

内容分析 这篇杂文从换银一件小事起，说到中国人一种奴隶主义的思想。中国人“向来就没有争到‘人’的价格，至多不过是奴隶，……然而下于奴隶的时候，却是数见不鲜的”。统治阶级把人民压迫到连牛马也不如的时候，然后稍稍“给与他略等于牛马的价值”，于是人们就“心悦诚服，恭颂太平的盛世”。人们只知道做一辈子安分守己的良民（奴隶），于愿已足，更没有反抗的勇气，这就是数千年来封建阶级注射于人民头脑中的思想毒素——奴隶主义。造成这种奴隶主义思想的，一方面固然是那封建统治者残忍无比的剥削与屠杀，另一方面也就是那深、厚、浓、重的封建文化与教育。几千年来，无论是儒家或道家，一贯都是教人安于奴隶的身份与地位。儒家的中庸主义和礼教制度；道家的清静无为，都是帮助封建统治来消解人民的反抗意识。这种思想教育深入于民间，有悠久的传统，形成了一种坚固的道德观念和生活标准。这种灵魂的屠杀，实际上比刀兵的屠杀还要厉害。在另一篇《春末闲谈》中，鲁迅先生把这种文化比之为细腰蜂身上的毒针。所谓“东方固有文明”，所谓“国粹”，实质上就是这种奴隶的结晶。

"'三千余年古国古'的中华,历来所闹的就不过是这一个小玩艺儿。"几千年来的古老中国不能进步,基本上固然由于生产方式的一成不变,但这种封建思想的影响,也是一个极大的因素。鲁迅先生一开始就认定:这种奴隶主义思想是中国民族衰弱的一大根源,不从根本上粉碎了这种奴隶主义思想,人民是不易起来革命的。《狂人日记》就是向这种奴隶主义的一篇宣战书,包括在《呐喊》、《彷徨》二本小说中,以及《热风》、《野草》、《华盖集》、《坟》与后来许多杂文集中大部分文章,都是针对着这种奴隶主义思想而作战。例如阿Q主义,便是这种奴隶主义的一种形态,鲁迅先生是深深理解中国历史的一个人,他从几千年历史中揭穿了一个大秘密,这就是本文中所说的:

> "……什么'汉族发祥时代'、'汉族发达时代'、'汉族中兴时代'的好题目,好意诚然是可感的,但措辞太绕弯子了。有更其直截了当的说法在这里:
>
> 一、想做奴隶而不得的时代;
>
> 二、暂时做稳了奴隶的时代。

这真是一针见血的话,把儒家所谓"一治一乱"的大道理,用两句最直接的话把它戳穿了。任何历史学家不曾有过这样明确而深刻的剖解,不曾有过这样精辟而有力的批判。这篇文章的最精辟之处,也就在这一段文章。中国士大夫所神往的所谓"唐虞盛世",中国老百姓所企望的"真命天子出世",实际上就是在"想做奴隶而不得的时代";而想望着"暂时做稳了奴隶的时代"。这种思想存在,就妨碍了革命思想的生长。人们不是想自己起来反抗，而只是期望于主子的改良或另一个能够改良的主子。这种思想，直到现在还残留在许多人脑子里。例如目前民不聊生之际，若干所谓“自由主义”的知识分子，便只希望统治者，能够有点改良，希望能够有一个“喘息的和平”。甚至像萧干之流，希望“天上能飞下一个希特勒”，保证每个人有两斗米，有两间房子，便认为于愿已足，这还不正是这种思想在作祟？今天中国大部分人民已经从这种奴隶主义思想中觉醒过来了，他们知道非彻底“掀翻这（人肉的）筵席”，非彻底扫荡这些食人者，不能得到彻底的解放。但是小部分的知识分子和上中阶层的人，却不免还保留着这种思想，而这种思想，实质上却是替主子在“修补老例”。所谓“自由主义运动”，正是这种玩艺儿。那末，今天我们来读一读鲁迅先生这篇文章，不正是足以使我们警觉于这种奴隶主义的深、厚、浓、重，而使我们去领略鲁迅先生给我们的指示：

“无须反顾，因为前面还有道路在。而创造这中国历史上未曾有过的第三样时代，则是现在的青年的使命！”

在第二节文章里，鲁迅先生更进一步给我们指出了封建文化与帝国主义的关系：

“我们的古圣先贤既给与我们保古守旧的格言，但同时也排好了用子女玉帛所做的奉献于征服者的大宴。中国人的耐劳，中国人的多子，都就是办酒的材料，到现在还为我们的爱国者所自诩的。西洋人初入中国时，被称为蛮夷，自不免个个蹙额，但是，现在则时机已至，到了我们将曾经献于北魏、献于金、献于元、献于清的盛宴，来献给他们的时候了。”

奴隶主义的文化，既然是教人屈辱于奴隶的地位，所以当外力侵入的时候，一定也教自己的奴隶去屈服于外来的强力。封建文化到了帝国主义的时代，一定是带着买办性的。尽管装着阿Q的神气，口口声声嚷着“东方固有的文明”，实际上却是替洋主子安排筵席。洋主子之所以称赞中国固有文化，无非是因为这种文化最适合于他们的殖民政策。试看帝国主义者在他的殖民地里，总是喜欢对华侨提倡中国的旧文化，不就是因为这种文化是可以消散中国人对于帝国主义的反动性的。这和帝国主义者称赞中国劳动力的低廉和喜欢保住中国的落后性，是一样的道理。

鲁迅先生不但猛烈抨击了封建文化道德，也猛烈抨击帝国主义者，利用这种奴隶文化对于中国的侵略。这就是鲁迅先生一贯的反帝反封建的战斗精神，也就是中国新文化运动的基本精神。

是什么构造这种奴隶文化的呢？就是封建社会的阶级制度，即鲁迅先生所讲“有贵贱，有大小，有上下。自己被人凌虐，但也可以凌虐别人；自己被人吃，但也可以吃别人。一级一级地制驭着，不能动弹，……”所谓“天有十日，人有十等”。这就是古代封建社会严密的阶级制度。现在这些形式固然没有了，但是一层层地压迫凌虐着，还不是一样？这就是鲁迅先生所说的一级级的“人肉筵席”，所谓中国的精神文化者，无非是这种封建阶级制度的伦理道德观念，不过是“安排给阔人享用的人肉的筵席”而已。

“这人肉的筵宴现在还排着，有许多人还想一直排下去。扫荡这些食人者，掀掉这筵席，毁坏这厨房，则是现在的青年的使命！”

鲁迅先生最后带着那样决绝的声音，那样愤怒的感情，向现代青年发出这样的号召，那末读者们，让我们掩卷默思，想一想今天中国的情形，看一看今天中国的现实，鲁迅先生这一篇杂文，将给予我们是怎样的启示。

关于杂文 杂文这个形式，也可以说是鲁迅先生创造的一种文艺形式。虽然类乎这种的文艺性政论在西洋过去也有过，但鲁迅先生却给了它一种独特的性格，它是运用文艺的形式来直接做社会与思想的科学批判，它是一种思想性的战斗匕首。它可以极灵活地运用，不受形式的拘束。它的特点，是捉住敌人的要害，反戈一击，给予致命的打击。它的锐利性是比一般的文艺散文更强，它是吸取诗的精炼于散文之中。和一般论文不同之处，就是它不仅具有科学的概括力，而且具有美术的形象与典型性。它是在和黑暗势力作肉搏时一种最有效的战斗武器。

杂文的体裁究竟应该怎样？这是很难回答的，我们以为杂文恐怕并无一定的体裁，即在鲁迅先生的杂文里，也很难概括出一种固定的体裁，它是极自由的、极灵活的形式。构成一篇杂文的主要骨干仍是思想，思想性深刻的杂文，不管什么体裁都可以点出他的美与力，否则徒在形式上模仿那种曲折的笔调，做着一些浅薄的讽刺，那是不会成功的。

《地主》注解

作者介绍 尼古拉·亚历克舍耶维奇·尼克拉索夫(一八二一——一八七七),是十九世纪中叶俄国的一个最杰出的平民诗人。他是俄国波道尔斯克省的人,父亲是个退休的军官,退休后在伏尔加河旁格耐希尼伏居住。诗人自幼目击了农民的悲惨生活,后来到了彼得堡,又经过城市知识劳动者的饥寒生活,这使他后来诗歌中充满着那种对地主贵族的憎恨和对人民的热爱。他是深刻了解农民的一个诗人。他最著名的《在俄罗斯谁能快乐而自由》和《严寒,通红的鼻子》中所描写的农村生活,是十九世纪俄国文学中描写农民生活最深刻的作品。列宁曾经说尼克拉索夫"早已教导俄罗斯社会,在地主和农奴主的伪装的有教养的外形下,去认识他们的贪婪、自私;去憎恨这类人物的虚伪和狠心"。

他最初出版的一本诗集,叫《幻想的声音》,这是本软弱无色彩的诗。后来他受了当时俄国最伟大的批评家别林斯基的影响,思想上起了很大发展,写出了《大路上》和《祖国》,他立即成为人民所欢迎的一个诗人了。

他对艺术的认识,是把艺术作为人民的姊妹,他在一首《昨天六点钟的时光》的诗中说:

昨天六点钟的时光，
我走过干草市场，
那儿正鞭打着一个女人，
是个年青的农妇。
她的口里没有一声叫喊，
只有皮鞭子在飞舞着发出啸响……
我就向缪斯[①]说道："瞧！
这是你的亲姊妹！"
在《我的诗》中，他说：
我的诗呵，你是流满了眼泪的
世界的活的见证人！
你诞生在心灵遭受灾难的
宿命的时辰！
你推着人们的心，
正像巨浪撞击着峭石。

这就是他对诗的看法，而对于俄罗斯的人民，他又是存着多么的深爱与信任，他曾经这样歌唱着：

奔腾着纯洁的
洪流似的人民力量，
正如在西伯利亚的
冰层下，

① 缪斯，即艺术之神。

隐藏着无数金矿。

对于地方贵族阶级的憎恨，对于农民的热爱和对人民力量的信任，这就是表现在尼克拉索夫诗歌中的主要思想。

尼克拉索夫和车尔内雪夫斯基编过一种极有名的杂志——《现代人》，这是当时革命民主主义的战斗的喉舌。后来车尔内雪夫斯基被捕了，尼克拉索夫单独把这刊物复刊。这个刊物几次遭受迫害，终于在一八六六年六月被封了。

尼克拉索夫的作品，经常遭受删削，查禁。这本《在俄罗斯谁能快乐而自由》就曾经不准发行，后来印行时，也经删削。他死时对医生遗言说：

> “现在你看出我的职业——文学——的意义了吧？在三十七年以前，我写出最初诗歌，审查官的剪刀却将它铰得粉碎了。现在我临死，并写出我最后的诗，我仍然又为剪刀所苦。”

今年（一九四八）是他逝世七十周年纪念，我们特别来选读他的作品，也算是对他的一种纪念。

关于《在俄罗斯谁能快乐而自由》 这是在一八七三到一八七七年中写成的。这是一册包括了四大部二十三章的叙事长诗，一共有一万多行，其规模之大，气魄之强，堪与荷马的史诗相比。他是采用了民歌的形式，每一部前面，都冠以序诗。第一部里，包括“神父”、“村社”、“狂欢之夜”、“快乐的人们”、“地主”五章；第二部“最后的地主”，共二章；第三部“农家妇人”共八章；第四部“全村的欢宴”共三章；最后是“尾声”。每一章里都包括一个或几个故事，互相关联的，从这些故事里，写出了农民、劳动者、乞丐、妇女、游方僧和流浪汉的各种生活状态；也写出了地主、商人、神父的各种生活状态，差不多是反映了当时整个俄罗斯的社会。

全篇的故事结构是这样的：

> 从前有七个善良的农人，他们来自“粉碎省”“悲苦县”“穷迫教区”，来自附近的乡村——“补钉村”、“赤脚村”、“褴褛村”，都是悲苦而不幸的。他们在路上相遇，相互地争论着一个问题——在俄罗斯谁是快乐而自由的人？

有的人说是“神父”，有的说是“地主”，有的说是“当官的”，有的说是“商人”，有的说是“大臣”，有的说是“沙皇”；议论纷纷，各不相下，等到晚上，都不回家，还一直在争吵，甚至打起来了。最后连树林里的鸟也给吵闹得不安了，这时有个农民捉住一只小山鹊鸟，他向它说：

> 你脆弱的小动物，
> 给我们以你自己的翅膀
> 我们愿意飞遍了全境。
> 研究而且发现，
> 寻觅而且采问，
> 在俄罗斯——

谁是快乐而自由的人?

那小鸟的母亲飞来了,要求释放她的小鸟,愿意给他们一个报偿。她告诉他们,在某处一株松树底下,有一只匣子,里面有一块白的手巾,只要念一句咒,那手巾就会变出酒和面包来。于是农民就释放了那小鸟,凭着这件法宝,七个人向全国去做徒步旅行。他们沿途碰见了地主、神父、乞丐、游方僧、劳动者,各种人物,都向他们提出这个问题,但是仍然得不到解决。他们经历了许多地方,许多生活。直到尾声上,作者才引出一个叫格里沙的青年来,这是一个强健、勇敢的农民青年,他最后歌唱出:

所以俄罗斯人
固执地熟睡着——
但应有未爆燃的火花
隐藏在他们的心胸。
他将是不奉召可以醒来,
不必号令也可以前进。
人人都满怀着献身的热情
他们将聚拢来
成为空前的力量,
怀着无限的勇猛
战斗到最后一瞬!

这告诉我们,农民只有自己起来战斗胜利,他们才能在俄罗斯快乐而自由。但这个歌那七个农民都没有听到。诗人这样结束了他的长诗：

假使我们的七个农人，
能知道了格里沙
所发生的事情，
他们当可以转回家去，
终止了旅行。
……
……
他将唱着
神奇的赞歌
告诉他们：
所有大众的幸福与和平……

在第一部里，这七个农人，在旅行中，首先碰到了一个神父。后来在村庄里喝了一夜酒。后来，向人群宣布他们的问题，要求大家来答复。在许多人说了都不能使他们满意以后，天也已亮了，这时忽然来了一辆马车，坐着一个地主，于是他们就拦住那地主，要求他答复这个问题。第五章里就是写这个地主的答复。

关于本章所写的　这一章里，是写地主的生活和威风。俄国的地主和贵族是有血肉关系的，正如这地主所说的："最高贵的人们，都是从最古的门第中来。"而所谓"地主"和"老爷"的意义，就是要"不单是人民服从而且尊敬我们"。地主是这样一种生活在人民头上的人：

没有一种狂想敢违反了我们！
我所愿意的——
我宠爱和怜悯。
我不喜欢的——
我可以就地把他弄死。
我的意愿就是法律，
我的拳头就是狱吏！
我的鞭打冒着火花，
我的鞭打打掉了颚骨，
我的鞭打打落了牙齿……

而他们所谓对农民的“慈爱”和“怜悯”，照农民说来，就是：

他们必须用
鞭子抽着，
我相信，
然后才会到了你老爷的华屋里！

从这一章里，我们看到地主生活的豪华：高楼、巨厦、筵席、乐队、卫士、狩猎，而这一切都是从农民的血汗劳动中剥夺来的。但这种无穷尽的剥削，终于激起了农民的叛乱和反抗。于是到了亚历山大二世的时候，就颁布了解放农奴令，农奴可以自由耕种，地主的威风在表面上确实受了一个打击。但是事实上，农奴解放以后，农民所能得到的土地极少，又没有工具和马，结果，生活是一样的穷苦和悲惨。而地主则和商人勾结在一起，剥削更加残暴了。俄国十九世纪中，资本主义开始发展了，冲破了封建农奴的制度，但资本主义本身又得不到健全的发展，结果是引起社会矛盾愈甚，民生困苦不堪。直到这个世纪，旧俄罗斯社会终于崩溃了；工农大众起来革命，最后才答复了"在俄罗斯谁是快乐而自由的人"的问题。

这章前面是写地主生活的豪华。从"现在……生活是这样的颠倒！"开始，是写农民叛乱和反抗，和地主对于农奴解放的愤懑和悲哀。最后一节中所说：

> 是的，锁链断了！
> 环扣崩析！
> 两端反拨——
> 一端击中了地主，
> 一端击中了农民！

就是写农奴解放以后，地主的威风遭受打击，农民也没有得到好处。地主是种寄生阶级，也有他的悲哀，因为这个阶级已经日趋没落了。

表现方法 《在俄罗斯谁能快乐而自由》是大叙事诗的形式，就其性质来说，可以称它为史诗，因为它是把这个时代的历史都描绘了。

这一章只是它的一个片段，但我们可以窥见作者的风格和创作方法。他的风格的特点是：朴素、清晰，没有那种浓重的渲染和词藻的堆砌；他的创作方法，是现实主义的。虽然他是借用那么一个荒诞的故事，而所表现的却完全是现实生活，并且从现实生活中提出了这深刻的问题，和暗示了一条斗争的道路。

说他是采用了民歌的形式，但我们不知道俄国民歌形式，而且译成中文，也无法辨别。不过无论如何，它的言语的朴素和词句的精练，这些优点从译文上也仍然可以认出，这译文一般说是译得很好的。

诗人的讽刺才能是很高尚的，从这章诗里，我们处处可以看到他智慧的讽刺；在农民回答地主的话里，几乎都是含着讥刺的意味。例如地主说到熊打倒他们的祖先时，农民说：

怎么不懂呢？
到现在，我们还可以看到
一些流氓到处卖艺，
拉着一头熊！

又如地主夸张他的家世时，农民说：

那末，你正是古语上所说的——
这树上仅存的硕果了！

尼克拉索夫这部诗里有极多这类讽刺的句子，他曾经在另一首诗里说：

胸腔怀着憎恨；
嘴巴武装着讽刺；
他带了讨伐之琴；
走过那崎岖的道路！

尼克拉索夫就是以这样的态度去从事他的写作的。

参考材料

一、尽可能找到原诗全部精读一番，中译本是骆驼书店出版的，高寒译。

二、关于尼克拉索夫，可以参读下列几篇文章：

《尼克拉索夫的生平和事业》(《苏联文艺》第二十五期)

《伟大俄罗斯民主诗人》、《民主文才的网罗者》(《时代》第八年第二期)

《尼克拉索夫》(《外国作家研究》，生活版)

《队长之妻》注解

关于速写的几点说明　这是一篇速写(Sketch)。作者土尔兄弟,是苏联作家,他们的身世不详,无从介绍。我们特地选这篇作品,是因为这一形式,对于初学者是很值得学习。我们接到许多学友来函,常常提到小说写作的困难,而从寄来的习作中看,也确实感到有些学友对于题材的把握、处理及表现能力尚弱,对现实的概括力当然更差,这样写起来确会感到许多困难。我们以为初学习写作的时候,不妨多就社会生活中所见所闻的实在故事,选择其有意义的,把它们用报告或速写的形式写下来,反而会显得真实,对写作上也容易得到进步,而且这样可以加强我们对现实生活的认识,比关在房子里空想要实际得多。而另一方面,从今天文艺运动上说,也更需要这些能够更迅速而直接反映现实生活的小型作品,在一个急剧变动的时代中间,现实形势发展很快,要使文学适应于时代的需要,便不能不要求大量的报告或速写的文学形式。例如在我国抗战初期和苏联对德国战争中,这类作品曾占极重要的地位,尤其是苏联,这类作品几乎占最多的分量。现在我们是处在一个比以前变动更剧烈的历史斗争时代,现实社会生活中间,不知有多少令人感动的故事,值得我们去写,而且应该去写的。所以希望各位学友，能够多向这方面去努力，运用这类形式，去写出你觉得要写的东西，这对于各位自己的进步和现实的需要都是极有意义的。

速写这一形式，是很早就有的。例如狄更斯早期的作品就多半是这类形式，大概是挑取实际生活中的一些片段，或一个人物，用素描的方法，把它记录下来。到了现代，因为适应于迅速反映社会现实斗争，这种形式就特别被提到重要的地位。它的好处，就是迅速，明快，短小，活泼，容易接受，鼓动作用很强，在文艺的战斗上说，好比是轻便的武器。它的特点是：（一）它和报告文学相同之处，必须是真人真事，但报告文学可以是做历史的叙述，而速写则往往只是一个片段或几个场面，报告文学可以是大型的，甚至几十万字的，但速写则一定是小型的。（二）它必须简洁明快，用轮廓的勾画方法写出来，避免冗赘的叙述、分析和细腻的描写，但必须抓住要点。文字力求浅近明了，戒忌雕琢。（三）它也是必须通过作者的主观意识与感受，并不是像照相似的机械地记录下来，它一定要有社会意义，要有作者的批判态度。（四）它的形式可以自由运用，譬如日记、访问记、印象记之类都可以作为一种速写的形式。

在眼前社会上，例如学潮、抢米、饥荒、征兵、征粮等等事实，都是速写的最好题材。

本篇内容和表现方法　这篇速写是以苏德战争中前线航空部队里一个实在故事作题材的。丈夫古组夫金队长在出发轰炸中间，被敌人的飞机打中了，妻子达诗卡则刚巧就是第一个收到这噩耗的人，几十分钟前，她还为他特地留下牛奶等他回来吃,不料牛奶还不曾凉,丈夫已经牺牲了。这个打击给予达诗卡是不小的,但是她都极力克制着,为了民族和战斗的缘故,她不能停止一分钟工作,这是一种非常的毅力,然而她是要复仇的。她请求出发去战斗,在战斗中亲手杀死敌人,她成了一个真正的战士了。而结果她丈夫并没有死,于是构成了一幕动人的悲喜剧。这故事本身就是一首美丽的诗了,实在比有些虚构的小说还更动人。作者从这故事里告诉了我们两点:第一,是苏联人民那种民族阶级利益高于个人利益的精神,那种彻底的爱国主义,那种对法西斯的仇恨,这是苏联人民高贵的品质,这是从苏维埃生活和实际战争中培养出来的真正革命精神,而不是个人的英雄主义。第二,是苏联妇女那种坚毅勇敢的性格,和我们所常见到那些柔弱娇嫩的女性是多么的不同。这是妇女彻底解放的苏联所培养的新女性典型。她对丈夫有热烈的爱,然而对祖国有更大的爱,她的哀伤不能动摇她工作的责任感,而且加强她对敌奋斗的精神。私人的爱与民族的爱结合为一,才有这种最高贵的人格力量。作者写出这个故事不仅是表现了苏联人民优秀的品质,而且作为对一般人民一种深切的鼓励。这样的故事对于后方人民是多么有力的鼓动呵。

作者的表现手法是颇为高强的。他是作为一个目击者来记叙这件事,他首先素描了达诗卡,接着写她丈夫出发前一幕,毛毡包牛奶那件事凸出来,给了我们一个极大的感动,写达诗卡收到古组夫金飞机中弹的电讯到第一段结束止,是极其紧张跳动,几乎一句废话都找不出来,而仍以喝牛奶一事作为结束,这剪裁手腕是非常高的。第二个场面,则只用部队指挥员的表情和几句话作为中心，把这幕激动的场面全部表现出来，再不必多费一句话去写达诗卡和古组夫金的高兴情形了。这真是做到了简洁有力四个字，要是用在电影里，这一定是很高明的导演手法。这篇的表现方法，是很值得学友们去细心研究的。

关于言语方面，因为经过翻译，使我们不能多所欣赏。

最后希望各学友能多找些这类速写自己研究，值得推荐的是高尔基的、爱伦堡的、法捷耶夫等一些速写，屠格涅夫的《猎人日记》也可以算是这类形式，中国方面的如丁玲、茅盾、曹白等都写过一些较好的速写。篇名不及列举了。

其次，希望试写一些报告或速写作为习作。

《二十六个和一个》注解

作者介绍 玛克西姆·高尔基(原名阿列克赛·玛克西莫维奇·彼希可夫),一八六八年三月十六日,生于伏尔加河旁的尼士尼·诺甫戈洛得城。父亲是木匠和装饰匠。高尔基幼年只读过几个月的小学,十一岁即到鞋店里做学徒。一八七九到一八八八年十年中间,他当过工程设计师的学徒,轮船上厨子的伙计,神像铺的学徒,戏院里的小配角,面包店的学徒;一八八四年,在喀山面包店工作时,就开始和革命团体发生关系。一八八九年,认识了俄国名作家科洛伦科。从这时开始,他流浪了许多地方。一八九二年发表了处女作《玛加尔·朱德拉》,文学生活从这时正式开始了。这时高尔基是二十四岁。

一八九五年他任报纸的助编。这以后,继续发表了许多短篇小说及长篇《福马·高尔杰耶夫》。一九〇〇年,和托尔斯泰相识,又写成长篇《三人》。次年写成《海燕歌》,因参加革命被捕。一九〇五年俄国发生革命,他发表《告全国公民及欧洲各国舆论界》一书,又被捕,由欧洲各国社会人士声援,旋即释放。他在这时和列宁相识。

革命失败后,他亡命国外。在美国居留期内,写成长篇

《母亲》。后去意大利居住。在意大利住了很久，至一九二二年始返国。这时出版了《我的童年》、《在人间》等作品。一九一七年十月革命成功。他创办“世界文学出版局”。一九二一年，因病受列宁劝告出国赴意大利休养，直到一九二八年始返国；这中间写下很多作品，主要是《萨姆金的一生》、《我的大学》等。一九二八年返国，已经六十岁，受到国内人民热烈的欢迎，正式加入共产党；领导苏联的文艺运动。一九三四年，在他领导下召开了苏联第一次作家大会。一九三六年六月十八日在莫斯科为托派匪徒谋害逝世，举世为之震悼。

高尔基是十九世纪俄国文学的最后一个巨人，同时又是苏联革命文艺的奠基人。他是一个从社会底层出来的作家。罗曼·罗兰称他是“从黑土中生长起来的”。他没有正式进过学校。那长期而多样的学徒与工人生活，就是他自己所说的“这是我的大学”。从这些被剥削的劳动生活中，他首先把劳动者的思想和要求带进文艺中间来了，高尔基用他全部文学创作指示出：只有劳动解放，革命胜利后，人性的发扬光大才能获得；因此他的作品和论文，在俄国革命中间是起了极大的作用。

高尔基的作品中，我们可看到几种杰出的文艺思想：首先是现实主义和浪漫主义因素的结合。俄国旧现实主义作家，多半是把生活描写得灰暗、惨淡，带着浓重的忧郁主义的倾向；直到高尔基出现，才带来一种强烈的理想和灿烂的色彩。这是显出他是一个对现实有信心的人。而这种强大生活信念是由于他长期劳动生活中取得的。他对青年作家说，文学的“任务是研究、结构、描写和藉此来确定新的现实。需要学习观察，在古老朽木的炭烬中怎样燃烧和爆开未来的火星。关于新的生活欢乐，关于国内各种创造力的开花结果，青年作家是有话要说的。”（《文学批评》）。其次，是他对于劳动的重视；他以为人类最大的力量，就是能以劳动去征服自然，创造自己的世界。也因为这样，所以他痛恶那些对于劳动阶级的剥削者。他对于社会主义的现实主义作出这样的定义：“社会主义的现实主义确信生活为一种劳动，一种创造的；其它的目的乃是不断发展人的最有价值的个人能力。为了他对于自然势力的胜利，为了他的康健和长寿，为了在地球上居住的伟大幸福——按照他需要的不断增长，他要把这个地球改造为结成一家的人类一所美丽住宅。”第三，就是他战斗的人道主义。关于人道主义，高尔基这样写着：“在我们的时代，在权力者面前威严地升起了在历史上和科学上有根据的，真正全人类的，无产阶级的，马列斯的人道主义；其目的是完全解放一切种族和民族的劳动人民的人道主义。”这种人道主义是和资产阶级怜悯的人道主义截然有别的。“无产阶级的人道主义要求永不熄灭地憎恨小市民习气、寄生虫、法西斯蒂、刽子手和工人阶级的出卖者……。”所以这种人道主义是被称为“战斗的人道主义”。高尔基有句名言：“如果敌人不投降——就消灭它！”这就是他那种人道主义的精神。最后，是他对于腐烂的资本主义社会锐利的批判。在他后期的几本长篇中，对于俄国旧社会作了极深刻的分析、暴露，指出了资产阶级的不可挽救的没落命运，这在近代文艺上是特别值得注意的。

创作时期和背景　本篇是高尔基在一八九九年写成的，应该算是他的早期作品（他的后期多半是长篇小说）。那时，俄国第一次革命还不曾发生，俄国的工人农民生活在极悲惨的情形中间，这里所写的面包房生活，是高尔基亲自经历过的。从一八八四年到一八八九中间，他几度地在喀山的塞萌诺夫面包铺和戴伦可夫的面包铺里工作过，对于这些生活，他无疑是深深了解的。那时俄国工人运动还没有广泛的发展，工人革命的意识多半还在潜伏的状态，虽然若干地区的工人斗争已经起来。写成这篇前一年，高尔基即因和高加索的革命者认识的嫌疑，被捕入狱。

早期的高尔基作品，虽然已经直接接触到工人阶级的生活，但是一般说，无产阶级革命的思想，在那时还不是像后来那么明确。因为整个俄国的革命在当时没有到达那个阶段，所以如果说，这篇作品中为什么没有明显地写出工人的革命斗争，就是这个原因。高尔基初期作品中，如《玛加尔·朱德拉》、《鹰之歌》、《玛尔伐》等，多半带着强烈的浪漫主义的色彩。在这篇里也可以看出这种色彩，但是这种浪漫主义精神显然是和现实生活紧紧地联系着的。

内容分析　本篇题目底下，标着“诗篇”两字。作者是以小说的形式写出一篇工人的生活之歌。这篇小说的主题，可以说是一种抒情诗的主题；写出在那样阴暗，没有阳光中间，一些工人的精神生活要求。这些被剥削和被残害的面饼工人，实际上已经丧失了人类精神生活的一切权利；没有爱，没有自由，没有阳光。头一句，“我们二十六人；——二十六部活机器”，就首先点出了这个意思。作者所要控诉的，主要就是对于这种对人类物质以至精神生活的残酷磨折与剥夺，这是资本主义社会的罪恶！

这二十六个工人，在那种阴暗而潮湿的地窖里，过着那霉菌一样的生活，但是作为“人”的要求是不能绝灭的，他们是要求生活的权利的，他们的唱歌，就是对那种发霉的生活的一种反抗。正如作者所说：“也许这浓厚的广阔的声浪，对于他，仿佛是一道路，走到远远的地方的道路，光明的太阳照耀着这宽阔的道路，而他看见自己在这条路上走着……”

然而，这个时候，却给他们带来一些阳光，一种生活的鼓励，这就是那金绣工女士塔涅；她是那样一个年青、活泼，感情健康、强旺的女孩，由于初初走入生活，那种强烈的青春的生命还不曾被这残酷的社会生活所磨折掉。这对于他们却是一种明显的对照，他们立即从她身上得到了温暖，得到了安慰，也得到了鼓励。这二十六个人对于她的感情，可以说是很微妙的，然而却是非常现实的。这不是一种单纯的爱情，而是在极端沉闷的环境中人类对于生活的一种冀求。她在他们中间成为一种生命的象征，“而我们二十六个人所爱的，对于我们之中的每一个人，都应当是不可动摇的，像神圣一样，谁要是反对我们这一点，——就是我们的仇敌。”这是非常特殊的一种感情。在一般的生活中，是很难想得出的。但是假如我们想象一下，一些在黑暗牢狱中的囚徒，对于一片蓝天和一线阳光的关怀和珍贵，我们约略地可以体会出这样一种真实的感情。这种感情，对于那二十六个人，也许自己都是很难理解的，然而他们却自然而然地被这种感情所征服。这也不能解释为单纯一种生物学的要求，主要是反映了他们在那长期阴暗的劳动生活中，一种精神饥渴状态下所激发的自然要求。它是从现实生活中产生的一种感情，而不是悬空的，有如一些唯心主义的作家所空想出来的。

但是现实却是那样残酷:一个比他们稍为高级一点的工人——那个士兵,插入到他们生活中间来了,凭着世俗的“漂亮”和“整齐”,要来征服他们所爱的了,而且那个士兵居然是胜利了。这对于他们是多么残酷的打击,他们仅有一点的生活的阳光幻灭了。这里作者对于现实作了猛烈的鞭挞,告诉我们这些被剥削者是过着怎样一种失去人的权利的生活。宛如一个饥饿者偶然得到一片面包,立即又被人所夺去了。人民连梦想都不许有的时候,这是最痛苦的时代;然而这种欲望是不能绝灭的,愈是饥渴,人的求生欲望就愈强烈,愈得不到人的权利,这种权利的要求也就更迫切。作者是积极肯定这种欲望和要求的。他对于历史的那种乐观信心,是由于他真正明白被压迫阶级那种潜力的强烈的要求。他没有像其他悲观主义作家把被蹂躏的人们写得那么暗淡、绝望。二十六个人的要求是失败了,但是他们那种强烈的要求是存在的。

作者对于塔涅是赞颂的;她那样旷阔、骄傲、强旺的性格,正是作者所肯定的一种性格。塔涅和那个兵的事情,这不能是她的罪恶,她甚至不知道这是罪恶;她的心境是纯净的,她以纯净的心去迎接生活,去对待这世界上的人。她还不能理解这恶浊的社会和虚伪的世态;她也不知道这件事情是给了那二十六个人以痛苦,她是不能理解这二十六个人的心境的,所以她“就这么去了,笔直的、漂亮的、骄傲的她”。

作者是祝福这个年青的女孩的,她青春的生命是可宝贵的;虽然在这个社会制度底下,她无疑将同样遭受到无数的迫害,而她将以这种强旺和骄傲去迎接这种迫害。

从那个兵的身上，也使我们看到这个社会是在怎样使人堕落、败坏。这个兵是个无知的家伙，只不过比面饼工人生活好一点，就忘其所以，除开弄女人以外，“他再也没有什么活泼的生命”。这是一种流氓无产者的性格，另一方面说，也是一种可怜的愚蠢。

上面我们说过，高尔基是个无产阶级的人道主义者，他重视“人”，重视人类应该有的权利；他在这篇小说里告诉我们，人的权利在这社会中是被摧残到怎样的程度，而暗示我们人将如何利用自己的力量去争回他们的权利来。

表现方法 这篇小说，在表现方法上，是特别着重于气氛的渲染。第一段特别浓重地写出那面饼作坊的生活气氛，使我们似乎闻到了那作坊里的霉味；从这种生活气氛中间，就使我们能直接理解那二十六个人的精神状态。二十六个人并不一个一个分开来写，那样将是无法来结构的；这二十六人甚至连名字都没有的，二十六人就是代表一个集体，一种生活。然而塔涅的性格，却是明显地刻画出来的，从她的面貌、声音、说话到动作都写得那么生动，给了我们一个非常完整和统一的形象。她一个人的性格是和那二十六个人成为对照的，这种对照，好比乌云中间的太阳，给我们一个明晰而有力的感觉。

这篇小说，给了我们一种粗犷的美的感觉。

参考书籍 关于高尔基的研究，主要的自然要多读他的作品；他的作品中译本很多。研究高尔基的书，有罗果夫编的《高尔基研究年刊》（时代社版），和韬奋编译的《革命文豪高尔基》（韬奋出版社版），均可参读。

《荷花淀》注解

月亮升起来，院子里凉爽得很，干净得很，白天破好的苇眉子潮润润的，正好编席。女人坐在小院当中，手指上缠绞着柔滑修长的苇眉子。苇眉子又薄又细，在她怀里跳跃着。

要问白洋淀有多少苇地？不知道。每年出多少苇子？不知道。只晓得，每年芦花飘飞苇叶黄的时候，全淀的芦苇收割，垛起垛来，在白洋淀周围的广场上，就成了一条苇子的长城。女人们，在场里院里编着席。编成了多少席？六月里，淀水涨满，有无数的船只，运输银白雪亮的席子出口，不久，各地的城市村庄，就全有了花纹又密、又精致的席子用了。大家争着买：

“好席子，白洋淀席！”

这女人编着席。不久在她的身子下面，就编成了一大片。她像坐在一片洁白的雪地上，也像坐在一片洁白的云彩上。她有时望望淀里，淀里也是一片银白世界。水面笼起一层薄薄透明的雾，风吹过来，带着新鲜的荷叶荷花香。

但是大门还没关，丈夫还没回来。

很晚丈夫才回来了。这年轻人不过二十岁，头戴一顶大草帽，上身穿一件洁白的小褂，黑单裤卷过了膝盖，光着脚。

他叫水生，小苇庄的游击组长，党的负责人。今天领着游击组到区上开会去来，女人抬头笑着问：

“今天怎么回来得这么晚？”站起来要去端饭，水生坐在台阶上说：

“吃过饭了，你不要去拿。”

女人就又坐在席子上。她望着丈夫的脸，她看出他的脸有些红胀，说话也有些气喘。她问：

“他们几个哩？”

水生说：

“还在区上。爹哩？”

女人说：

“睡了。”

“小华哩？”

“和他爷爷去收了半天虾篓，早就睡了。他们几个为什么还不回来？”

水生笑了一下。女人看出他笑得不像平常。

“怎么了，你？”

水生小声说：

“明天我就到大部队上去了。”

女人的手指震动了一下，想是叫苇眉子划破了手，她把一个手指放在嘴里吮了一下。水生说：

“今天县委召集我们开会。假若敌人再在同口按上据点，那和端村就成了一条线，淀里的斗争形势就变了。会上决定成立一个地区队。我第一个举手报了名的。”

女人低着头说：

“你总是很积极的。”

水生说：

“我是村里的游击组长，是干部，自然要站在头里，他们几个也报了名。他们不敢回来，怕家里的人拖尾巴。公推我代表，回来和家里人们说一说。他们全觉得你还开明一些。”

女人没有说话。过了一会儿，她才说：

“你走，我不拦你，家里怎样办？”

水生指着父亲的小房叫她小声一些。说：

“家里，自然有别人照顾。可是咱的庄子小，这一次参军的就有七个。庄上青年人少了，也不能全靠别人，家里的事，你就多做些，爹老了，小华还不顶事。”

女人鼻子里有些酸，但她并没有哭，只说：

“你明白家里的难处就好了。”

水生想安慰她。因为要考虑准备的事情还太多，他只说了两句：

“千斤的担子你先担吧，打走了鬼子，我回来谢你。”

说罢，他就到别人家里去了，他说回来再和父亲谈。

鸡叫的时候，水生才回来。女人还是呆呆地坐在院子里等他。她说：

“你有什么话嘱咐嘱咐我吧。”

“没有什么话了，我走了，你要不断进步，识字，生产。”

“嗯。”

“什么事也不要落在别人后面！”

“嗯，还有什么？”

“不要叫敌人汉奸捉活的。捉住了要和他拼命。”这才是那最重要的一句，女人流着眼泪答应了他。

第二天，女人给他打点好一个小小的包裹，里面包了一身新单衣，一条新毛巾，一双新鞋子。那几家也是这些东西，交水生带去。一家人送他出了门。父亲一手拉着小华对他说：

“水生，你干的是光荣事情，我不拦你，你放心走吧。大人孩子我给你照顾，什么也不要惦记。”

全庄的男女老少也送他出来，水生对大家笑一笑上船走了。

女人们到底有些藕断丝连。过了两天，四个青年妇女集在水生家里来，大家商量：

“听说他们还在这里没走。我不拖尾巴，可是忘下了一件衣裳。”

“我有句要紧的话得和他说说。”

水生的女人说：

“听他说鬼子要在同口按据点……”

“那里就碰得那么巧，我们快去快回来。”

“我本来不想去，可是俺婆婆非叫我再去看看他，有什么看头啊！”

于是这几个女人偷偷坐在一只小船上，划到对面马庄去了。

到了马庄，她们不敢到街上去找，来到村头一个亲戚家里，亲戚说：“你们来得不巧，昨天晚上他们还在这里，半夜里走了，谁也不知开到哪里去。你们不用惦记他们，听说水生一来就当了副排长，大家都是欢天喜地的……”

几个女人羞红着脸告辞出来，摇开靠在岸边的小船。现在已经快到晌午了，万里无云，可是因为在水上，还有些凉风，这风从南面吹过来，从稻秧上苇尖上吹过来。水面没有一只船，水像无边的跳荡的水银。

几个女人有点失望，也有些伤心，各人在心里骂着自己的狠心贼。可是青年人，永远朝着愉快的事情想，女人们尤其容易忘记那些不痛快。不久，她们就又说笑起来了。

“你看说走就走了。”

“可慌(高兴的意思)哩，比什么也慌，比过新年，娶新——也没见他这么慌过！”

“拴马桩也不顶事了。”“不行了，脱了缰了！”“一到军队里，他一准得忘了家里的人。”

“那是真的，我们家里住过一些年轻的队伍，一天到晚仰着脖子出来唱，进去唱，我们一辈子也没那么乐过。等他们闲下来没有事了，我就傻想：该低下头了吧。你猜人家干什么？用白粉子在我家映壁上画上许多圆圈圈，一个一个蹲在院子里，托着枪瞄那个，又唱起来了！”

她们轻轻划着船，船两边的水哗，哗，哗。顺手从水里捞上一棵菱角来，菱角还很嫩很小，乳白色。顺手又丢到水里去。那棵菱角就又安安稳稳浮在水面上生长去了。

“现在你知道他们到了哪里？”

“管他哩，也许跑到天边上去了！”

她们都抬起头往远处看了看。

“哎呀！那边过来一只船。”

“哎呀！日本，你看那衣裳！”

“快摇！”

小船拼命往前摇，她们心里也许有些后悔，不该这么冒冒失失走来，也许有些怨恨那些走远了的人。但是立刻就想，什么也别想了，快摇，大船紧紧追过来。

大船追得很紧。

幸亏是这些青年妇女，白洋淀长大的，她们摇得小船飞快。小船活像离开了水皮，一条打跳的梭鱼。她们从小跟这小船打交道，驶起来，就像织布穿梭，缝衣透针一般快。

假如敌人追上了，就跳到水里去死吧！

后面大船来得飞快。那明明白白是鬼子！这几个青年妇女咬紧牙制止住心跳，摇橹的手并没有慌，水在两旁大声的哗哗，哗哗，哗哗哗！

“往荷花淀里摇！那里水浅大船过不去。”

她们奔着那不知道有几亩大小的荷花淀去，那一望无边际的密密层层的大荷叶，迎着阳光舒展开，就像铜墙铁壁一样。粉色荷花箭高高地挺出来，是监视白洋淀的哨兵吧！

她们向荷花淀里摇，最后，努力的一摇，小船窜进了荷花淀。几只野鸭扑楞楞飞起，尖声惊叫，掠着水面飞走了。就在她们的耳边响起一排枪！

整个荷花淀全震荡起来。她们想，陷在敌人的埋伏里了，一准要死了，一齐翻身跳到水里去。渐渐听清楚枪声只是向着外面，她们才又扒着船帮露出头来。她们看见不远的地方，那宽厚肥大的荷叶下面，有一个人的脸，下半截身子长在水里。荷花变成人了？那不是我们的水生吗？又往左右看去，不久各人就找到了各人丈夫的脸，啊，原来是他们！

但是那些隐蔽在大荷叶下面的战士们，正在聚精会神瞄着敌人射击，半眼也没有看她们。枪声紧紧的清脆，三五排枪过后，他们投出了手榴弹，冲出了荷花淀。

手榴弹把敌人那只大船击沉，一切都沉下去了，水面上只剩下一团硝烟火药气味。战士们就在那里大声欢笑着，打捞战利品。他们又开始了沉到水底捞出大鱼来的拿手戏。他们争着捞出敌人的枪支、子弹带，然后是一袋子一袋子叫水浸透了的面粉和大米。水生拍打着水去追赶一个在水波上滚动的东西，是一包用精致纸盒装着的饼干。

妇女们带着浑身水，又坐到他们的小船上去了。

水生追回那个纸盒子，一只手高高举起，一只手用力拍打着水，好使自己不沉下去。对着荷花淀吆喝：

“出来吧，你们！”

好像带着很大的气。

她们只好摇着船出来。忽然从她们的船底下冒出一个人来，只有水生的女人认得那是区小队的队长，这个人抹一把脸上的水问她们：

“你们干什么去来呀？”

水生的女人说：

“又给他们送了一些衣裳来！”

小队长回头对水生说：

“都是你村的？”

“不是她们是谁？一群落后分子！”说完把纸盒顺手丢在女人们船上，一泅，又沉到水底下去了，到很远的地方才钻出来。

小队长开了个玩笑，他说：

“你们也没有白来，不是你们，我们的伏击不会这么彻底。

可是，任务已经完成，该回去晒晒衣裳了。情况还紧得很！”

战士们已经把打捞出来的战利品，全装在他们的小船上，准备转移。一人摘了一片大荷叶顶在头上，抵挡正午的太阳。几个青年妇女把掉在水里又捞出来的小包裹，丢给了他们，战士们的三只小船就奔着东南方向，箭一样飞去了。不久就消失在中午水面上的烟波里。

几个青年妇女划着她们的小船赶紧回家，一个个像落水鸡似的。一路走着，因过于刺激和兴奋，她们又说笑起来，坐在船头脸朝后的一个噘着嘴说：

“你看他们那个横样子，见了我们爱搭理不搭理的！”

“啊，好像我们给他们丢了什么人似的。”

她们自己也笑了，今天的事情不算光彩，可是：

“我们没枪，有枪就不往荷花淀里跑，在大淀里就和鬼子干起来！”

“我今天也算看见打仗了。打仗有什么出奇，只要你不着慌，谁还不会爬在那里放枪呀！”

“打沉了，我也会浮水捞东西，我管保比他们水性好，再深点我也不怕！”

“水生嫂，回去我们也成立队伍，不然以后还能出门吗！”

“刚当上兵就小看我们，过两年，更把我们看得一钱不值了，谁比谁落后多少呢！”

这一年秋季，她们学会了射击。冬天，打冰夹鱼的时候，她们一个个登在流星一样的冰船上，来回警戒。敌人围剿那百顷大苇塘的时候，她们配合子弟兵作战，出入在那芦苇的海里。

作者介绍 孙犁，河北人，是冀中解放区的一个工作人员，年纪很轻。他是一个有天才的新作家，生活在故乡土地上，工作和战斗在故乡土地上，这使他作品中充满着农村生活的气息，清新而朴素。他写下的作品还不多，《荷花淀》是最初献出的作品。

写作时期和背景 本篇注明的写作时期是1945年，大约是该年的上季，抗日战争还不曾结束。故事的背景即在作者的故乡，冀中平原游击区。冀中即河北省的中部，游击区是指正式部队并不固定驻防，经常流动作游击战的区域，但这些区域里都组织了固定不移的民兵，也组织了人民政权。这篇所写的，即民兵的故事。所谓民兵，即当地不脱离生产的人民的武装队伍，平时做工耕田，一有战事，即集合作战，保卫家乡，所以也称作子弟兵。

内容分析 这篇作品的副标题，叫做“白洋淀记事之一”，大概是根据了实在的故事而写的，这和报告文学有点相近。但报告文学多半是通过作者直接叙述来写其所经历的，不一定要求有完整的故事，像《荷花淀》这本集子所收的《游击区生活一星期》等就是。这类形式的作品，在苏联战争中采用很多，有人称它为True Story（实在的故事）。我们特别选这篇来读，也因为这类形式很适合于初学写作者采用。

这篇作品的主题，是表现出在人民抗日战争中，人民的英勇、愉快和自觉的精神；他们没有畏惧、悲观和苦恼；但也不是什么英雄豪杰，他们是所谓“一种常常有力量，微笑的，活泼而充满精力的人”。作者并不是像一些庸俗的战斗描写者，用些“杀呀，冲呀！”字样来描写人民的英勇，也不是竭力渲染来虚构一些杀气冲天的英雄人物。出现在这篇小说里的，就是一些平凡、朴素的男女村民，然而却给我们显示出一种爽快、健康、无畏的可爱性格，这就是所谓人民的英雄主义，这是新时代所创造的，也是新时代所要求的一种英雄主义。

所以作者并不把他的笔力放在如何杀敌上面，而转向于他们的生活情感中去，这就比单是去写如何英勇杀敌来得更深一层，因为从这里我们可以看见人民力量的所在——有这样一种健康生活的人民，战争难道还不可以胜利么？

女人看见男人第一次出去打仗，是绝不阻拦的，不过少年夫妻的感情总有点恋恋难舍，这是真实的人情，但是女人通常又是好胜的，谁肯说自己舍不得丈夫呢？于是一个说："我不拖尾巴，而是忘下了一件衣裳。"一个说："我有句要紧的话要跟他说说。"又一个说："我本来不想去，可是俺婆婆非叫我再去看看他，有什么看头呢！"各人心照不宣都找一种天真的虚伪借口，要到战地去探望自己的丈夫，这是多么细腻和真实地写出女人的心理，这种心理并不能算是落后的，这是爱。自私的爱情可以妨害斗争，但健康的爱却是可以鼓励斗争的精神。

于是她们无意在战斗中间扮演了一幕喜剧。多么有意味的喜剧呀。女人们受着好胜心的刺激，这一年秋季也居然学会了打仗。配合子弟兵出入在那芦苇的海里了。

这篇小说，使我们感到有一种革命的浪漫主义的色彩。所谓革命的浪漫主义并不是脱离现实基础，而正是建立于现实基础之上。这样愉快、美丽的生活，在非解放区的农民看来，不是"今天"而是未来的"明天"的生活，但是这个"明天"在解放区已经是"今天"了。而在非解放区的农民，这个"明天"

对于他们又是何等重要啊。高尔基说，文艺不仅要写出“像今天的样子，而且像他们明天应当如何的样子”。这就是他对于革命浪漫主义的解释。这篇小说，从斗争中写出了解放以后中国农民性格与品质上的美丽的特质，而从这里也照明了一切被压迫的中国农民一幅未来的美丽的生活图画。

表现方法　在这篇作品里，我们可以找到表现方法上一些非常值得学习的优点：

（一）细腻然而简洁——普通要写细腻，往往不免繁琐，写得简洁又往往犯了粗糙的毛病。这篇里，你看它头一段介绍环境，多么细腻又多么美丽，像：

“这女人编着席。不久在她的身子下面，就编成了一大片。她像坐在一片洁白的雪地上，也像坐在一片洁白的云彩上。她有时望望淀里，淀里也是一片银白世界。水面笼起一层薄薄透明的雾，风吹过来，带着新鲜的荷叶荷花香。”

这完全是诗的句，多么美的一幅图画呀。然而所用的还不到100个字，比某些作家一句句子还短。又如写四个女人集在水生嫂家里商量，仅仅用六句话，写出四个女人极其细腻的心理，多么简洁有力。这真是值得赞美的手法，甚至是许多老作家所不能及的。

（二）用对话来表现——普通我们来描写心理时，常常用大段大段的叙述。记得有一位外国作家说过，能够用人物的对话表现时，应尽量用对话表现。正如古人所说，“言为心声”，从直接的说话来表达心声，是比作者的叙述更有力的。这篇里叙述占很少部分，大部都是用对话来表现，而且对话都很简洁。例如水生告诉他妻子说他是第一个报名去参加队伍

的时候,他这样写:

“女人低着头说:‘你总是很积极的。’”

这一句话是表现了一种女人又喜又嗔的微妙心理,实在非常真切。同样的例子还有很多。

不过,用这种方法是并不容易的,可以说比用叙述方法更难,对话必须必要有力,必须去芜求精,否则拉拉杂杂写出一些废话,那反而叫人讨厌了。

(三)结构紧密——这篇小说只五六千字,确实写得很紧密。第一段介绍生活环境和出发,第二段写四个女人的商议和到战地去,第三段写荷花淀里的喜剧,没有芜笔,没有不必要的拉扯。柴霍甫说过,可以用一句表现的,不要用两句,可以用一段表现的,不要用两段。作者确是做到了简洁、紧凑、生动、活泼的条件。

《盒里的人》注解

作者介绍 A·P·柴霍甫(或译契诃夫),一八六〇——一九〇四,俄国著名的小说家和戏曲家。最初学医,因为对文艺有兴趣,便从事文艺写作。他主要作品是短篇小说,写得极多,被承认为世界最好的短篇小说家。他也写过一个中篇叫《草原上》。戏剧方面,最著名的,有《海鸥》、《三姊妹》、《樱桃园》、《万尼亚舅舅》、《伊凡诺夫之死》等,他是与高尔基同时代的,和高尔基是极好的朋友。

他小说的特点,是能挖掘出人生和社会中最真实的、最本质的东西,在一篇短短的平凡的故事里描写出来。高尔基曾经譬喻柴霍甫的小说,好像是许多小瓶子,里面即装着从生活中提出来的酒精。他并擅长于讽刺,他的小说中很有一部分是讽刺小说。他的风格是非常简朴、明朗而洗练的。鲁迅先生在这些方面,都很受他的影响;鲁迅先生的小说和柴霍甫的小说,在取材和风格上都很相近的。

有人以为柴霍甫是个忧郁、悲观的作家,其实这理解是错误的。柴霍甫是个对于人生和历史有着非常热望的人。他常常理想二十年后的俄国人民会过得多么好,虽然在他那时候,他不能看到俄国革命的远景。他并且是重视人类劳动意义的作家。在有些作品中间，虽然带着忧郁的气氛，但是可以看出他内心中是潜藏着热烈的爱和希望的。

他的主要作品大抵都翻译成中文了。赵景深曾译过他的全部短篇小说集，可惜译得不好，现在也没有再印了。

关于这篇小说的话 这篇小说是根据黎璐的译文，赵景深译作《套中人》，从译文上看，黎译较赵译忠实，但题目《盒里的人》的“盒”字，似以译“套”为妥。英译文“case”一字，可以译作“盒”亦可译作“套”，黎璐的译文未知是根据英文或俄文。但按文中语气，应译“套”较合理。

这篇小说，曾被斯大林在一次报告中引为譬喻，讽刺那些慑服于环境而不知奋斗的人，因此，毕里可夫这人物，在苏联成为一种熟知的典型，好像阿Q在中国一样。这小说并且在苏联已摄成电影了。这种典型，在中国也很多，所以我们特地选它来读。

据柴霍甫的哥哥M·P·柴霍甫在《柴霍甫作品的来源》一文中说，这篇小说是以一个实在的人物作模特儿而发展开来的，那是柴霍甫的故乡泰甘卢，有个文法学校的教师，叫做戴可诺夫，那个教师死前就是像毕里可夫一类的人物，小说中所写的背景，也即是他的故乡。文中说到“五月节，学生与教师出城到树林里去，也是泰甘卢的一种习俗”。

内容分析 这篇小说，是写典型人物。所谓典型，即是把某一阶层人物的某些共有性格特征，通过作者所创造的人物凸露出来。如这篇小说中的毕里可夫，虽然是拿一个实在人物做模特儿的，但毕里可夫所代表的，并不仅是戴可诺夫的性格，而是当时俄国没落的封建阶级的共有性格。作者从戴可诺夫身上看出这个特征，他把同其他同样阶级人物身上所看到的类似特征综合、概括起来，于是创造出毕里可夫这个人物。毕里可夫的一部分故事和性格是和戴可诺夫相同的，但并不完全一样。例如想结婚这一段故事，就是作者虚构的。关于典型的创造，正如高尔基所说的，是从十个或二十个相同阶层的人物，抽取其共同特征，通过一个有个性的人物表现出来。在这中间，这些特征往往是被扩大，被凸出来。像毕里可夫这样可笑的生活，自然并不是许多人都是如此，但是许多人那种保守的性格，把它扩大起来，就都是和毕里可夫一样的。所以最后伊凡·伊凡诺维支说："难道我们生活在城市里，没有空气，拥挤不堪，我们写无用的文章，玩骨牌，这一切难道不是我们的盒子吗？我们把全生命消耗在平凡的、骚动的男子和蠢笨的怠惰的女人群中，我们所谈所听的都是荒谬的言语。——这不也是我们的一个盒子吗？"毕里可夫是个"盒里的人"，另外一些人就何尝不或多或少的都是"盒里的人"呢？

这就是典型的意义，从一个典型人物身上，使我们看到时代和社会阶层的本质，典型创造是艺术创造中的最高境界，能创造出典型的作品，也往往是最好的作品。

毕里可夫这典型性格，说明些什么呢？这是被一种既成的社会生活所慑服，不愿也不想变革现状，保守，缺乏进取，缺乏奋斗精神的一种性格。他害怕新的东西，然而旧的东西已经不能支持他了，于是一天一天畏缩躲避，终于抵不住新的潮流而倒了下去。这是一种旧时代没落中间的一种渣滓，这种渣滓终究要被历史所淘汰了的。

为什么毕里可夫这种性格，成为当时俄国没落封建社会的，特别是知识分子的典型性格呢？当俄国废除了农奴制度以后，资本主义生产方式，逐渐侵入了俄国经济领域，资本主义文化也随着发展起来。这时候地主贵族的封建经济，实际上已经崩溃了。但是这些生长在传统的封建主义中间的人们，既无力来抵御这新的潮流，却死想保持着那无可挽救的旧日状态；于是就像毕里可夫那样，躲在盒子里，希望能够保持其没落的命运，但是终于逃不了这历史的命运的。毕里可夫的死，即是说明了他的命运。这种性格在俄国当时是很普遍的，譬如冈察洛夫的《奥勃洛摩夫》，果戈理的《旧式的地主》，都是这类的人物。

这种意识虽然抵御不住新的时代潮流，但却是新时代发展的一种障碍。作者写出这种性格，是为了要批判它，鞭挞它，指出它的没落方面和无可挽救的命运。所以毕里可夫一死，人们都会觉得似乎精神解放了一下；但立即又指出，这种性格仍然是浓厚地存在于人们的生活中间的。

这种性格，在中国也是很普遍的。因为今天中国也是在封建主义的没落和崩溃中间，五四新文化运动一开始，许多人也同样想保守，想抵抗新的潮流；现在新的革命形势到来了，许多人又同样想保守，想躲避时代风暴，这实在也是和毕里可夫一样的“盒里的人”，然而他们也终究会像毕里可夫一样死去的。

表现方法 这篇小说，是借用两个人的讲故事方式来写的。这种方法，一般说是比较难写，因为写得不好，就流于枯燥的叙述。但读完这篇小说，我们却毫无此种感觉。这是因为作者处处抓紧了人物的特征，这些特征又是那样的明显、凸出。他用几百字，先把毕里可夫勾画出来，引起你的兴趣，使你非读下去不可，而接着把他的性格更详细地介绍出来，而最后归到那个想结婚的可笑的故事。在写毕里可夫从楼梯上跌下来以至于死去那一段，是挖苦得够厉害的。这是看出作者对于毕里可夫这种人猛烈的鞭挞，毫无怜悯，毫不留情，让这种人死掉。作者要借伊凡·伊凡诺维支等两个来说这个故事，也不是没有意义的。伊凡诺维支，柏琴，却也是“盒里的人”，他们所谈到的主妇马弗拉，也是“盒里的人”；正如伊凡·伊凡诺维支所说的：“我们虽然埋葬了毕里可夫，但还有多少这类关在盒子里的人留着，还留着许多许多！”这正是作者深意所在。他处处警告读者这一点，当你读到了毕里可夫，你一定会哈哈大笑；但等你再想想这些话，发觉自己也是关在盒子里，自己身上也还留着毕里可夫同样的气质时，你就要严肃起来，痛苦起来了。

柯维兰柯，是代表着一种相反的性格；他是代表当时新兴资产阶级那种生气勃勃的性格。毕里可夫碰上这个人，就得死去了。

伊凡诺夫最后一段话，是很重要的。这是对于读者一个教育，“一个人不能这样生活下去的！”这句话对于我们今天还是非常有意义的。

比较研究　(一)关于柴霍甫研究的文章很多，但不易找到。胡风先生写过一篇《柴霍甫片断》，收在《逆流的日子里》(希望社版)，是很可一读的。

(二)多找一些柴霍甫的短篇读读，这对写短篇小说是很有益处的。

(三)把鲁迅先生的小说和柴霍甫的小说，作比较的研究。

《结合》注解

作者介绍 晋驼，身世不详，是抗战中出现在解放区的作家。《结合》是他第一个小说集，包括六个短篇，一篇散文，编在胡风主编的“七月文丛”中。他的作品具有明朗、坚实、朴素的风格。这是出现在抗战期间一种值得发扬的健康的文艺风格。他所选的题材，多半是人民在战争中意识的变化、改造与发展，很能反映出抗战中民族和阶级意识的一面。

写作时期和背景 本篇写作期间，注明是一九四一年三月。小说的背景，是晋冀察解放区的太行山中，这时日寇还在华北进行猛烈的扫荡战，环境比较艰苦。这时解放区的思想整风运动尚未开始，但思想倾向上这些问题和斗争已经明显地反映出来了。这篇小说正是反映了整风运动（一九四二）前夕的思想斗争状貌。

内容分析 这篇题名叫做“结合”，就是说明一种小资产阶级的意识通过矛盾斗争过程而与一种进步的意识的结合。这里提出了对于小资产阶级知识分子意识的一个批判，而把它通过自我的意识斗争去进行。小资产阶级知识分子带着一腔热情去参加革命，这自然是很好的一件事。但是一个小资产阶级知识分子往往先天上带着许多弱点。这些弱点的根源是个人主义的思想；一切事情都以个人作中心去考虑。然而革命即是一种群众的事业，一种现实的艰苦的斗争，单凭个人的理想与热情是不济事的。因此一接触现实，个人与集体之间矛盾就产生出来了。这个矛盾引起苦恼、烦闷，实际上就是他内在的意识斗争。只有通过这个自我斗争的考验，克服了原来意识上的弱点，才能锻炼出一个坚强的为群众的革命人格。这几乎是每个革命知识分子所要经过的一种考验的过程。

这小说中的“我”，自然也是一个进步的青年，但是当他投入实际革命生活中，他的弱点就暴露出来了。这些弱点是：

一，自高自大，瞧不起别人，处处想压倒人家，而自己又不努力。

二，吃不起苦，却要假借理由来替自己辩护，辩不过人家就装病怠工。

三，鄙视群众的文化落后，不关心群众生活与意见。做起计划来，夸大而不切实际，讲起话来，满口术语。自己不会反省，却专向别人要求温暖、安慰。

四，别人管他不得，他的原则是“人若犯我，我必犯人”，似乎个性很强，但实际却很脆弱，碰一点壁，就会想哭，想家。

老实说，这是许多革命知识分子共有的缺点。但缺点并不可怕，而在我们能否实际去克服。知识青年有一种很普遍的病根，就是这个“我”所说的：“我好像是留恋着过去，幻想着未来，忽略了现在。”青年是不满现实的，但往往缺乏面对黑暗现实奋斗的勇气。于是只会幻想着一个美丽的未来，或者嗟叹于过去平静的日子。这是从要求个人的满足而出发的革命观念，基本上是个人主义的思想。但正如那个“老姜”所说：“不是为了使自己伟大起来才干革命，而是伟大的革命正在拯救着人类的子孙和他们自己。”革命者必须批判过去，执著现在，追求未来。不是从现在脚踏实地走去，又焉能有美丽的未来。不是先把自己献身于人民，又怎样能解放你自己。老姜说：“为了凑热闹，出风头，当然是纸糊灯笼禁不起大风的。”而只摆一个“火牛阵”，革命也是不会成功的。

至于如何才能克服这些弱点，这小说里也暗示了我们。首先自然是在生活与工作中去锻炼，摆脱知识分子的架子，像老姜那样诚心耐意，任劳任怨为群众去服务。其次必须时时刻刻批判自己，像老姜那样，他还时时倾听人家的意见，反省自己的缺点，正如老姜所说的：“只要你肯让自己的‘尾巴’一天一天的缩短，你就可以感受虽然自己没有尝过而别人已经尝过的痛苦，会很自然地确定你们的人生观。”像老姜那样勇于检讨自己，不仅是使他自己不断进步，而且也终于感动了对方，帮助了对方。这是实际的教育。

这篇小说，对于青年读者是极有实益的。希望读者把它作为一面镜子，照一照自己，看看自己是否存着这个“我”的弱点。欣赏艺术原是从艺术中去追求人生的真谛。今天青年大抵都在艰苦的道路上前进，这一篇作品，对于诸君当不会没有帮助吧。

表现方法　这篇小说是以“我”作为主人公来写的，这叫做“第一人称”的写法。“我”不一定就是作者自己。用第一人称写法，有时可以较用第三人称写得更直接，省去从旁面侧叙的麻烦。但这也看题材而定，并不是第一人称就一定比第三人称容易写或写得好。

二，这篇小说的人物是采用典型创造的方法。典型创造即是高尔基所说的，从十个或二十个同类人物的身上，取得其共同的阶级特征，表现在一个人物上。作者显然是观察了若干小资产阶级知识分子，把他们的共同缺点综合起来，表现在这个“我”上。所以我们也可以从这个“我”的身上，各人看到各自的缺点。虽然严格说来，这典型性格的创造还不够，但是也已经做到相当普遍地写出知识分子这一侧面的性格了。

三，这篇小说，采用了对照的写法，把“我”和“老姜”两种性格强烈地对照着写。这样使两方的性格都更加凸出。而且不仅是对照，还把它们作为矛盾而发展。整篇小说就是写两个人的矛盾，同时为“我”的内心矛盾。这些矛盾，终于以老姜那种真诚的人格，克服了对方的弱点，以达到结合，虽然这不过是结合的起点，那个“我”真正能否做到克服自己的弱点，自然还有待于工作中实践，作者只写出了这一转变的起点罢了。

四，作者是通过许多生动的实际生活描写，来表现两个人意识上的不同，虽然最后一段，是由“老姜”作一段论理式的叙述，曾经有几位学友，觉得小说中不应该有论理式的叙述。其实也不然，问题是在使用得适当与否，是否具有真实的内容和情感，是否和整篇有机地结合着？伟大作品，像罗曼·罗兰的《约翰·克利斯朵夫》有很大一部分是论理式的叙述，但这并不妨碍它艺术的完整。

事实上，最后一段那些话，是非常足以感动人的，而且对于青年们是很有益的。

比较研究 描写青年知识分子的缺点的作品，可以介绍下列各篇，如可能找到，不妨比较地研究一下：

丁　玲：《入伍》（收在《我在霞村的时候》里）

孔　厥：《过来人》（收在《受苦人》里）

《追求者》（收在《受苦人》里）

严文井：《一个人的烦恼》（长篇）

东　平：《茅山下》（中篇）

《精神独立宣言》《向高尔基致敬》注解

作者介绍　罗曼·罗兰(Romain Rollanel)(一八六六——一九四四),近代法国最伟大的文艺家。生于法国聂勿尔省克拉美西。从小就爱好音乐,特别是贝多芬。罗兰一生的思想,受贝多芬的影响很大。一八八六年入巴黎高等师范学校。一八八七年读托尔斯泰《艺术论》,和他通讯。一八八九年去罗马,与梅森格女士相识,结婚后重赴罗马。一八九五年得博士衔,并被选为法国学士院院员。以后即在巴黎各大学任教。一九一〇年,在巴黎街上散步,被汽车撞伤,幸免于死。一九一一到一九一四年间,他写下了很多剧本。罗兰是主张戏剧民众化的一个人,他很早就写下一本有名的《民众戏剧论》(有沈起予译文)。他著名的剧本有《狼群》、《理智的胜利》、《丹东之死》、《七月十四日》、《孟泰丝邦》等,大部分均有中译本。此外他写下了许多传记,如《米勒传》、《贝多芬传》、《米开朗琪罗传》、《托尔斯泰传》。在传记文学方面,是没有人超过他的。一九〇四年起,他开始写长篇小说《约翰·克利斯朵夫》,直至一九二二年始完稿。这部小说,最初是发表在他主编的《两周评论》上,一共十卷。这部小说出来后,他的声名大著,直到现在还是轰动读者的一本巨著。以后又写《高拉·布洛宁》《Calas Breingnoo》。一九一四年大战爆发，他在日内瓦，和巴比塞等组织“光明团”，猛烈反对帝国主义战争，发表了许多反战的论文，这些文章后来编成一本集子，叫做《超乎混战以上》。战争结束后，他在《人道报》上发表了《精神独立宣言》，各国文化界领袖签名的有百余人之多。战后，返巴黎，出版了大战中所写的两部小说：《彼得与露丝》，《克莱朗宝》。一九二二年又出版《慑人的灵魂》(Enchanted Soul)，这是继《约翰·克利斯朵夫》以后的一部巨著。从一九二一年写起，十年始完稿，全书共六卷。一九二五年又出版《爱与死的搏斗》。以后思想倾向于社会主义，反对法西斯主义。参加了国际反帝、反法西斯同盟，一九三五年去苏联，与高尔基相晤。以后又为反对弗朗哥屠杀西班牙人民而斗争。我国抗战中，他又和爱因斯坦等共同发表宣言同情我国。法国沦陷后，他隐居于一小乡村中，直到一九四四年初逝世，他被称为“欧罗巴的良心”。

罗曼·罗兰的思想　罗曼·罗兰的思想，在二十世纪是发生了很大的影响。罗兰幼年时，法国资本主义已经从成熟趋向没落。当时法国资本主义文化中间，充满着悲观主义和颓废主义的观念。在市民生活中间充满着市侩的思想。罗曼·罗兰是在痛苦的热情中生长起来的。他反抗着这种堕落的倾向；他要用一种希望和信心来冲破一切懦怯、平庸和市侩主义。他思想的主要内容，就是理想主义、英雄主义和人道主义。他以这种理想主义反抗当时庸俗的现实主义；以英雄主义去反抗当时平庸的生活和市侩主义；他以人道主义去反抗资产阶级的残暴和虚伪。他主张一个人要凭着生命的力量，不断去和环境战斗，来达到他的理想。他的那部《约翰·克利斯朵夫》，就是表现了他这样思想的一部小说。他写出那个青年主人公，一生不断的战斗，从战斗中去追求他的理想。最后克利斯朵夫是死了，但是作者却强调着告诉我们，生命是种无歇止的战斗。罗兰的思想是给当时欧洲灌注了一种强烈的反抗精神。他是绝不妥协，绝不屈服的。他凭借这种不断的战斗，终于走到了集体的道路，但是他的初期思想，无疑是带着浓重的个人主义和唯心主义色彩的。

第一次大战中间，他的人道主义思想，发展成为一种行动的纲领。他憎恨帝国主义屠杀的战争，他以行动来反对这个战争。对于战后那种分赃式的和平会议，他也极端憎恶，他号召一切知识分子不要为反动资产阶级去服务，要求有独立的精神人格，这就是表现在上面那篇《精神独立宣言》中的。战后，他的思想逐渐起了激烈的变化；那时苏联十月革命已经成功了，欧洲无产阶级运动也达到很大的发展，这一切都帮助他走向社会主义的道路。他最后成为一个社会主义者了。他写过一本《与过去告别》，检讨了自己过去的思想，并且说从旧社会走向新社会的人，“必须斩断身后的桥梁”，只能有进无退。这种思想的发展，也表现在后来那本长篇巨著《慑人的灵魂》中。这部小说中，写一个母亲最初是追求一种独立的人格，但是失败了。她的儿子后来在反战运动中和工人群众相结合，在斗争中间牺牲了。母亲受着这个现实教训和工人阶级的感召，最后投身到社会主义的奋斗中，找到人生的道路。从这两部小说中，我们也可以看到罗曼·罗兰思想的发展。构成他这种发展过程的，是他不断的斗争实践以及最后他与人民群众的相结合。他是被称为“两个世纪的文化的一座桥梁”。罗曼·罗兰到莫斯科时候说:“我从巴黎到莫斯科,这条路是好艰辛和遥长啊。”这句话就是象征他是怎样从资本主义的文化走到了社会主义的文化的。

关于这两篇散文 《精神独立宣言》是一九一九年六月廿四日发表于维也纳,后二日即为第一次大战后和约的签字日。这宣言刊载在法国的《人道报》上,签名的人很多,是对于帝国主义奴役文化的一个抗议书。在第一次大战中间,许多知识分子——哲学家、艺术家、科学家,都在资产阶级的爱国主义名义下,实际上做了帝国主义的工具了。第一次世界大战中,除了革命无产阶级的政党是反对这战争外,在资产阶级知识界中间,只有罗曼·罗兰、巴比塞等所组成的“光明团”,积极进行这个反战运动。罗兰在这篇宣言中指出了这个痛苦的教训,这是“由于理性的差不多全部抛弃和对于无节制的暴力的屈从所致来的惨祸”。他要求文化工作者,从“这种屈从的同盟,隐秘的、奴隶的驯服解放出来”。最后指出:“我们只为着全体意义的人类,在我们眼光里,没有个别的民族,只有同一的、普遍的‘人民’,痛苦,战斗,不断地起来。”这就是说,反对把知识与文化去服从于帝国主义的统治者,要求有独立的精神,为全体人民去服务。整篇的中心意思就在这里。

这自然是一种自由主义思想,然而这种自由主义思想在当时是起着进步作用的,因为他很明白是号召一切知识分子不要为资产阶级去服务,要求和资产阶级分离开来,而和人民站在一起。那和目前一些绅士们假借自由主义的旗帜,而实际上却是企图号召知识分子去为资产阶级和统治阶级去当幌子,是有天渊之分的。当然,这还没有进一步的指出社会主义文化的前途，在那个时候，罗兰的思想还没有发展到这个程度，但是在后一篇《向高尔基致敬》中，我们就看到这种思想已经进一步和劳动人民结合起来了。

《向高尔基致敬》是在一九三一年五月为高尔基返国而写的。——这以前，高尔基是逗留在意大利多年。在这篇散文里，他把自己和高尔基作了一个比较，这是非常有意义的。他们是从两个不同的阶级出身，经历着两条不同的道路，而最后却在一个目标上碰头了；这里是写出他怎样从一个阶级走到另一个阶级的过程。而使他能够走到这个目标的，却正如他所说，他多年寻找了人民，最后终于“伸长了我的根，在沉重的欧罗巴洲的地面下，我伸长到了苏联人民的肥沃的温床，而和在苏联的深处激动着的奇瑰的生命结合了。”在这里，他批判了资产阶级个人主义的知识分子，他说：“十五年之内，他们中间的最优秀分子总不能离开个人主义的盲巷，他们做到了‘与世纪隔绝’，只听从自己的良心。”而且他就坦白地以自己为例子来批判，他说过去他反对战争的文字，“并不是为了说服欧洲而写作，我为了宽慰我的良心”。他也对《精神独立宣言》作了自我批判，他说：那“仅是一九一九年我所理解，而用我的署名发出的一个呼吁，它是一枝有着绿色的枝叶向着天空的树木，可是它的根却几乎完全脱离了泥土。如果我不能把它移植在全人类中间，在劳动人民的‘黑土壤’中，它必然会死亡的。”从这里，我们不仅看到了罗曼·罗兰的思想发展，也看到了他自我斗争的精神。

革命知识分子多半是从资产阶级或小资产阶级走向人民大众的。罗曼·罗兰所走的道路，也正是许多小资产阶级知识分子在走或将走的道路，那末，罗曼·罗兰这一生的奋斗，对于我们实在有非常的意义。这两篇散文，是他思想发展过程中两篇重要的文章，我们特地选它来读，也是这个意思。

关于罗曼·罗兰的散文　罗曼·罗兰是以戏剧与小说著名的，但是他的散文实在也是非常杰出的。他的传记文学是世界最好的传记文学。此外，如收在《超乎混战以上》、《奋斗十五年》两个集子中的许多散文，以及上面二篇，都是非常优美的散文。他的特点是有雄伟的气派和力量，具有雄壮的美，不像有些散文那么纤弱。这是由于他散文中是带着从强大思想产生的感情。感情是从思想来的，没有强大的思想力量，也不可能有强大的感情。许多人常常把散文看做是一种抒发个人幽情的小品文，这是一种不正确的见解。读了罗曼·罗兰的散文，对于这个观念可以得到纠正。

《李家庄的变迁》注解

(原文略)

作者介绍 赵树理,解放区作家,1943年以后才出现于文艺界的一位新人。但是他第一篇作品《小二黑结婚》发表以后,立刻获得读者广大的欢迎。仅在太行山一区,此书即销行三四万册,接着又发表了中篇《李有才板话》,《李家庄的变迁》是他的第三本作品。

1942年延安举行了一次文艺座谈会,彻底检讨了过去文艺上的倾向,确定了新的文艺路线,即文艺要服务于工农兵;文艺应从普及基础上去提高,文艺作家应站在群众的立场上,用人民大众的言语、形式,表达人民大众的思想感情——这就是所谓人民文艺。赵树理是在这次会议后第一个献出其第一部小说的。他本来是个从事农村实际工作的人,生活经验和对于农村的认识,比其他作家更丰富,因此他也比其他作家更先地写出描写农村的作品。他的风格,可以说是独创的。他没有受到那种扭扭捏捏的文艺滥调的影响,也没有被旧形式所束缚。但是他却吸收新文艺创作方法上的优点,同时也吸收了民间文艺表现方法的优点,综合起来成为他自己的风格。

在《小二黑结婚》中，他采用了素描的方法，用极短的分段，写出书中的人物；在《李有才板话》中，他采用农民中间明快、富于幽默的板话形式，这一切都是创造的。他的风格清新，朴素而健康，可以说是从中国农民那种朴素、单纯、坚忍的生活风格中汲取来的。他的小说，可以在农民中间朗诵，被听众所领会，不会有念不上口的弊病，他是做到了大众化的地步，不是过去一般新小说所能及的。

自然，他还不过是在开始发展的阶段，并不是说他的作品已经达到完美无缺的程度。但他确实在这条路线上跨出了第一步，给大众文艺形式也摸出了一条道路，而也在这意义上，这个作家和他的作品是值得我们学习的。

写作时期和背景 这小说是在 1944—1945 年中间抗战胜利前后写成的。但是小说所写的故事，却是从民国十七八年开始，一直写到抗战胜利。故事背景虽不过是山西省的一个小村落，但是从整个故事过程中，却写了一些中国历史上的事件，如民国十九年间蒋阎战争，二十五年红军北上，二十六年抗战开始阎锡山与八路军合作，组织牺盟会，后来新旧军的冲突，以及人民政权的成立。这些历史的波澜都激荡到一个小小的村庄，使一些穷乡僻壤的农民，终于在这时代的波涛中，觉悟起来，强大起来，最后翻身了，虽然是以一个村庄的变迁为小说的背景，然而实际上却是一幅中国农村的缩影。从这幅图画中，我们看到了民族和社会斗争的姿态。

内容分析 小说的主题，是写一个落后的闭塞的农村的觉醒的过程，从这里告诉我们农民潜在力量的所在和它的历史根源。一百年来，特别是近几十年来，中国是在反帝反封建的革命过程中。封建势力在中国具有深广久远的根基，要铲除这封建势力，非靠农民觉悟起来掘除地主豪绅的根基不可，而农民这种意识的觉醒，并非一朝一夕的事。它是经过无数事实的教训与悲惨斗争一步一步发展过来的。这是一条艰辛的历史道路。作者为什么要从遥远的民国十七八年起，来叙述这个故事，正是要使我们从历史过程中来认识中国农村的变革，这是这小说内容上的第一个要点。像铁锁这样一个忠厚、愚昧、朴直的庄稼汉，怎样从屡次遭受地主们的欺弄、迫害以至破产中间，获得现实的教训，怎样从自己心中的疑问而引起对于小常和小常的信仰一种模糊的认识，又怎样在继续的斗争教训中间扩展了他那种模糊的认识，使这种认识变成一种他所执著地追求的东西，终于在更残酷的抗日反汉奸的斗争中间找到了他自己的道路，而最后使他变成了村民的领袖。这正是许多中国农民今天所走着的道路——一条历史的道路。作者主要的，总笔力，就放在刻画出这历史发展的血痕上，不是这样，我们将无法理解这个人物的现实意义，也不能从作品上去理解中国革命的历史实践意义。赵树理先生这本小说不仅从过去来阐明了现在，而且也从现在指出了未来。小说并不是以一个大团圆来收场，当李家庄被解放了之后，按着新的形势保卫解放区与抵抗反动派进攻的艰巨任务又来了，这些人民的战斗者席不暇暖，又要出发去战斗，这使我们深深想到历史压力的沉重，和中国革命的艰难困苦。小说的结束并不像时下某些戏剧和小说，教我们舒出一口轻松的气，却是我们的感情上再加上一种沉重的鞭策。我们必须更勇敢，更坚实地去迎接那愈来愈残酷的斗争，才能最后完成人民解放的大业。

这小说，内容上第二个要点，就是他把抗日的民族战争和社会斗争联系起来。一般写抗战的作品，往往忽视了社会斗争的意义。其实抗战是依赖于人民的力量，而人民力量的能强大发展，必须使他们从封建压迫中间解放出来。所以抗日斗争中间，一定也包含着社会的斗争。李家庄的故事给我们作了现实的说明。为什么八路军一到村子，这个村子即会彻底地翻过身来，这主要并不是靠八路军的武力，而是靠和封建势力的长期血的斗争中人民本身意识的觉醒与有生力量的蓄积。事实上，八路军本身也正是从这种长期血肉斗争中锻炼出来的人民的武力。这种人民的武力与当地人民潜在的斗争力量相结合，这样就产生了解放区那样坚强不拔的人民力量和人民政权。这种力量是土生土长的，八路军也就是在这土生土长的力量中长大起来的。不了解这点，就将不了解八路军和解放区的意义，八路军会变成自天而降的救世军，解放区会变化为乌托邦的奇迹了。

第三个要点，就是作者是站在阶级的观点上去认识现实和处理其题材的。他以一个贫农和木匠张铁锁作为主人公，而这个主人公最后终于成为解放了的李家庄的领导者。他和冷元、白狗，这一些最下层的贫农和劳动者，成为这长期斗争中最坚决与勇敢的一批人。他又写出了商人王安福、陈修福等，他们是从妥协、中立、同情而转到斗争中来的，这是中间阶层。另一方面，就是恶霸李如珍、春喜、小喜以及他们的走狗小毛等，这是代表地主阶级的，从各阶级的利益，立场不同，也显出他们在这斗争中的地位。这不是公式八股，而是现实。

在目前社会斗争日趋尖锐的时候，这种阶级对立关系，就更显得清楚了。

作者从历史的、社会的、阶级的观点上，去把握和处理他的题材，因此他这作品也给我们深刻地反映出现实的历史与社会的内容。

从这些要点上，使我们看到，作者是怎样运用他正确的世界观，去认识现实和分析现实，这是值得学习的。

表现方法 这是一个相当大的题材，要在七八万字的篇幅内，写下20年的历史，是极不容易的事，这需要处理和剪裁得恰当。作者把二十年历史，分开几段来写：第一二章，描写民国十七八年间的李家庄，这里就以春喜霸占铁锁房屋为主要场面，来写出地主剥削农民的残酷。第三四章，写十九年阎蒋战争中的太原，从张铁锁眼里看出封建统治者贪婪、无耻、卑劣、混乱；同时写出农村的剥削把贫农赶到都市，和城市工人开始接触，从这里引出一个小常来。第五六章又写回到村庄里去，从张铁锁最初的觉醒到他的被捕，这实际上已经是政治斗争开始了。第七章以后，就写抗战期间的故事，第十章以前是写村子里两条路线的斗争。第十章以后日本人来了，李如珍一伙人变成了汉奸，社会斗争和抗日除奸的民族斗争结合起来了。最后写出人民的胜利和胜利以后新的斗争开始了。一般说，头上几段是剪裁得最好，写得更集中有力，也更生动。第十章以后，因为故事复杂了，就不易处理，写得便显松懈，描写太少，直叙太多，就不如前面生动，所以在完整性上，它不如《李有才板话》。

其次，作者在描写手法上，是非常朴素简明的，没有浮泛的堆砌，没有那种繁琐、纤细的笔调。是最新的文艺风格的特点。第一章一开头，就是“李家庄有座龙王庙，看庙的叫老宋……”多么明快、干净，不到几笔就把一个村公所和老宋活生生地写出来了。我们过去写小说，往往先来一大段细腻的风景描写，写了半天读者还摸不着头脑，倒已经疲倦了，这远不如像这篇小说，一开头就把读者的注意力捉住了。特别在今天中国，为了使文艺更容易被大众接受，我们必须反对那些扭扭捏捏的文腔，提倡这种朴素的美。这种美，是符合于现代劳动人民的美学观点的。我们收到的学友习作中，往往犯了浮泛堆砌的毛病。对这部作品的创作方法尤其应该细细研究。茅盾先生在序言中也提到这一点，认为“这是民族形式的一个里程碑，解放区以外的作者，足资借镜”。

言语的使用，一般说，不及前次选的那篇《一个女人翻身的故事》来得生动，也不如《李有才板话》。这是用普通话写的，多少有些接近旧小说调子，但已经扬弃过了。可是最大的特点，是它可以在工农面前朗诵，被大家所了解。这一点是很重要，也很不容易的。

比较研究　一、读过此书，最好把作者的《李有才板话》和《小二黑结婚》一起来比较研究一下它们的优点和缺点。

二、把它和后方一般小说比较，研究一下他们创作方法的不同和特点。

三、周扬的《论赵树理的创作》(附在《小二黑结婚》后)、茅盾的序文，都可作为研究的参考。

《两种脚印》注解

写作时期和背景 本篇注明是在一九四二年写的，发表于一九四七年《文艺复兴》六月号。小说的背景应是抗战期中华北的国民党区域，小说所写的生活与口语，都是北方的。在抗战期中，大后方的农民的生活非但没有改善，反而在各种压迫之下，饥饿得无以为生。这篇小说是反映了当时的农村生活情形和地主与农民之间的对立。

主题思想和内容分析 这篇小说的题目叫《两种脚印》，作者似乎想把农民因饥饿而偷了地主的几颗红薯与地主寡妇偷汉那两件事来对照。但细读这篇作品以后，可以看出，真正的主题并不在这一对照上，而在农民因饥饿所迫，不过偷了几颗红薯，便被认作是贼，而地主对于农民的剥削则不知残酷几百倍，却在这社会里被认为是理所当然。从这一对照上，看出今天中国农村经济关系的不合理，封建剥削制度的罪恶。大喜对他父亲说，“以后人家还看我是人吗?”他父亲老根立刻反驳说，“难道他们就是人吗?”这一段话是非常有力的。这里显示出一种阶级意识的对立。像田老根这样一个农民，可说是非常忠厚老实的。父子两口替史寡妇牛马一般做了十几年伙计(他们在农民阶层中是属于雇农)，结果弄得要一家断粮，连向她借五斤米都不行。要借就得“借一斗，两三个月就得还三斗”。这是怎样可怕的高利贷，地主凭着这样高利贷愈盘愈富，而农民便不能不愈来愈穷。在这种残酷的剥削之下，逼得一个忠厚的农民不得不出之于偷窃的一途。这是农民田老根的罪恶？还是地主史寡妇的罪恶呢？那不是很显然吗？地主史寡妇不过少了几颗红薯就逼着田老根要把他脸子拉下来，居然还会说“一个人的良心……”等话。这才逼得忠厚老实的田老根两眼冒火，恶直地对射着史寡妇说：

“良心，见死不救的还有良心吗？那个放大账逼死人的，要男盗女娼！”

这真是一句响亮的话。千百万农民心里一句共通的话。最忠厚的人逼得最后也是要起来反抗的。田老根这一句话里包含无数中国农民的血泪仇恨。至于拿史寡妇偷汉一事给她一个反击，不过是小说里的一个情节，揭露地主史寡妇的那种伪善，其实并不顶关重要。即使史寡妇没有那回事，又何尝能减轻她对农民剥削的罪恶呢？所以我们不能仅从社会伦理与道德观点上，把这两件事对照，我们应该从社会学上从阶级关系上来认识这个主题，才能更深刻地去把握这题材的意义。作者用“两种脚印”做题目，实在是不妥的，也许作者最初是从伦理观点上出发，所以他在文前引用了尼采的一段话，但是由于作者真正把握住客观现实，反映出现实的真实，倒使它的主题的正确性在创作过程中表现出来了。

小说的结局，也是很恰当的。憨直的大喜想铤而走险，但是富有生活斗争经验的田老根却现实地指出：“坏人得势的地方，好人就会立不住脚！咱们是掏力人，哪里好，咱往哪里走，天底下总会有饿不死掏力人的地方!”这是非常坚强、明确、健康的一种意志。这中间还包括对于斗争的一种信念,所以最后又重复一句说:“天底下总会有饿不死掏力人的地方。”可不是,这样的地方是现实地存在于中国。田老根一家人的去向我们是可以揣知的。

表现方法 这篇小说的成功,主要在于作者对于农民生活的熟悉与人物性格的把握正确。作者对于北方农村情形是颇为熟悉的,关于地主对农民剥削的实际情形,如雇工制等了解得很清楚,这不是可以凭空杜撰的。对于人物性格,他写出史寡妇之泼辣、精明、打小算盘、刻薄,都是地主典型性格的一面。大喜是个憨直、倔强、天真的青年农民性格。田老根是个饱经风霜,从长期压迫下锻炼出来的一种坚韧的农民性格。这三种性格都很清楚。田老根和史寡妇,史寡妇与大喜,大喜与田老根三个主要场面(第七节、第十节、第十一节),是这篇小说结构的重心。在结构上,作者把每一场面写成一节,轻重层次,都很分明,读起来觉得特别清楚而不冗赘,如第八节只用两句话就收场,这是很简洁的手法。言语的运用也相当纯熟。有些重要的关键上,都由几句扼要的对话把力量显突出来。尤其是第七节里史寡妇与田老根的对话是那样针锋相对,洗炼有力。

比较研究 请把这篇和前次所选的《石青嫂子》,作一比较研究,这都是以农民与地主的斗争做题材的,你对他们关于题材的处理把握上有些什么意见?

《普希金抒情诗选》注解

致察尔达耶夫

爱情，希望和平静的光荣
并没有长久地把我们骗慰欺诳；
就是青春的欢乐，
也已经像梦，像朝雾一样消亡；
但我们的内心还燃烧着愿望，
在宿命力量的重压之下
我们正带着焦急的心情
倾听祖国的召唤。
我们忍受着期待的苦刑
等候那神圣的自由时光，
正像一个年轻的恋人
在等候那确切的会期一样。
现在我们的内心还燃烧着自由之火，
现在我们正直的心还没有死亡，
我的朋友，我们要把我们心灵的

美丽的激情，都献给我们的祖邦。
同志，相信吧：迷人的幸福的星辰
就要上升，射出光芒，
俄罗斯要从睡梦中苏醒，
并在专制暴政的废墟上，
将会写上我们姓名的字样。

一八一八年

囚　　徒

我坐在潮湿的牢狱的铁栅边：
一头在束缚中饲养大了的年轻的鹰鹫，
这是我悲哀的同伴，正在我的窗下，
拍着翅膀，啄着带血的食物。

它啄着，掷着，又看着我的窗户，
好像在和我想着同样的事情；
它用它的目光和叫声召唤着我，
想对我说："让我们一齐飞走吧！"

"我们都是自由的鸟儿；
是时候啦，弟兄，是时候啦！
让我们飞到那儿，在云外的山岗闪着白光，
让我们飞到那儿，海滨闪耀着青色的光芒，
让我们飞到那儿，就是那只有风……

同我散步着的地方！……”

一八二二年

致大海

再见吧，自由的元素！①
这是你最后一次在我的眼前
滚动着蔚蓝色的波涛
和闪耀着骄傲的美色。

好像是朋友的忧郁的怨诉，
好像是他在别离时的呼唤，
我现在最后一次倾听
你悲哀的喧响，你召唤的喧响。

你是我心灵的愿望之所在呀！
我时常沿着你的岸边，
一个人静悄悄地、蒙瞳地徘徊，
还因为那个隐秘的愿望而苦恼着！②

我多么爱你的回音，

---

① 指地、水、风、火四大元素。

② 指普希金想秘密逃到海外去的愿望。1824 年正月间，普希金曾写信给他的弟弟："我想静悄悄地拿着芦杖和礼帽，乘船去一游君士坦丁堡，神圣的俄罗斯在我觉得是太难受了。"

爱你阴沉的声调，你悠远无尽的音响，
还有那黄昏时分的静寂，
和那反复无常的激情！

渔夫们的谦卑的风帆，
靠了你的任性的保护，
在波涛之间勇敢地滑过，
当你跳跃起来而无法控制时，
大群的船只就会被覆没。

我永不能舍弃
你这寂寞和静止不动的海岸，
我怀着狂欢之情来祝贺你，
和任我的诗歌驰骋过
你波涛的峰顶。

你等待着，你召唤着……而我却被束缚住；
我的心灵在徒然地挣扎：
我被一种强烈的热情所魅惑，
独自留在你的岸边。

有什么好怜惜？现在哪儿
才是我毫无牵挂的路程？
而在你的荒漠中只有一样东西
会惊震我的心灵。

这是一个峭岩，一个光荣的坟墓……
沉溺在那儿寒冷的睡梦里的，
是那些威严的回忆：
拿破仑就在那儿消逝。①

在那儿，他长卧在苦难中。
而紧跟在他之后，正像风暴的喧腾一样，
另一个天才，我们思想上的另一个王者，
也从我们中间飞逝而去。②

自由之神所悲泣着的这位歌者消失了，
他把自己的桂冠留给了世界。
喧腾起来吧，激荡起阴恶的天气吧，
哦，大海，他曾经是你的歌者。

你的形象反映在他的身上，
他是用你的精神塑成，
他像你一样地威严，深邃和阴沉，
他像你一样，什么都不能使他驯服。

世界空虚了……

---

① 拿破仑于1821年死于圣海伦娜岛，诗中的“一个峭岩”即指此岛。

② 指英国大诗人拜伦因参加希腊的革命，于1824年4月间患寒热病死于米索隆基地方而言。

海洋，你现在要把我带到哪儿？
人们的命运到处都是一样：
有着幸福的地方，早已就有人看守，
或许是开明的贤者，或许是暴君。

哦，再见吧，大海！
我永不会忘记庄严的美色，
我将长久地，长久地
倾听你黄昏时分的轰响。
我的心灵充满了你，
还把你的峭岩，你的港湾，
你的闪光，你的阴影，和波涛的喧响，
带进森林，带进静寂的荒原。

一八二四年

致西伯利亚的囚徒

在西伯利亚矿坑的底层，
望你们保持着骄傲忍耐的榜样，
你们悲惨的工作和思想的崇高意向，
决不会就那样消亡。

厄运的忠实的姊妹——希望，
甚至在阴暗的地底，
也会唤起你们的精神和欢乐，

大家所祈望的时辰，不久就会光降。

爱情和友谊要穿过阴暗的牢门
达到你们的身旁，
正像我的自由的歌声
会传进你们劳役的深坑。

沉重的枷锁会掉下，
阴暗的牢狱会覆亡，
自由会愉快地在门口迎接你们，
弟兄们会把利剑送到你们手上。

一八二七年

（戈宝权　译）

作者介绍　A. S普希金（全名为亚历山大·塞尔格耶维奇·普希金）是俄国文学史上最伟大的诗人。1799年5月26日生于莫斯科，是一个贵族地主的儿子。幼年在学校中即开始写诗，暴露出他的天才，后迁居圣彼得堡，在外交部做事，写了许多优美的抒情诗。其时，俄国在沙皇亚历山大一世的统治之下，黑暗反动，人民痛苦不堪。普希金对于这种反动统治，极为愤怒。他写了许多讽刺和攻击沙皇统治的诗，引起社会上极大的欢迎；上面所选的《致察尔达耶夫》一诗，即是被群众所最热烈欢迎的一首；后来沙皇知道了，彼得堡总督把他召去，最后沙皇亚历山大一世，决定把他流配到西伯利亚去，后来由于亲友奔走，才改为流放到南俄蒙加杰林诺斯拉夫去。

在南俄，普希金和一个秘密的政治结社“幸福会”发生关系。这个结社是主张建立民主共和国，取消贵族特权的；是一种自由主义者的组织。普希金革命的情绪更高起来，他的诗歌中充满了斗争的精神。

后来，他到了沃地门，在伏龙卓夫公爵下面工作，不久后他辞职。但正在这时，他写给朋友的一封信，被沙皇警察局查出了。信中有攻击上帝的话，于是沙皇下令，把他押送到他家乡领地上，交当地长官监视。他在乡下度着寂寞的生活，跟他做伴的，只有他的乳娘亚林娜。这个乳娘对他写诗上有很大的帮助。这时他写了长诗《茨冈》(中国有瞿秋白先生之未完成译文)，和诗剧《戈都诺夫》，接着又写《欧根·奥尼金》，这是普希金最有名的一本长篇叙事诗(中国有吕荧的译本)。

亚历山大一世逝世后，俄国起了一次军事政变。这次政变是失败了，许多人被绞死或充军了。新皇尼古拉，发现普希金的诗在政变中有极大的煽动作用，于是设法想收买他，恢复了他的自由，并且召见了他。从此以后，普希金一直到死，就都在沙皇与宪兵的监视之下。这中间，有许多案子，都是牵涉到他所写的诗。

土俄战争爆发，普希金参加到战争中去，但不久认识这战争的性质，便离开了。1830 年，他和拉泰利亚·尼古拉耶夫娜·丽佳罗娃订婚。这个时候，他写了无数的作品，几本著名小说都是这时产生的。次年，他们正式结婚了。但他太太的性格和他并不相同，她是一个很庸俗的上流社会女子，因此两人合不来。结婚以后，他有一个时期，和他太太周旋于宫廷之间，这使他很为苦恼，于是他要求离开彼得堡到乡下去写作。

他的太太在社交界地位愈来愈著名，沙皇也追求过她。

她对她丈夫那种乡村生活感觉不满，依旧出入于贵族社交界。1834年，彼得堡来了一个法国男爵丹特士，追求拉泰利亚·尼古拉耶夫娜，谣言迅速传出了。最后由于一个贵族写信讽刺了他，激怒了普希金，于是便向丹特士挑战，丹特士也致书向普希金接战。1837年1月27日，这决斗正式举行，结果普希金受伤而死了。死时只有38岁。

普希金在19世纪俄国文学上是一个奠基者，他也是一个现实主义的诗歌的奠基者。他不仅创作了许多诗，也写了不少的散文和诗剧。他最大的著作，是《欧根·奥尼金》、《茨冈》、《普希金小说集》。

关于普希金的诗　普希金的诗之所以伟大，简单地说来，可说是由于下列几点：

第一，他是激烈地反抗着黑暗现实的，他是为人民的，而把人民的力量表现于他诗歌里去的。他的出生，离开1789年法国大革命仅一二十年，其时，西欧民主主义思想潮流，震荡了西方诸国家；普希金首先接受了这种思想，他成为一个自己阶级的叛变者。他憎恶贵族社会，讥刺沙皇，参加了十二月党。诗人的一生是和政治斗争不能分开的，和人民不可分的。高尔基说："他这一个人，是不能以'贱民'的称呼来了解人民的，他尊敬人民，并且用感觉来探索人民的力量。"他一生是苦痛地从贵族生活里挣扎出来，而走向人民。他的诗成为当时俄国一种煽动的强烈力量，他的讽刺诗和革命诗，被人们争着抄传开去。从上面所选的几首短诗中，就可以看出诗人反抗和革命的性格。

第二，他是现实主义诗歌的奠基者。高尔基说："他在奥德萨，吉辛辽夫和普斯柯夫省，采集歌曲——改穿小市民的服饰，他研究人民的生活，人民的语言，咒骂自己的教育是‘不洁的、可恶的’。他经常地向自己的保姆，同驿车夫、女小贩，在酒店里和客栈里向士兵学习俄罗斯的语言。”正因为他是面向人民，向人民学习的，因此他的作品是现实主义的。“他开始在文学中采用人民的主题，日常的生活。开始着手真实地、纯朴地和忠实地描写生活……”（高尔基）。他的长诗《奥尼金》就是现实主义文艺一个宝贵的典型，把俄罗斯当时的社会现实都反映出来了。

第三，他的诗歌和小说里，表现了强烈的民族性。这也是和他面向人民，面向生活而来的。而且，真正现实主义的文学是不能不具有强烈的民族性的。倍林斯基称赞他的诗说：“他的诗中是跳跃着俄罗斯生活的脉搏。”果戈理尤其肯定他这一点，他说：“一提到普希金的名字，就立刻会想到俄罗斯的民族诗人。事实上，在我们诗人中，没有一个及得上他，面目没有一个能适宜于被称为民族诗人。……在他身上，俄罗斯的大自然，俄罗斯的精神，俄罗斯的语言，反映得这样的纯洁，这样的净美，有如凸出的光学玻璃上所反映出来的风景。”普希金诗歌中间之所以能表现这样的民族性，一是由于他把握住了俄罗斯的时代精神，一是他把握了俄罗斯的社会生活。普希金的创作，大部是在乡村中写出来的。他对于俄国城市与农村的生活是异常熟悉的。

第四，他是第一个用人民的语言去写诗的。普希金关于言语的智慧是惊人的，他吸收了民间语言的精华，也吸收了文学遗产上语言的精华。正如高尔基所说的，他经常向车夫、女贩、士兵学习语言；其中特别是他的乳娘，给了他不少帮助，许多美丽的民间故事，都是她告诉他的。论及语言使用时，高尔基说："语言是人民所创造，是很合宜的。将语言分成文学的或人民的，那意思不过是说：我们是有所谓'原料的'语言和精炼的语言而已。第一个了解这一点的是普希金。他并第一个指出，应该怎样利用人民的语言材料，应该怎样将它提炼。"

普希金给予我们关于语言的指示，就是必须吸收民间的语言，而予以提炼，使其成为艺术的语言。

以上四个特点，都是互相关联着，基本上他是向着人民生活突进的。所以他的诗歌才是革命的、现实的、民族的和大众化的。这一切，到现在仍是我们文艺上的基本原则。所以虽然在一百年以后，普希金仍是世界文艺史上一颗最灿烂的巨星。

自然普希金也有他矛盾的苦痛，这是他和自己阶级分离开来中间所产生的苦痛。这些在仔细研究他的作品时，可以感觉出来的。

关于上面选的几首诗 （引自译者注释）

(一)《致察尔达耶夫》 察尔达耶夫(П. я. ЦaalaeВ，1794—1856)是位哲学家及政论家，著有《哲学书简》一书，发挥反对沙皇暴政的思想。当普希金在皇村中学读书时，即与察尔达耶夫相识。当时察尔达耶夫正是驻扎在皇村的近卫骑兵团中的一位军官，其思想影响普希金非常之深。普希金写这首诗时正是十九岁，他最初并不打算把它发表，但是这首诗的手抄本却流行非常之广。后来普希金曾因为这首诗及其他几首歌颂自由的诗章，被沙皇于1820年放逐到南方去。

这首诗在1903年方才第一次正式发表,流传的稿本共有两种,其中稍有出入:如第一句中的“平静的光荣”,在另一稿本中为“骄矜的光荣”;第17句中的“迷人的幸福的星辰”则为“幸福的彩霞”。

(二)《囚徒》　这首诗是当普希金被放逐在南俄时,参观了吉辛辽夫的牢狱之后写成的。

(三)《致大海》　普希金因为写作歌颂自由的诗,于1820年被沙皇放逐至南方。在南方时,又因为继续写作充满反抗激情的诗,且与奥德萨总督伏隆卓夫有隙,于1824年7月间又被宪警押送到他父母的领地米哈伊洛夫斯克村去,前后禁居有两年之久。这首诗,他在离开奥德萨就已经起笔,而在米哈伊洛夫斯克村完成的。其中写出了他对于拿破仑和拜仑的追念,复又写出他想逃亡到海外去的胸怀。诗人维亚柴姆斯基公爵曾经屡次请普希金写一首悼念拜伦的诗,但是普希金并没有写,而于当年10月间把这首诗寄给他,并且这样写道:“奉上悼念上帝的奴仆拜伦的短诗一首。”这首诗,也表现出他是受了拜伦的《却尔德·哈罗尔得旅行记》,及可能还又受了法国大诗人拉玛丁的《向大海告别》一诗的影响。

(四)《致西伯利亚的囚徒》　19世纪初叶,正是自由思想漫布全俄之时,一般知识分子及军人都从睡梦中觉醒过来,想推翻当时的沙皇政体,建立新的共和国。这种革命思想最初的表现,就是1825年12月14日在彼得堡所爆发的十二月党人的起义。这次起义虽然不幸被沙皇的铁掌所镇压,五个主要的领袖被处死刑,其他100多人都被判处流刑充军到西伯利亚去,但是它的影响却非常之深。赫尔岑曾说过:“圣伊萨克广场的炮声，惊醒了俄国整个一代的青年。”当十二月党人事变发生时，普希金正被禁居在米哈伊洛夫斯克村。及至他后来被新皇尼古拉一世召到莫斯科去时，尼古拉问他：“普希金，假如你在彼得堡，你也会参加12月14日的那次起义吗？”普希金大胆地回答道：“一定的，皇上。我所有的朋友都参与事谋，我不会不参加的，只因我不在当地而得免于难。”

我们大家都知道，普希金与十二月党人往还甚密，他在1826年底或1827年初时写成这首诗托十二月党人尼吉泰·摩拉维约夫的妻子带到西伯利亚的赤塔去。放逐在当地的一位十二月党诗人奥多耶夫斯基曾和了一首诗，其中有这样的句子：

我们悲惨的工作不会就这样消亡：

从星星之火中会发出熊熊的火光——

这两句诗，在后来的俄国革命运动中曾发生过重大的意义。当1901年列宁在国外创办《火星报》时，就是用后一句诗来题名的。

参读书籍 如果你要对普希金有较多的认识，至少应找下列几本书一读：

吕 荧译：欧根·奥尼金（希望社版）

戈宝权编：普希金文集（时代社版）

吕 荧译：普希金论（新知版）

（原载于《持恒纪念集》，吴长翼 邱国忠编，中国文史出版社，1997年）

《秋夜》注解

在我的后园，可以看见墙外有两株树，一株是枣树，还有一株也是枣树。

这上面的夜的天空，奇怪而高，我生平没有见过这样奇怪而高的天空。他仿佛要离开人间而去，使人们仰面不再看见。然而现在却非常之蓝，闪闪地映着几十个星星的眼，冷眼。他的口角上现出微笑，似乎自以为大有深意，而将繁霜洒在我的园里的野花草上。

我不知道那些花草真叫什么名字，人们叫他们什么名字。我记得有一种开过极细小的粉红花，现在还开着，但是更极细小了，她在冷的夜气中，瑟缩地做梦，梦见春的到来，梦见秋的到来，梦见瘦的诗人将眼泪擦在她最末的花瓣上，告诉她秋虽然来，冬虽然来，而此后接着还是春，蝴蝶乱飞，蜜蜂都唱起春词来了。她于是一笑，虽然颜色冻得红惨惨地，仍然瑟缩着。

枣树，他们简直落尽了叶子。先前，还有一两个孩子来打他们别人打剩的枣子，现在是一个也不剩了，连叶子也落尽了。他知道小粉红花的梦，秋后要有春；他也知道落叶的梦，春后还是秋。他简直落尽叶子，单剩干子，然而脱了当初满树是果实和叶子时候的弧形，欠伸得很舒服。但是，有几枝还低亚着，护定他从打枣的竿梢所得的皮伤，而最直最长的几枝，却已默默地铁似的直刺着奇怪而高的天空，使天空闪闪地鬼䀹眼；直刺着天空中圆满的月亮，使月亮窘得发白。

鬼䀹眼的天空越加非常之蓝，不安了，仿佛想离去人间，避开枣树，只将月亮剩下。然而月亮也暗暗地躲到东边去了，而一无所有的干子，却仍然默默地铁似的直刺着奇怪而高的天空，一意要制他的死命。不管他各式各样地䀹着许多蛊惑的眼睛。

哇的一声，夜游的恶鸟飞过了。

我忽而听到夜半的笑声，吃吃地，似乎不愿意惊动睡着的人，然而四围的空气都应和着笑。夜半，没有别的人，我即刻听出这声音就在我嘴里，我也即刻被这笑声所驱逐，回进自己的房。灯火的带子也即刻被我旋高了。

后窗的玻璃上丁丁地响，还有许多小飞虫乱撞。不多久，几个进来了，许是从窗纸的破孔进来的。他们一进来，又在玻璃的灯罩上撞得丁丁地响。一个从上面撞进去了，他于是遇到火，而且我以为这火是真的。两三个却休息在灯的纸罩上喘气。那罩是昨晚新换的罩，雪白的纸，折出波浪纹的叠痕，一角还画出一枝猩红色的栀子。

猩红色的栀子开花时，枣树又要做小粉红花的梦，青葱地弯成弧形了……我又听到夜半的笑声，我赶紧砍断我的心绪，看那老在白纸上的小青虫，头大尾小，向日葵子似的，只有半粒小麦那么大，遍身的颜色苍翠得可爱，可怜。

我打一个呵欠，点起一支纸烟，喷出烟来，对着灯默默地敬奠这些苍翠精致的英雄们。

作者介绍 鲁迅先生，近代中国最伟大的文豪，他的生平与著作，早为国人所熟知，这里不拟再作一般的介绍。关于鲁迅先生的思想及其发展，可读瞿秋白先生的《鲁迅杂感选集序言》一文，这是分析鲁迅先生最深湛的一篇文章，收在瞿著《论中国文学革命》内。瞿秋白先生在这篇文章里说："鲁迅从进化论进到阶级论，从绅士阶级的逆子贰臣进到无产阶级和劳动群众的真正的友人，以至于战士。他是经历了辛亥革命以前直到现在的四分之一世纪的战斗，从痛苦的经验和深刻的观察之中，带着宝贵的传统到新的阵营里来的。"这几句话，是对鲁迅先生一生的思想过程作了一最扼要的说明。鲁迅先生的思想从进化论而发展到阶级论，大概是在 1927 年左右，但在这以前，特别在 1924 到 1926 年中间，他的思想上已经开始显示了向这方面发展的痕迹。在 1924 到 1926 年中所写的许多杂文和散文中间，显出一种异常尖锐、强烈、沉重和痛苦的感情，从这里可以约略地窥出当时他的思想变化和发展过程中的心境。其次，在此期间和这以前，鲁迅先生几乎是和黑暗势力在作孤军奋斗，因为当时的中国——特别在北方——青年运动和进步思想运动还在萌芽期状态，还没有广泛地展开。直到大革命以后，他才成为无产阶级的真正友人和战士。

特别指出这几点，是因为这对于理解本篇作品是很重要的。

写作时期和背景 本篇写作的时间，注明是在 1924 年 9 月 15 日。作者当时住在北京，那时正是 1925—1927 大革命以前的一个沉闷时期。军阀战争正在到处进行着。江浙战争方告一段落，奉直战争又在京奉线上打开。北京政府是在贿选总统曹锟主持之下，实际上却是吴佩孚的势力在控制中央。不久以后，冯玉祥倒吴，曹锟下台，北京政府又落在段祺瑞的手里了。

当时北京文化界和教育界里流行着一种反动的复古倾向，许多人在提倡国粹，读经；胡适之流在喊整理国故，五四运动留下来一些锐气，几乎消磨殆尽，封建残余的文化势力在军阀的庇荫下又渐抬头，学生苦闷，青年彷徨，鲁迅先生就单枪匹马和这些反动文化思想作着战斗。

但是青年究竟是渐渐觉醒了。这时是大革命的前夕，革命的思想已经在青年中间潜流着，学生运动也开始活跃起来了，第二年春天，北京就发生了“三·一八”的事件。

青年的觉醒和奋斗，是使鲁迅先生极为欣喜和感动的。《野草》中间，好几篇都是写这种思想。如《秋夜》、《死火》、《一觉》。在《一觉》中，他说：

“……这些不肯涂脂抹粉的青年们的魂灵，便依次屹立在我眼前。他们是绰约的，是纯真的——啊，然而他们苦恼了，呻吟了，愤怒，而且终于粗暴了，我的可爱的青年们。”

这里可看出鲁迅先生对于青年的多么热烈的爱。

《秋夜》也就是在这种感情之下写成的。

内容分析 青年们初读这篇散文，常觉得有许多地方不可理解。其实只要仔细读去，就自会慢慢明白的。这里主要是在抒写着作者对于那黑暗反动势力和思想的憎恨，对于被这种势力和思想所迫害着的青年和新生力量的热爱与感动，以及对于他自己的战斗的感想。

“奇怪而高的天空”，就是指那黑暗反动的封建思想。它高高地远离人间，远离现实，叫人仰面不能看见，而却闪着鬼睞眼，装出微笑，装出“似乎自以为大有深意”的样子。这不就是对那些反动思想和其代表者很深刻的刻画？而从这样的“鬼睞眼天空”撒下来的繁霜，自然使野花野草冻得瑟瑟缩缩不能生长了。

“小的粉红花”自然就是指在压迫下的青年们，他们在那样一种反动的“冷的夜气”包围中，得不到健全的生长，于是只能在寒夜中做梦（希望），梦见春天（光明）的到来，诗人们则含着眼泪以那类“冬天来了，春天还会远吗？”的雪莱的诗句去安慰他们，然而也毕竟只是希望，所以“她于是一笑，虽然颜色冻得红惨惨地，仍然瑟缩着”。

枣树，大概就是隐喻作者自己，或这样一种战斗者。它在冷酷的夜气中，也被摧残得连叶子都不剩了。然而它仍然艰苦支持着，他也有“小粉红花”们的希望（秋后要有春）。但是也更知道历史斗争是长期的，即使光明出现，也还要有更艰苦的战斗。他护定自己的伤，把枝干“默默地铁似的直刺着奇怪而高的天空”。刺得天空不安，“月亮窘得发白”。

这就完全写出鲁迅先生自己的战斗性格了。“默默地铁似的直刺着奇怪而高的天空，一意要制他的死命，不管他各式各样地睞着许多蛊惑的眼睛。”多么坚韧、沉毅和有力的性格呵！鲁迅先生当时就是那样凭一枝秃笔似的直刺着那黑暗的势力和那些鬼睞眼的文人。

鬼睞眼的星星、月亮、夜游的恶鸟，都是那些反动势力与思想的代表者——“正人君子们”的脸相。

然而鲁迅先生在当时是完全孤军作战的。“我忽而听到夜半的笑声，吃吃地，似乎不愿意惊动睡着的人……”这一段是写出他自己那种孤军作战的心境。这种心境多半是带点悲壮、孤独和凄凉之感的。鲁迅先生似乎是不安于这种心境，而且还感到矛盾，——《野草》其他各篇中也大都流露着这类感情，这或许可以说明是他在思想将要发展以前的一种情绪状态。——因此，感情上好像微微一震，于是“我也立刻被这笑声所驱逐，回到自己的房。灯火的带子也即刻被我旋高了”。

这种感情很微妙，没有经过那种心境是不易会理解的。

“小飞虫”又是隐喻着青年们，然而却是指那些勇猛地有所追求的、战斗着的青年了。他们是那么弱小，然而却是那么勇猛的向灯罩上丁丁地去扑撞，他们为了追求光明，向真理之火扑去，而或甚至为了真理之火而牺牲，所以说“我以为这火是真的”，投身以真理之火，而以火去照耀世界和人类。这是至高至上的战斗精神。鲁迅先生被这种精神所感召了，他想起“猩红的栀子开花时”，(革命到来的时候)他自己(枣树)也又要“做小粉红花的梦，青葱地弯成弧形了”。而当他又感到自己刚才那种孤独的心境(“我又听到夜半的笑声”)时，便“赶紧砍断我的心绪”。这是说作者的感情是怎样地被激动了。他以最大的虔敬和感动，“对着灯默默地敬奠这些苍翠精致的英雄们”。

读完这篇作品，你将得到一种怎样的感动呵。一个伟大的战士，在那静寂的秋夜，向着黑暗投出他无比的憎恨，默默地向着这广大的新生一代致着敬礼，致着祝祷。这就是鲁迅先生——中国青年的导师呵。

表现方法 这一篇抒情散文,也可说是一篇美丽的诗。首先作者所抒发的,是那样一种真挚而深远的感情,使我们完全可以接触到作者那种广阔的历史胸怀,和那一般琐琐屑屑抒泄着个人感伤的散文是不能同日而语的。这篇作品之所以那样感人,主要是在作者具有那样一种伟大的感情。至于说这是用近乎象征的手法,也并不是说这是象征主义的作品,作者大概是在一个秋夜里确实有过这样的感觉,而把他周围的环境事物和他的感觉想象连结起来,写出这篇作品。这种写法没有深刻的思想感情和高度修养的人是不容易达到的。青年朋友却不宜机械地学样去写,以致画虎类犬。因为常常有人说这篇作品不易懂,所以特地才把它选出来一读,这也许对于欣赏文艺作品是有帮助的。

《求婚》注解

作者介绍　关于柴霍甫，我们前次已经介绍过了，不再赘述，这里再介绍一下他在戏剧方面的成就。柴霍甫在戏剧上的成功，是被称为奥斯特洛夫斯基以后的第一个大剧作家。他的戏剧写作多半在晚年。他的太太克尼佩尔是个著名的女演员，主演着他的戏剧。他并且和俄国最著名的导演家史坦尼斯拉夫斯基、梅耶荷尔德、丹青科等交游。史坦尼斯拉夫斯基就是他剧本的导演者。

他的著名剧本，有《伊凡诺夫》（一八八九）、《海鸥》（一八九六）、《三姊妹》（一九〇一）、《万尼亚舅舅》（一九〇二）、《樱桃园》（一九〇四）（以上都是多幕剧）等。他的戏剧多半是描写当时封建社会的没落。当《海鸥》初次在彼得堡上演时，颇为失败，但是到了一八九八年在莫斯科重演的时候，由史坦尼斯拉夫斯基亲自导演，获得极大的成功。柴霍甫在剧场上受到观众热烈的欢呼。一般说，柴霍甫的戏是当时最受俄国人民欢迎的。在写完《樱桃园》那一年，柴霍甫便以肺疾逝世了。

在短剧方面，他写了一些讽刺喜剧，这和他的讽刺短篇小说，有异曲同工之妙。《蠢货》和《求婚》是最流行的两出独幕喜剧，在中国曾经有多次的上演。

内容分析 这是一个独幕喜剧，看来好像是胡闹，也许你觉得这样的事情在实际上是不会有的。但是这是喜剧，喜剧的特点就是把现实中间某一点夸张开来，加强它讽刺的力量。这剧本中所表现的，就是地主阶级的可鄙和可笑的一面。这种愚蠢、虚伪、自大、顽固、爱体面的特征，几乎在每一个俄国地主身上都可以找到。作者把这些特征放在一个极可笑的故事里来把它扩大，来把它鞭挞，把地主阶级的丑态像安置在放大镜下似的把它显露出来。而这些可笑的事情，仔细想来却在日常的生活中常常可以遇见。这个剧本的意义就在这里。

从丘布珂夫和洛莫夫这两个地主身上，我们所看到的，首先是他们对于权利和面子看得比什么都重要。例如那块“沃乐微草地”，实际是不过只值三百卢布的五亩地；那两只狗谁好谁坏更不成问题，但是他们所争执的，并不在于那块地和那只狗，而在于“面子”。面子——在这些地主阶级的人们，是最重要的东西。譬如我们中国的地主阶级又何独不然？老舍先生就写过一个喜剧叫做《面子问题》，也是讽刺这个。有人说，中国人就专爱面子。其实外国也是一样，这是那种剥削阶级的一个共同特征。托尔斯泰写过一篇小说，写两个地主为了一只鸡蛋，打了一辈子官司，也是讽刺这个，可见这是地主阶级非常普遍的一种特征。柴霍甫把它写在一个《求婚》的故事里，便越发觉得可鄙可笑了。

从这《求婚》的故事里，也使我们看到封建地主阶级对于婚姻的观念。洛莫夫在他独白中说：“我不娶是不行的。……第一层，我的年龄已三十五岁啦，这么说起来是不能再等的了。第二层，我要有一个家庭，过两天舒服的生活。……”这就是这些人要结婚的理由。这和中国的旧式婚姻观念，不正是一样？这样一种婚姻会有什么结果，这样家庭会像什么样子，也就可想而知了。

所以，从这一个荒唐的喜剧里，我们看到了现实生活的一面。世界上本来就有许多荒唐可笑的事情，但是人们却是互相掩饰，习以为常，便觉得并不足怪。艺术家却不客气地把它剥露出来，把它荒唐的真实显示给人们看，这就是喜剧的作用。例如你看了洛莫夫和娜妲丽亚那一段荒唐的争吵，再联想到目下有一些要人权贵们在各种竞选中间所表现的各种丑态，不正是本质相似的一种荒唐吗？当你更仔细去分析一下这剧本时，你觉得这并不是胡闹，而是含有严肃的现实意义的了。

关于喜剧　喜剧(Comeedy)是戏剧形式的一种。戏剧有悲剧、喜剧、悲喜剧、闹剧等之分，喜剧以讽刺社会与人生为主。在很早，希腊戏剧发祥的时代就有这种形式。阿里斯多芬斯是被称为希腊喜剧之父的。喜剧因为是讽刺的，所以它允许夸张，因此常常使人觉得滑稽可笑，但它和闹剧或笑剧是有所不同的。它的滑稽后面包含着严肃的社会意义，或甚至辛酸的眼泪，绝不是仅仅叫你发笑而已。

独幕剧，在结构上，尤需要经济、紧凑、集中，避免冗繁拖沓，这样才能把要强调的东西更易突出来。人物也愈少愈好，以使观众注意力集中。例如这个剧本，一共就只有三个人物，在处理剧情发展的过程上，也要求简洁紧凑，由慢而紧以达到高潮。喜剧中间常常使用“惊奇”(Sarpirse)的手法，在观众出乎意料，忽然变化或结束了，这样更增加了观众的回味。这个剧本就是这样的。

但是更主要的，却是需要深刻地把握住内容。作者需要以极严肃的态度去对待剧本，否则专着重卖弄聪明，或偏向油腔滑调，徒然引人发笑，那就容易变成庸俗的笑剧，失去喜剧的意义了。

《石青嫂子》注解

作者介绍　艾芜，四川人。少年时代从师范学校出来后，曾经到昆明去做过工，又去过缅甸。一九三〇年后出现在文艺界。他写过很多作品，抗战以前，他出版过《春天》（即《丰饶的原野》）、《江上》等书，抗战后大部分时间都在桂林，写了《秋收》、《黄昏》、《江上行》、《荒地》等书。湘桂大疏散后，住在重庆，继续从事创作。他是一个严肃而刻苦的职业作家，十多年来，始终埋头于小说写作。以善于使用口语著称。他不久前出版长篇《故乡》，是他最巨的著作。

写作时期和背景　这篇小说是他最近一个短篇，发表在《文艺春秋》上，所写的背景，是抗战结束后的四川农村，反映了“惨胜”以后，农村生活的惨况。

内容分析　这篇小说的题材，是非常现实的，反映了在今天封建剥削关系下农民悲惨残酷的遭遇。在这里，作者是给我们提出了一个重要的现实问题：一个农民辛辛苦苦自己开了一块地，把全部心血和希望都寄托在这块小小土地上面，丈夫被强征去当兵了，而一个五个孩子的母亲要倚靠这块土地的收获而活下去，然而平空却来了一个地主，根据于法律和契纸，说这块土地是他的，要她付出几十万的押金和每年的地租。一个终年辛勤的劳动者，要把全部所有献给一个不劳而获的地主还不够。这是为什么呢？为什么要有这种不合理制度存在呢？而且法律是保障着它存在呢？这是中国历史的，尤其当前历史阶段一个重要问题。作者从这一个故事上，把问题客观地反映出来了，但却没有更明确去回答这个问题。在读这篇小说的时候，我们是应该把这故事作为一个社会问题更深刻地去追究。作者只告诉我们，农民是不能离开土地的，从这一点上我们还可以更深一层去想。这对于我们认识现实和处理主题的问题上，是会有帮助的。

作者反映了这样一个现实，他的主要笔力却是在写农民对土地的执著，以及对于生活战斗的韧性。他写农民对于土地是那样执著：

> "……无论别人怎样想方设法来赶她走，她都不会离开峡谷一步的。她觉得在峡谷里生活了将近十年，和山峰、树林、小河，都弄得非常的熟识，尤其这片朝夕用光足板踏过的斜坡，四季长着青绿的蔬菜，红黄的瓜果，使她分外感到亲热，正如吃奶的孩子，看见母亲的乳房一样。她一向觉得峡谷就是她一家人的。她在岭上寻柴，总是钩点枯干的树枝，很不忍向那活生生的树身，砍进一刀，一则以为它们都是朝夕常见的邻居，不愿加以杀伤，再则也认为要它们长得大些，就更能够心上感到快乐。"

因此石青嫂子说："要我搬走，那容易，人家苦了十年，不说啥子，就是口水也流了几十百桶去了嘛！你就拿棒棒来赶，我都不会搬的！”

这里写出农民对土地的需要和热恋，然而也就反映了一个问题：农民那样需要和热恋他的土地，而土地为什么不能为他们所有呢？

同时作者又写出农民那种坚韧的性格，在一切非人所能容受的迫害下，她仍然要坚持生活下去，战斗下去。小说的最后一句，石青嫂子咬定牙巴说：“不论啥子艰难困苦，我都要养大他们的！”这是作者通过其人物所表现的中心思想之一。这种韧性是在数千年来的封建压迫下所锻炼出来的一种农民性格。即是说，任何残酷的压迫，是不能毁灭他们的。

而在另一方面，作者也写出了地主的卑劣和阴毒。他们为了自己一点小小利益，会用那样一种恶毒手段，来对付一个赤手空拳的女人和五个孩子。这是连强盗也不肯做的。烧了她的屋，毁了她的地，想彻底地毁掉她，然而她是不能被毁灭的。这里写出了地主阶级的真面目。也给我们解答了，在农民与地主斗争中间究竟谁是“过火”的问题。

但是正如前面说过的，作者没有把问题更深地挖掘下去，没有更明确地把土地改革的问题表达出来，这使主题性还不够达到更深刻和明确的程度。在另一方面，作者着重于农民那种热爱土地与坚韧的性格，然而没有更强烈地把主人公的意识放到仇恨的火焰中去燃烧，没有把仇恨的感情提到更高的地位。石青嫂子找不到东西砍树时，终于阿Q式的咒了一声“唯愿他吃了，疴痢，打摆子。”第二天便带着孩子们悲惨地走了。在遭受这样残酷迫害以后，纵然一个最懦弱的妇女，也会烧起最深切的仇恨，何况石青嫂子本来是个性格坚强的人。在这一方面强调得不够，使这作品的现实战斗意义减弱了。

表现方法 作者主要是通过人物性格创造来表现这题材。石青嫂子主要的性格是“坚”和“韧”，自然也带着农民的天真忠厚和某些程度的阿Q主义。作者写人物非常朴素和真切，显然是经过他对于人物的长期观察和体验。许多地方使我们感到生动，例如当她感受迫害将要来到的时候，“把锄头、棍子、镰刀，以及斧头之类，全放在进门地方，只消有人敢来把她拉出茅屋，她就得抓起一样东西首先给他们一下惩罚，使他们明白，她这样的女人是万不能随便加以欺侮的。”这是很生动地写出农民天真和单纯的反抗性格。而当人家用种种卑劣和残酷的方法来迫害她时，她始终是那样执著和坚持。这一切都写得很生动。作者似乎是更多用心理体验的方法，对于这残酷斗争的感受，似乎弱一点，作者没有把仇恨的力量提到更高的程度，或许是由于这样来的。

其次，作者对于口语的运用是值得我们学习的，在这方面，作者曾用过很多工夫。口语的运用，不仅在能写出什么人讲什么样的话，而主要是在能表达什么人在什么样的环境下的什么样的思想情感。仅仅搜集了一些口语，便胡乱地套用，这是要不得的。作者在写人物性格上，多半是靠他言语上的成功，他不仅使用得恰当，而且还简洁有力，两三句话，就把意思和情感表达出来，这是这篇作品的一个特色。

比较研究 （一）请把作者以前写过的一篇《秋收》，和这篇作品比较一下，两篇都是写农村和农民的，看看它们主题思想、人物创造、表现方法有什么异同之处。

（二）请把其他作家写土地与农民问题的作品，特别是北方作家的作品，如赵树理、晋驼等写的，比较一下，看看他们对于这类主题处理方法的异同。

《我的故乡》注解

作者介绍　江布尔，一八四六年二月生于俄国中亚细亚喀什克斯坦（或译作哥萨克斯坦）珠河旁边，那河旁边有座山，叫做江布尔山，他家人即以山的名字为他题名。他的父亲加巴伊是个贫苦的喀什克牧人。他从小是个顽皮的牧童。他有一个叔父是弹珰布拉琴的名手，十二岁时，他就跟他学弹琴和唱歌。“我不愿做一个牧人；我想成为一个珰布拉琴手和歌者”，这是他少年时代的心愿。

十四岁时候，他和父亲断绝了关系，到处去过流浪歌手的生活，走遍珠河沿岸的牧地，歌咏着民间故事和诗篇。他是一个即兴歌手。所谓即兴歌手，即是逢到某种场合，临时编出歌来作口头抒唱。他是一个不识字的人，但他从人民言语中间，学到了许多东西。俄国有句古谚说：“诗之母是马蹄，诗之母是耳朵。”江布尔就是这样一个诗人。他骑着一匹瘦马，在中亚细亚草原上奔驰了许多年，熟悉了人民的生活和感情，也熟悉了人民的言语，这奠定了他人民诗歌的基础。他纯粹是从人民中来的，他的艺术纯粹是人民的艺术。他在流浪生活中间，战胜了其他的歌手，成为中亚细亚草原上人民最爱戴的一个诗人。

当时俄国是在沙皇的统治之下，尤其是喀什克斯坦，遭受着当地的可汗（酋长）、地主以及沙皇的官吏、商人的残酷的剥削与迫害，人民痛苦的情形是难以描述的。江布尔把握住人民的悲哀与愤怒，在歌词中唱出人民的这种感情，他的歌声传遍了草原，成为劳苦人民的声音。

但是穷困的生活把他精力耗损了，五十五岁以后，他歌喉哑了。封建社会的反动力量几乎扼杀了人民歌手的天才。

但是一九一七的革命起来了，列宁、斯大林的红军从西方过来，喀什克被解放了。伟大的革命复活了伟大天才的歌声，他的歌唱成为革命中间一个响亮的声音，这时江布尔已经快七十岁了。

在最后二十余年中，江布尔的艺术天才发展到了最高峰。他成为苏维埃最伟大的诗人之一，他首先获得了苏维埃政府的红旗奖章。九十岁大寿的时候，获得苏联人民热烈的庆祝。他一直活到九十九岁，在逝世以前，还是热情充沛地创作着。他死于一九四五年六月，已经亲眼看到苏联胜利地击溃了德国法西斯，但是他的儿子却在战争中英勇地牺牲了。

他自己说："我的力量的这种复兴，是劳动人类的领袖斯大林带给我的，他给了各族人民以幸福，我成了一个为集体农场而斗争的热烈鼓动者。我用百来首歌来歌唱集体农场，这些歌声传遍了全草原，因为它们是从心之深处唱出来的。

"我第一个加入了集体农场做农员。

"只有在苏维埃政权时代，在繁荣的喀什克斯坦，江布尔才获得到他真正的价值，我的老年全为幸福的光芒所笼罩着。我已经九十多岁了，但我不想死，我想活得更久，更久，人民是

尊敬我的。”（江布尔《自传》）

他的作品介绍到中国来的不算很多，著名的，有《献给中国人民》、《致苏联战士》、《给静静的顿河的儿子》、《二马》、《我的故乡》，《斯大林之歌》等。关于他的历史，可以参看《苏联文艺》二十八期上的江布尔《自传》，和蔡林斯基、摩康诺夫等人的论文。

写作时期和背景　本文并未注明年月，但大概是在一九三七年左右写的，即是他度九十寿辰的时候。回到故乡，受喀什克人民的欢迎，他带着光荣的感动而歌唱出来的。那时，苏联正开始第三次五年计划的建设，喀什克斯坦已经发展到经济与文化相当高度的繁荣。喀什克民族，原来是个畜牧的民族，人民靠在草原上放牧牲畜以度活，现在还是苏联著名畜牧区。这诗里写到牧地、牲畜、帐幕等等，都是当地的生活。《静静的顿河》中所写的，也是以这喀什克民族为背景的。喀什克人性格骠悍英勇，带着强烈的游牧民族气质，从这首诗里，你可以感受出这种生活的气氛。

喀什克民族也是以歌唱著名的。每逢节日之类，常常有歌唱的竞赛，唱歌是他们生活中一个主要的部分。

内容分析　这篇诗的主题，是很清楚的，九十岁的老诗人在他故乡庆祝他生日的时候，回忆起七十年来苦难的生活历史，回忆起革命对于劳苦大众的解放，再看到当前光辉灿烂的苏维埃生活，于是带着眼泪与欢笑来歌颂这新的国家与新的领袖。苏联作家苏鲍莱夫说：“江布尔的诗中藏着两个有力的主题，像灿烂的雪白的山峰，那就是祖国和斯大林。”在这篇诗里的，一点不错，就是这两个有力的主题。

但是，也是从这首诗里，使我们看到俄罗斯，特别是喀什克民族一幅历史的图画，在沙皇和可汗统治之下，人民所过的是怎样惨酷的生活：

占各汗和沙皇带了礼物，
给人民以绳索和皮鞭。
像狼一般，用牙齿咬裂草原，
留下温热的创口。
把我们最好的牧地抢去，
把我们最好的水流偷走，
从草原上把最后的马群牵跑，
把我们祖居的帐幕用火焚烧，
给我们留下了沙漠和旷地，
他们把人民的灵魂撕得粉碎。

俄国原来是个农奴制度的国家，后来虽然把这制度取消了，但是贵族地主的势力并没有推翻，而且和新兴的商人结合起来，加倍地来剥削人民，这种难于忍耐的压迫终于激起了革命，于是在诗人七十岁的时候：

四面吹响了金号角的呼唤——
过来了强大的，威武的，
永生的奴隶的军队，
占据了皇宫并推翻了宝座。
摧毁了恣横压迫的制度……

于是革命解决了土地的问题，穷人们——
把地主的束缚像臭肉一样焚烧，
穷人从地主的袍子上，
撕下了沙皇的奖章！

这种人民大翻身的革命，带给我们诗人是怎样一种激动，怎样一种感情。体验到这种翻身的感情，你才能体会到诗人为什么对斯大林那样热烈的赞扬，为什么把祖国和斯大林作为他诗篇的有力主题，这难道是谄媚和阿谀吗？绝不，这是人民由衷的感谢呵。

细细地读一读这篇诗，体验一下诗人的感情，再看看你四周的现实，看看今天中国的状势，你将有什么感触？这会使你更进一步地理解这首诗的历史意义和历史价值。

但是更值得我们惊奇的，是这个目不识丁的民间艺人，在沙皇统治下过了七十年苦难的生活，几乎被“把人民的灵魂撕得粉碎”的反动统治把他的天才窒息死了，而革命复活了他，使他的诗震惊了全世界的文坛。他没有受过资产阶级的教育，没有接受过资产阶级文学的传统，他纯粹从民间来的，用民间的语言，民间的形式，创造出最灿烂的艺术。他的艺术水准可以和普式庚、莱蒙托夫相比拟而无愧，这是对于轻视或怀疑民间文艺的人们一个最有力的反驳。鲁迅先生说过：“唱本中可以产生托尔斯泰。”江布尔的出现是证明他的话完全正确，这里给我们启示了两点艺术真理：第一，艺术的泉源是在人民生活中间，真正的艺术家是从人民中间出来的；第二，人民的解放才解放了人民的艺术天才，才能使人民的艺术发展到高度的水准。

江布尔的诗，也给我们答复了从普及到提高的问题。

表现方法 这篇诗的形式，照喀什克人的说法，叫做即兴诗，就是临时口头编成的，这大概和古代的行吟诗人所采用的相仿佛。但是就性质来说，是属于抒情诗(Lyrie)。这篇诗主要就是抒发诗人回忆过去九十年生活的感想和感情，最后归结于对斯大林热烈的赞颂。虽然也回叙到过去的生活，但不能说是叙事诗，因为它并不是以一个故事作中心。这诗并没有受形式的拘束，完全以感情的发展作主导，它并不根据一定格式分节，头几节很短，但最后一节，竟达四十几行，这是完全由于他对斯大林那种不能遏止的热情一气而成，非用那许多行不能完成他那种感情的抒发的。

其次，这篇诗是具有高度的音乐性。本来江布尔的诗是可以配合他的珰布拉琴而歌唱的，他的诗也就是歌。可惜我们无法听到他的歌唱，无法听到他的珰布拉琴，那一定会更使我们感动。但即使这样，我们仍能从他诗里感觉到这种音乐性的旋律。它由低沉而逐渐高亢，由凄凉而逐渐激昂，而最后是以一泻千里的奔放之势，唱出了热烈而欢欣的调子。最初重复运用“喂，告诉我吧，命运的巨人!”一句作每节的开头，把调子愈逼愈高，到了“当我度过七十岁”以后，旋律就忽然改变，主题也随着音乐的转调而变换了。

第三，这篇诗所用的言语，当然是民间的，但经过翻译，这些特点使我们无从欣赏了。这是一个无可奈何的缺憾。而且从形式来说，它是怎样从俄国的民间形式中发展过来，我们也无从知道了。如果读者中有俄文修养较高的人，最好能找到原文来读，一定会得到更多认识的。

比较研究 一、上次选的是叙事诗，这篇是抒情诗，请比较一下它们的区别。

二、最好能找到江布尔其他的诗一起来读，使你对他有更多的认识。

三、请找到江布尔《自传》来读一下，使你更理解他生活与作品的关系。

《新的信念》注解

作者介绍 丁玲，湖南益阳人，中国著名女作家。最早的作品是《莎菲女士日记》，发表于《小说月报》，一九三〇年前后，她出版了好几本短篇小说集，如《韦护》、《在黑暗中》、《水》等，并写长篇小说《母亲》。不久后被捕，直至抗战爆发始设法由北平逃至山西，转赴延安。抗战中一直在延安，从事写作与研究，并参加文协工作及生产运动。抗战中所写的短篇小说编成集子的，有《一颗未出膛的子弹》、《我在霞村的时候》，又有报告集《边区风光》等。抗战胜利后，去张家口，现在到东北去了。

她很早就是一个社会主义思想者，最初和胡也频结婚。胡也频也是个革命作家，大革命后被捕牺牲了。她的初期作品充满反封建的斗争精神。中后期则多半写新的人民生活与斗争。作品情感浓烈，风格朴素而凝重，是中国最早的新写实主义作家之一。

写作时期和背景 这篇小说，不曾注明写作年月，大概是在一九三七与一九三八年之间写成的，那正是作者初从山西去北方的时候。抗日战争刚开始，社会生活与人民意识都起了强烈的波动。作家们初初走入广阔的人民斗争生活中，接触了那些觉醒中的人民，被新的现实与人物所震惊，被抗战热情与民族仇恨所激动，作者也显然是在那样心境下，写出这篇小说的。

这篇小说的背景，还不是解放区，而是抗战初期的山西游击区。社会关系似乎还没有什么显著变化。例如小说中提到的“七大人”，显然是村子里的大地主。但是人民也已经起来了。自卫队、农会、妇女会都应着抗日斗争而组织起来。这是抗战初期接近前线的中国农村一般状况。

内容分析 本篇主题，用一句简单的话说来，就是写出从民族仇恨的火焰中所熔炼出来的新的反抗性格与革命意识。作者一方面把血淋淋的现实展开在读者前面，激起读者的民族仇恨，一方面带着强烈的感动，礼赞着这些从血泊中站立起来的再生的人物。她的着重点是在写一个长期在封建社会与传统观念中生活着的、善良而纯朴的老婆婆，一旦突然遭受了敌寇的非人的蹂躏，因此而产生的意识与性格的猛烈变化——传统观念在她内在意识里一下子崩溃了，新的信念生长了。作者企图抓住主人公这种内在意识的剧烈变化过程，使读者看到一种真实可贵的人性，而从这里来暗示我们民族与抗战力量之所在。这主题无疑是现实的。

中国妇女向来是最重视贞操，即使遭受污辱，也往往由于羞赧不敢公然诉说。但是现在我们的主人公，一个近六十岁的老太婆，就眼看自己孙子被杀死，十三岁的孙女被奸死，而自己还遭受了敌人兽性的蹂躏，半死地爬回家来，这样一种极端的侮辱与迫害，激发了她极端的仇恨与反抗力，结果是把那传统的贞操观念一下突破了。一个向来安分守己的老太太，现在是天天跑到大庭广众之间，把自己受污辱的情形，滔滔地向人家讲述，不顾惜自己的颜面，不顾惜自己的心伤，甚至在她儿媳之前也不忌讳，这在旧社会几乎是惊风骇俗的。然而她再不感到羞赧，只记得仇恨。她怒斥她儿媳们哀哭的无用，害羞的可耻，像阵风一样，把自己的耻辱去煽起全村的仇恨。她的儿媳们说："奶奶变了"，"家里出了疯子啦"，真的是变了，因为仇恨的火焰已经烧毁了她旧的奴隶意识。一个新的信念在她的内心生长了。

这是多么令人战栗的一种性格，这是人民在长期压迫下一种潜藏的反抗意识的突然觉醒，作者是通过这样一个性格的创造，使我们得到感动。在这里还值得我们注意的，就是作者在写了这老奶奶之外，又写一个她的孙女金姑。金姑是个野性的天真女孩子，一家人中，她首先感受了她奶奶的性格。"金姑老早就是站在奶奶这一边的，她爱她，每天温习她所给与的感情。每当奶奶沉默地与她奔波的时候，她便注视着她，用一个完全了解她的眼光。"为什么要写金姑呢？作者显然还要让这种新的性格，新的信念在下一代身上去发展，这是对于未来现实的一个暗示。这一点是不能忽略的。

表现方法　这篇小说的表现方法，主要是着力在主人公性格的创造上。一切都是围绕着这一点。作者自己显然是被这题材所强烈地感动过，才能把这种强烈的情感通过人物表达出来，从现实的感受而达到艺术的表现，这是最重要的，也是这篇小说成功之处。在写法上，作者并不一开始就把主人公介绍出来，先在一二三节里写出了环境生活和强烈的氛围，在第三节末，才使那主人公像一个半死的生物似的从黎明的雪地上爬回家来。这个出场是多么清楚而有力，而这样，在四五节里，就可以集中笔力去写主人公的性格，不必再拉扯开去。四五两节是小说的重心，人物性格在这二千多字中集中地剖刨出来了。第六节再把它放在一个群众的场面中作一个高潮的结束。

其他人物也写得很恰当，两个不同性格的媳妇，三个不同性格的儿子，综合起来，写出一个在苦难中的善良纯朴的农民家庭。各个人物的性格都对照着老奶奶的性格，而在老奶奶这一边，又写出一个金姑的性格。

结尾虽然写得很激昂，然而并不怎样有力。用一篇演说来结束，这方法比较笨拙一点。尤其是最后倒下去时那种感觉，是作者自己的知识分子感觉，写在那么一个老奶奶身上，显得是不太真实的，这也许是这篇作品一个小小缺点。

比较研究　同时作者又写过一篇《我在霞村的时候》，也是写一个女性在遭受敌人蹂躏以后，锻炼出一种坚强的战斗性格，不过那是写一个年轻的女孩子，生活环境都不相同，写法也很不同。如果把那篇和这篇作一比较的研究，那是很有兴趣的。

《雪里钻》注解

作者介绍 艾青，浙江义乌人。曾留学法国。返国后，因参加革命入狱。抗战前，在上海写诗，立即引起文坛注意。他的第一本长诗《大堰河》出版，获得读者极大欢迎。抗战后，他主编过广西日报的副刊，又在重庆育才学校任教。出版了《北方》、《向太阳》、《火把》、《旷野》、《他死在第二次》等诗集。一九四〇年去延安。以后又出版了《黎明的通知》、《反法西斯》、《雪里钻》、《吴满有》等诗集。现在华北。

他原先是个农民气质颇强的抒情诗人，带着农村的忧郁感情，在《大堰河》、《北方》中都流露着这种感情。到了写《向太阳》时，这种感情骤然一变，充满了新鲜，健壮，向光明呼唤的热情。最近数年中，因为更深入了生活，诗的作风又起了变化，更朴实更人民化了。《吴满有》是代表了他新的风格的诗，但这首诗并没有写得成功。他还写过了一本《诗论》，说明他对于诗的看法。

写作时期和背景 这首诗是一九四一年写的，还应该算是他中期的作品。那时作者去北方还不久，敌人和我军正在冀察晋边区进行扫荡与反扫荡的战争。这诗所写的故事，即是发生在这区域。诗中所写的漕河，是在北平与保定之间的平汉线上，即所谓平津保三角地带中。

内容分析　这是一首写战争的叙事诗。从题目上看，这是在写一匹马，但实际上是通过马来写出英勇的战斗和战斗性格。作者把这种性格通过一匹马而形象出来，使我们从这匹马的感觉和感情中间，强烈地感觉到战争的感情和战斗的气氛。作者所歌颂的，是这样一种坚毅、英勇的性格，这种性格是属于马的，也是属于人的，那是说是属于战斗的性格。这里就触及所谓诗的“形象化”的问题。形象化并不只是把我们所要写的对象具体地或生动地描写出来就算了，主要是把我们所要形象的本质（例如上述那种性格）东西，通过对像马的描写而表达出来。这样，我们所看到感到的，才不仅仅是一匹马，而是更普遍的更典型的一种战斗性格。譬如这首诗，如果仅是平板地叙述这次战斗的故事，那就只有新闻的意义而不能使我们得到艺术的感动，如果只是写一匹马，那就是说，为马而写马，意义也就很小。作者经历了这次战斗，把他在战斗中所感觉到的真实东西，概括起来通过一匹马来表现。我们读了这首诗，仍然从这匹马身上感受作者自己当时的感觉，因而引起感动，这就是所谓艺术的概括。没有艺术的概括力，也就很难达到所谓艺术的形象化。

表现方法　这是首叙事诗，但也是抒情诗。作者虽没有直接在抒唱他对于马的颂赞，但是几乎从每一行句中，都可以感到作者对于马的这种性格的热烈的颂赞。这在抒情诗中可以说是属于颂歌的性质。这也就是告诉我们，任何形式的诗，都不能不是抒情的。把抒情诗和叙事诗机械地分立开来，是种错误的见解。如果这首诗中没有作者那种热烈赞颂的情感，显然它是不会得到成功的。

这首诗共分为五节，第一二三节都很短，介绍出“雪里钻”和战斗的环境。第四节占全诗的一半，是诗的顶点，第五节作为结束。所以主要的力量，是表现在第四节里，尤其是

……
我噙着眼泪
叫喊着：
“起来！伙计！
你不要出卖我”，
马惨叫了一声，
从冰层上跃起，
冲过炮火的浓烟。
向前面的马队追赶。

一段是全诗感情达到最高峰的地方。此外，在这首诗中有几段是特别值得注意的：第一节里的第四段，介绍出这匹马；第四节里的第十一段，写“雪里钻”看见205号马而吼叫起来；第四节第十九段，写“雪里钻”陷入冰窟里；第五节的第三段，写雪的平原上马的血迹。这几段，不仅文字是那么简洁，洗炼，美丽，而且把感情和性格最有力地表现出来了。作者在言语使用上是极其成功的。

这首诗在形式上是极其自由的，每节的长短，每段的长短，都一点不受拘束，完全根据表达感情的需要而定，所以第四节便特别长，而第五节又特别短，使我们毫无不和谐之感，

反而觉得是很恰合的。

作者是主张诗应有散文美的，关于他这个意见，可以参阅他所著的《诗论》。

比较研究　请把这首诗和作者初期的《北方》或《大堰河》或《他死在第二次》，以及后期的《吴满有》比较一下，看出他在感情和风格上，有些什么变化？

《严加管束》注解

作者介绍　契里加夫(Eugene Chirikow)十九世纪末期的俄国小说家。关于他的身世记述很少,我们所知道的,他是以短篇小说闻名,是一个写实主义的作家。

写作时期和背景　本篇是在俄国一九〇五年革命失败后写的。一九〇五年俄国革命工人阶级与资产阶级联合起来为反对沙皇统治而革命,但是,由于资产阶级的软弱,革命被沙皇以残酷的屠杀所镇压下去了。一九〇五年以后,俄国充满了白色恐怖,资产阶级中流行着一种悲观失败主义,文艺界也反映出一种忧郁的气氛。但是进步的社会主义思想却在工农与青年之间扩大了它的影响,这准备了后来一九一七年的大革命。一九〇五年革命失败以后,各处的农民暴动与青年运动仍然不断起伏。本篇所描写的,即革命失败后,大学生因参加秘密革命运动,而遭受封建势力迫害而牺牲的一个故事。这里所描写的情形,很有一些和目前中国青年所遭遇者相似,在中国青年读起来,也许会特别感到亲切。

内容分析　本篇是描写一个旧家庭出身的青年,因为在大学里参加了秘密的社会主义革命运动而被捕,给当局判决交付家庭严加管束两年。回到家里来,他父亲是一个极端保守者，对于儿子参加革命运动极为痛心，他千方百计要使儿子改过自新，做一个体面的人物，自然做父亲的以为这是为了儿子好。母亲则又一味用怜爱、流泪企图来感动儿子，但是做父母的这种“好心”，对于儿子却是最难受的痛苦。柯里亚拒绝了他父亲替他布置的一条“自新之路”，得罪了他的教父，这样就使父子之间矛盾日深，彼此都成为一种苦痛。父母管束愈严，父子之间的痛苦也愈甚。但是，年青的柯里亚又没有力量能够挣扎出去，最后便逼得自杀了。柯里亚的自杀自然对于他的父母也是一个悲惨的打击。作者是把这题材作为一个悲剧来处理的。

作者把他的主题，放在两个不同的时代的矛盾的悲剧上。父亲史得芬·尼克弗洛维奇是一个十足的封建社会的人物，他是一个驯顺的公务员，得过一个“三十年办事无疵的勋章”，崇拜阔人，希望儿子能够替他争点体面，他送儿子去读书是为了这样的目的：

> “我们付出了八年的预备学校的费用，我们请了一位导师，买了书包、书籍、文具、衣服、裤子，我计算着，有一天所有这一切费用，都会偿还给我的。……”

这就是说，读书是为了升官发财，但是，料不到儿子却会去革命，这真是如他所说：“我从不会想到他会做出那么一个举动来。”这使“他现在是不敢再遇见镇中的任何要人们。这似乎有一点，他在他们之前有一点不便当，或他做下了什么很丑的事，这事是这些人物所决想不到会是一位家世清白，且曾经得到一个三十年办事无疵的勋章的著名人员所做下来的。”儿子尼古拉斯·柯里亚呢，则不仅是背叛他出身的封建社会，而且在追求新社会主义思想。他一回到家里就觉得“他具有两个完全差离的不同的生命，没有一个是有一点相同之处的，两个生命自始至终是不同的，一个生命是在他所从来的地方所有的，其他的一个生命，便是他在这里所有的”。这是说明一种阶级意识的矛盾反映在他的身上，他是否定旧的，追求新的，这正是十九世纪末叶俄国知识青年身上一种普遍的矛盾，而现在这父亲和儿子两种意识的斗争是在家庭里展开了。父亲竭力要使儿子“回心转意”；儿子呢，则正如作者所描写的：

> “尼古拉斯离家愈近，他的脚步走得愈慢；在那篱后的安乐的小屋里，他度过他的天真烂漫的童年，他在其中那么长年久月地被人所挚爱着，而他现在却感到这地方是那么压迫他，那么使他窒息得透不过气来，他竟不想回转去，仿佛在那绿色的围墙之后有什么可怕的东西在等候着他。”

在这个斗争中间，母亲则企图用眼泪和劝告来缓和他们的冲突，但是这是绝望的，这种矛盾已经发展到了无可调和的地步，于是结果便产生了那自杀的悲剧。

自然，这决不仅是一个家庭的矛盾，而是一个社会(阶级)的矛盾，反映在一个家庭生活中间。作者虽然不曾具体来描写沙皇政府如何迫害青年，但是他却更深一层把封建社会如何虐杀青年的灵魂这回事放在父子的关系上来表现，这是显得更深刻而有力的。在封建社会日趋崩落的时候，民主革命的初期反映在知识分子身上的，最普遍的就是从这家庭的束缚中间要求解放。十九世纪末期，俄国知识青年一般的是感到这样的矛盾的。以中国来说，从“五四”直到现在，大多数知识青年都经历过这样的矛盾。所以这是一个非常普遍的题材，也就是说具有典型性的题材。作者捉住了这个时代来作为他小说的中心，所以它使许多青年读来，都觉得异常亲切，异常感动。

不过，作者在这里所描写的那个大学生尼古拉斯·柯里亚，还只能说是一个倾向于社会主义、要求个性解放的带着浪漫主义的气息的小资产阶级革命分子。他对于革命还没有明确的认识，只是一种朦胧然而热情的追求。我们看他回到乡间所幻想的，就是基辅城那都市的大学生生活，那狱中浪漫蒂克的遭遇，“那地方的一段生活，现在看来，似乎是他所读到一篇神仙故事一般。”这活写出一个充满着浪漫蒂克幻想的革命知识青年。他很少直接去思考和如何面对现实的问题，他只有掮起猎枪到湖边上游荡，以逃避他父亲的责骂，尽管他对警长和父亲看来是那样倔强，但实际上他却是很弱的一个性格。因此，他没有更大的勇气去挣扎出来，而结果便只有走到悲剧的自杀。在读这篇小说的时候，我们自然会对于柯里亚寄与深深的同情，但同时也应批判他性格和思想上的弱点。

读者也许要问，作者为什么不把那青年写得更强一点，或是替他指示了一条反抗的出路呢？这应该从两方面来说：一方面是客观现实中，像柯里亚那样的青年是很普遍存在的，像

“五四”以后或甚至今天，中国许多知识青年也是这样，这可以说是在矛盾中间小资产阶级青年一种典型的脆弱。作者来描写这样的人物是可以的，倒不一定是非写出一个强烈的性格者不可。但另一方面，作者对这个主人公除予以同情外，也应该有所批判，而从这种批判中间给青年们暗示出一条现实的反抗的道路，这样作品才更完整。作者在这方面显然是不够，他以柯里亚之死来作为对于封建势力的抗议，他把这题材作为一个悲剧来处理，却没有给读者指示出一条现实的出路。这恐怕还是由于作者自己思想上也多少带着一些悲观主义成分。在全篇小说中，除了牢狱里那送花的女子一点，或者可以解释为人民对于革命的支持（但可以解释作为描写柯里亚性格的一个浪漫主义插曲）以外，我们看不到革命的潜力所在，整个市镇是被描为晦暗而恶俗的。柯里亚的思想中间，除了一些朦胧的光明追求以外，也看不出什么，这样的发展自然只有是悲剧的结果，而历史矛盾发展的更真实的一面却没有表现出来。我们上面说过，十九世纪末叶和二十世纪的第一年代，俄国文艺作家中间，也充满了一种忧郁的气氛，那末作者这样的一种写法，在那时恐怕也很自然的。这篇小说对于今天中国读者，无疑仍有它积极的意义的一面。但读的时候必须有批判地去接受他积极一面的——反封建的——意义。

表现方法　本篇在性格的描写上，是很成功的，他把父、母、子三人的性格清楚地强调出来，在这种性格的冲突上，来发展矛盾。一般说，父亲史得芬·尼克弗洛维奇的性格是写得最成功的，他固执、乖戾、愚蠢、自卑，又爱惜体面。儿子尼古拉斯·柯里亚的性格，却写得平一点，他那内在的痛苦写得不够深刻，几次都以他出外游荡来写他的苦痛，似乎也嫌重复。母亲那种怜爱和无助的性格却是写得很好的，尤其是第八节末，当父亲谴责儿子以后，母亲在浴室外面带着啜泣的低诉一段，是把小说的感情压到最沉重的地方。可以说，这种情感的压迫是比被父亲那种斥责使柯里亚更难受的，所以小说也以这一段作为顶点，这以后，柯里亚就自杀了。

作者在性格描写上，主要着重在行动上的表现，不单是着重在单纯的内心描写，这是很值得学习的。例如一开始写母亲玛丽亚·底莫菲夫娜在火车站那一段情景，就活画出她对儿子的爱怜与焦虑，以及她的性格。父亲史得芬·尼克弗洛维奇出场一段，很少几笔就使我们看出他性格上一个清楚的轮廓。这些，都是使这小说特别使我们感到生动的地方。

柯里亚的死不是正面地写出，这是很好的。甚至柯里亚的自杀，也没有明白交代出，但是读者却可以从小说中所布置的气氛和几点小节上（如兵士看守、人们询问要否审问等等），明白是发生了一回什么事。因为小说到了第八节，已经达到顶点，如果再正面去写他自杀，不仅有嫌冗赘，而且也不易写得好。这好比在写剧本，这些场面往往是放大以后去表现，理由是一样的。

《药》注解

一

秋天的后半夜，月亮下去了，太阳还没有出，只剩下一片乌蓝的天；除了夜游的东西，什么都睡着。华老栓忽然坐起身。擦着火柴，点上遍身油腻的灯盏，茶馆的两间屋子里，便弥满了青白的光。

“小栓的爹，你就去么?”是一个老女人的声音。里边的小屋子里，也发出一阵咳嗽。

“唔，”老栓一面听，一面应，一面扣上衣服；伸手过去说：“你给我吧。”

华大妈在枕头底下掏了半天，掏出一包洋钱，交给老栓，老栓接了，抖抖地装入衣袋，又在外边按了两下；便点上灯笼，吹熄灯盏，走向里屋子去了。那屋子里面，正在窸窸窣窣地响，接着便是一通咳嗽。老栓候他平静下去，才低低地叫道：“小栓，……你不要起来。……店么？你娘会安排的。”

老栓听得儿子不再说话，料他安心睡了；便出了门，走到街上。街上黑沉沉的一无所有，只有一条灰白的路，看得分明。灯光照着他的两脚，一前一后地走。有时也遇到几只狗，可是一只也没有叫。天气比屋子里冷得多了；老栓倒觉爽快，仿佛一旦变了少年，得了神通，有给人生命的本领似的，跨步格外高远。而且路也愈走愈分明，天也愈走愈亮了。

老栓正在专心走路，忽然吃了一惊，远远里看见一条丁字街，明明白白横着。他便退了几步，寻到一间关着门的铺子，蹩进檐下，靠门立住了。好一会儿，身上觉得有些发冷。

“哼，老头子。”

“倒高兴……”

老栓又吃一惊，睁眼看时，几个人从他面前过去了。一个还回头看他，样子不甚分明，但很像久饿的人见了食物一般，眼里闪出一种攫取的光。老栓看看灯笼，已经熄了。按一按衣袋，硬硬的还在。仰起头两面一望，只见许多古怪的人，三三两两，鬼似的在那里徘徊；定睛再看，却也看不出什么别的奇怪。

没有多久，又见几个兵，在那边走动；衣服前后的一个大白圆圈，远地里也看得清楚，走过面前的，并且看出号衣上暗红色的镶边。——一阵脚步声响，一眨眼，已经拥过了一大簇人。那三三两两的人，也忽然合作一堆，潮一般向前赶；将到丁字街口，便突然立住，簇成一个半圆。

老栓也向那边看，却见一堆人的后背；颈项都伸得很长，仿佛许多鸭，被无形的手捏住了的，向上提着。静了一会儿，似乎有点声音，便又动摇起来，轰的一声，都向后退；一直散到老栓立着的地方，几乎将他挤倒了。

“喂！一手交钱，一手交货！”一个浑身黑色的人，站在老栓面前，眼光正像两把刀。刺得老栓缩小了一半。那人一只大手，向他摊着；一只手却撮着一个鲜红的馒头，那红的还是一点一点地往下滴。

老栓慌忙摸出洋钱，抖抖地想交给他，却又不敢去接他的东西。那人便焦急起来，嚷道：“怕什么？怎的不拿！”老栓还踌躇着；黑的人便抢过灯笼，一把扯下纸罩，裹了馒头，塞与老栓；一手抓过洋钱，捏一捏，转身去了。嘴里哼着说：“这老东西……”

“这给谁治病的呀？”老栓也似乎听得有人问他，但他并不答应；他的精神，现在只在一个包上，仿佛抱着一个十世单传的婴儿，别的事情，都已置之度外了。他现在要将这包里的新的生命，移植到他家里，收获许多幸福。太阳也出来了；在他面前，显出一条大道，直到他家中，后面也照见丁字街头破匾上“古□亭□”这四个黯淡的金字。

二

老栓走到家，店面早经收拾干净，一排一排的茶桌，滑溜溜的发光。但是没有客人；只有小栓坐在里排的桌前吃饭，大粒的汗，从额上滚下，夹袄也贴住了脊心，两块肩胛骨高高凸出，印成一个阳文的“八”字。老栓见这样子，不免皱一皱展开的眉心。他的女人，从灶下急急走出，睁着眼睛，嘴唇有些发抖。

“得了么？”

"得了。"

两个人一齐走进灶下,商量了一会儿;华大妈便出去了,不多时,拿着一片老荷叶回来,摊在桌上。老栓也打开灯笼罩,用荷叶重新包了那红的馒头。小栓也吃完饭,他的母亲慌忙说:

"小栓,——你坐着,不要到这里来。"

一面整顿了灶火,老栓便把一个碧绿的包,一个红红白白的破灯笼,一同塞在灶里,一阵红黑的火焰过去时,店屋里散满了一种奇怪的香味。

"好香!你们吃什么点心呀?"这是驼背五少爷到了。这人每天总在茶馆里过日,来得最早,去得最迟,此时恰恰蹩到临街的壁角的桌边,便坐下问话,然而没有人答应他。"炒米粥么?"仍然没有人应。老栓匆匆走出,给他泡上茶。

"小栓进来吧!"华大妈叫小栓进了里面的屋子,中间放好一条凳,小栓坐了。他的母亲端过一碟乌黑的圆东西,轻轻说:

"吃下去罢,——病便好了。"

小栓撮起这黑东西,看了一会儿,似乎拿着自己的性命一般,心里说不出的奇怪。十分小心地拗开了,焦皮里面窜出一道白气,白气散了,是两半个白面的馒头。——不多工夫,已经全在肚里了,却全忘了什么味;面前只剩下一张空盘。他的旁边,一面立着他的父亲,一面立着他的母亲,两人的眼光,都仿佛要在他身里注进什么又要取出什么似的;便禁不住心跳起来,按着胸膛,又是一阵咳嗽。

"睡一会儿罢,——便好了。"

小栓依他母亲的话，咳着睡了。华大妈候他喘气平静，才轻轻地给他盖上了满幅补钉的夹被。

三

店里坐着许多人，老栓也忙了，提着大铜壶，一趟一趟的给客人冲茶；两个眼眶，都围着一圈黑线。

“老栓，你有些不舒服么？——你生病么？”一个花白胡子的人说。

“没有。”

“没有？——我想笑嘻嘻的，原也不像……”花白胡子便取消了自己的话。

“老栓只是忙。要是他的儿子……”驼背五少爷话还未完，突然闯进一个满脸横肉的人，披一件玄色布衫，散着纽扣，用很宽的玄色腰带，胡乱捆在腰间。刚进门，便对老栓嚷道：

“吃了么？好了么？老栓，就是运气了你！你运气，要不是我信息灵……”

老栓一手提了茶壶，一手恭恭敬敬地垂着；笑嘻嘻地听。满座的人，也都恭恭敬敬地听。华大妈也黑着眼眶，笑嘻嘻地送出茶碗茶叶来，加上一个橄榄，老栓便去冲了水。

“这是包好！这是与众不同的。你想，趁热的拿来，趁热吃下。”横肉的人只是嚷。

“真的呢，要没有康大叔照顾，怎么会这样……”华大妈也很感激地谢他。

“包好，包好！这样的趁热吃下。这样的人血馒头，什么痨病都包好!”

华大妈听到“痨病”这两个字,变了一点脸色,似乎有些不高兴;但又立刻堆上笑,搭讪着走开了。这康大叔却没有觉察,仍然提高了喉咙只是嚷,嚷得里面睡着的小栓也合伙咳嗽起来。

“原来你家小栓碰到了这样的好运气了。这病自然一定全好;怪不得老栓整天地笑着呢。”花白胡子一面说,一面走到康大叔面前,低声下气地问道:“康大叔,——听说今天结果的一个犯人,便是夏家的孩子,那是谁的孩子?究竟是什么事?”

“谁的?不就是夏四奶奶的儿子么?那个小家伙!”康大叔见众人都耸起耳朵听他,便格外高兴,横肉块块饱绽,越发大声说:“这小东西不要命,不要就是了。我可是这一回一点没有得到好处;连剥下来的衣服,都给管牢的红眼睛阿义拿去了。——第一要算我们栓叔运气;第二是夏三爷赏了二十五两雪白的银子,独自落腰包,一文不花。”

小栓慢慢地从屋子走出,两手按了胸口,不住地咳嗽;走到灶下,盛出一碗冷饭,泡上热水,坐下便吃。华大妈跟着他走,轻轻地问道:“小栓你好些么?——你仍旧只是肚饿?……”

“包好,包好!”康大叔瞥了小栓一眼,仍然回过脸,对众人说:“夏三爷真是乖角儿,要是他不先告官,连他满门抄斩。现在怎样?银子!——这小东西也真不成东西!关在牢里,还要劝牢头造反。”

“啊呀,那还了得。”坐在后排的一个二十多岁的人,很现出气愤模样。

"你要晓得红眼睛阿义是去盘盘底细的，他却和他攀谈了。他说：这大清的天下是我们大家的。你想：这是人话么？红眼睛原知道他家里只有一个老娘，可是没有料到他竟会那么穷，榨不出一点油水，已经气破肚皮了。他还要老虎头上搔痒，便给他两个嘴巴！"

"义哥是一手好拳棒，这两下，一定够他受用了。"壁角的驼背忽然高兴起来。

"他这贱骨头打不怕，还要说可怜可怜哩。"

花白胡子的人说："打了这种东西，有什么可怜呢？"

康大叔显出他看不上的样子，冷笑着说："你没有听清我的话；看他神气，是说阿义可怜哩！"

听着的人的眼光，忽然有些板滞；话也停顿了。小栓已经吃完饭，吃得满身流汗，头上都冒出蒸气来。

"阿义可怜——疯话，简直是发了疯了。"花白胡子恍然大悟似地说。

"发了疯了。"二十多岁的人也恍然大悟地说。

店里的坐客，便又现出活气，谈笑起来。小栓也趁着热闹，拼命咳嗽；康大叔走上前，拍他肩膀说：

"包好！小栓，——不要这么咳。包好！"

"疯了。"驼背五少爷点着头说。

四

西关外靠着城根的地面，本是一块官地；中间歪歪斜斜一条细路，是贪走便道的人，用鞋底造成的，但却成了自然的界限。路的左边，都埋着死刑和瘐毙的人，右边是穷人的丛冢。两面都已埋到层层叠叠，宛如阔人家里祝寿时候的馒头。

这一年的清明，分外寒冷；杨柳才吐出半粒米大的新芽。天明未久，华大妈已在右边的一座新坟前面，排出四碟菜，一碗饭，哭了一场。化过纸，呆呆地坐在地上；仿佛等候什么似的，但自己也说不出等候什么。微风起来，吹动她的短发，确乎比去年白得多了。

小路上又来了一个女人，也是半白头发，褴褛的衣裙；提一个破旧的朱漆圆篮，外挂一串纸锭，三步一歇地走。忽然见华大妈坐在地上看她，便有些踌躇，惨白的脸上，现出些羞愧的颜色；但终于硬着头皮，走到左边的一座坟前，放下了篮子。

那坟与小栓的坟，一字儿排着，中间只隔一条小路。华大妈看她排了四碟菜，一碗饭，立着哭了一通，化过纸锭；心里暗暗地想："这坟里的也是儿子了。"那老女人徘徊观望了一回，忽然手脚有些发抖，跄跄踉踉退下几步，睁着眼只是发怔。

华大妈见这样子，生怕她伤心到快要发疯了；便忍不住立起身，跨过小路，低声对她说："你这位老奶奶不要伤心了，——我们还是回去罢。"

那人点一点头，眼睛仍然向上瞪着；也低声吃吃地说道："你看。——看这是什么呢？"

华大妈跟了她指头看去，眼光便到了前面的坟，这坟上草根还没有全合，露出一块一块的黄土，煞是难看。再往上仔细看时，却不觉也吃一惊；——分明有一圈红白的花，围着那尖圆的坟顶。

她们的眼睛都已老花多年了，但望这红白的花，却还能明白看见。花也不很多，圆圆地排成一个圈，不很精神，倒也整齐。华大妈忙看她儿子和别人的坟，却只有不怕冷的几点青白小花，零星开着；便觉得心里忽然感到一种不足和空虚，不愿意根究。那老女人又走近几步，细看了一遍，自言自语地说："这没有根，不像自己开的！这地方有谁来呢？孩子不会来玩；——亲戚本家早不来了。——这是怎么一回事呢？"她想了又想，忽又流下泪来，大声说道：

"瑜儿，他们都冤枉了你，你还是忘不了，伤心不过，今天特意显点灵，要我知道么？"她四面一看，只见一只乌鸦，站在一株没有叶的树上，便接着说："我知道了。——瑜儿，可怜他们坑了你，他们将来总有报应，天都知道；你闭了眼睛就是了。——你如果真在这里，听到我的话，——便教这乌鸦飞上你的坟顶，给我看罢。"

微风早经停息了；枯草支支直立，有如铜丝。一丝发抖的声音，在空气中愈颤愈细，细到没有，周围便都是死一般静。两人站在枯草丛里，仰面看那乌鸦；那乌鸦也在笔直的树枝间，缩着头，铁铸一般站着。

许多的工夫过去了；上坟的人渐渐增多，几个老的小的，在土坟间出没。

华大妈不知怎的，似乎卸下了一挑重担，便想到要走；一面劝着说："我们还是回去罢。"

那老女人叹一口气，无精打采地收起饭菜；又迟疑了一刻，终于慢慢地走了。嘴里自言自语地说："这是怎么一回事呢？……"

他们走不上二三十步远，忽听后背后"哑——"的一声大叫；两个人都竦然地回过头，只见那乌鸦张开两翅，一挫身，直向着远处的天空，箭也似地飞去了。

作者介绍　已详见《秋夜》的《学习指导》中。关于鲁迅先生传记，有平心著《人民文豪鲁迅》，欧阳凡海著《鲁迅的书》，许寿裳著《亡友鲁迅印象记》，王士菁著《鲁迅传》等，关于论鲁迅思想的，有瞿秋白的《鲁迅杂感集序》（见《论中国文学革命》），雪峰的《鲁迅论》（见《过来的时代》）等。这些都是值得一读的书和文章。

写作时期和背景　本篇是 1919 年（民国八年）4 月写的。这是鲁迅先生早期的作品。鲁迅先生发表其第一篇小说《狂人日记》是在 1918 年 4 月，所以本篇是他最初发表的第三篇小说。那时鲁迅在北京。

这一年恰巧就是五四运动发生那一年，本篇是四月里写的，隔了一个月，历史上著名的"五四"事件就发生了。鲁迅先生这几篇小说，都是代表着当时的思想主潮，特别是《狂人日记》那一篇，被称为新思想运动的宣言的。

我们说五四新文艺运动，其实并不是"五四"才开始，远在民国六年，陈独秀就发表了《文学革命论》，这是第一次提出文学革命的口号。我们普通说"五四时期"，也是从那时算起。"五四时期"中，在创作上献出其最光辉的作品，——也是新文艺运动以来光辉永存的作品的，则就是鲁迅先生的这些小说。

小说的背景，是写辛亥革命以前的故事，那时孙中山先生领导的民族革命已经酝酿快成熟了，一般进步知识分子大都同情或参与着这革命，鲁迅先生其时刚从日本回来，自然也是个热心分子。满清政府见革命空气日益高涨，便厉行压迫政策，到处搜捕革命党人。鲁迅先生的同乡秋瑾女士，就是革命未成功前被捕牺牲的。本篇中写到的夏四奶奶的儿子名字叫做夏瑜，就是影射秋瑾，但自然并不即是写秋瑾女士本人的故事，用这个名字，也包含着作者对于秋瑾女士一点追念的意思。

内容分析 这篇小说中，是同时在进行着两个故事的：一个是正面地写出，老栓用人血馒头治他儿子小栓的病的故事，一个是侧面地写夏瑜因革命而被杀头的故事，这两个故事自然是关联着；从表面上看，前一故事是主，后一故事是宾；但实际上却是相反，后一故事乃是主，前一故事却是宾。

为什么夏瑜被杀的事要侧面来写呢？作者实在有他的悲痛。我们要知道，辛亥革命的一个大弱点，就是广大的人民特别是农民，没有起来参加革命，多半是一些进步知识分子，为民族热情所激荡，在孤单地奋斗着。像夏瑜就是这类的进步知识分子，他被满清政府所捕杀了，但是在一般社会群众中间，竟是漠然无关。黎明的时候，丁字街头，一个革命战士就这样寂寞地牺牲了。而像老栓这样的真正人民，却还蒙蒙膧膧地以革命者的血染了馒头，想去医治儿子的肺痨（人血馒头可以治肺痨是一种迷信的传说），小栓也莫名其妙地把革命者的血吃了下去。题目叫做“药”，这是很深刻而悲痛的。

但是革命果然是那样寂寞么？革命的前途就是那样黯淡么？不。当华大妈次年走上小栓的坟的时候，发现旁边也是一座新坟，这新坟就是夏瑜的了。夏瑜的母亲也在上坟。然而奇迹出现了。在夏瑜的坟上，发现一圈红白的花，围着那尖尖的坟顶，这圈花是哪里来的呢？分明是暗示夏瑜同志们或是同情者替他安上的。夏瑜死了，但是还有无数的夏瑜在继续起来；这是说明革命的火焰，不是专制统治者所能扑灭的，革命的力量是在不断生长的，只要这样下去，有一天，人民群众终于会翻身起来，像老栓这样的人也终于会参加到革命中来，这是真正的乐观主义。从一个血馒头中，作者给我们看出了当时革命力量的孤单，广大人民的没有觉醒；而从一圈红白的花上，又叫我们看到了革命的前途，统治阶级的枉费心机；更从花白胡子、康大叔之流身上写出封建阶级的丑态；一面批判了现实，一面又指出了现实。作者以深刻的认识，伟大的心境和高度的艺术修养，从这一个短短的故事里，给我们画出了一幅历史侧影，提出了革命的弱点，又预言了革命力量是不能消灭的。这就显出鲁迅思想和艺术所达到的高度。

在正面所写的那个吃血馒头的故事，也反映出在封建势力长期的愚民政策下，所造成的人民的迷信与无知，老栓、华大妈、小栓，无疑都是忠厚、善良，被作者所热爱的人物，然而他们却生活在迷信与无知中间，有了病不知如何治法，却找那血馒头，相信那毫无根据的迷信传说。小栓的死是被这种迷信与无知所杀死的一个，这是封建主义另一种杀人的方法。一个是被封建阶级的大刀所杀死的，一个是被封建主义的迷信所杀死的；而后一个却莫名其妙地还吃了前一个的血，这两个故事连串在一起，真是何等深刻，何等的沉痛呵。这篇小说，字数虽少，却值得我们仔细去研究，深深去思索，才会不辜负这伟大的艺术作品。

表现方法　这样一篇内容丰富、思想深刻的小说，鲁迅先生却用三四千字写出来了，而我们平常写小说，却动辄万言，而所写的东西却反而是那么少、那么浅，从这一点，就可看出他表现方法的高强，剪裁的经济了。

譬如我们来写，也许会把夏瑜的故事，拉上一大段，又把小栓的死，拉上一大段，这一来，文章确长了，然而却反而无力了。夏瑜的被杀，主要只是要写出当时有那样一种革命者，既然已经写了杀头，又何必再去写他被捕等等，这岂不是画蛇添足么？关于这个人的性格，作者不必另起炉灶，只借康大叔口里几句话，就活描出来是那样一个倔强、坚决的人物。这又是何等天才的笔法！小栓的死，更不必写，肺痨到了那样程度，而一味又相信迷信传说，这是必死无疑的，又何必多此一段交代。第四段里，一开始写到坟，读者可以想到这该是谁的坟了。

鲁迅先生在处理和剪裁题材上，很相近于俄国的柴霍甫，这是短篇小说最好的写法。我们常常犯不会处理和剪裁的毛病，鲁迅先生这种写法是值得我们去研究的。

这小说，一共分四段：第一段写老栓到刑场去取血馒头（这种血馒头，大抵是贿赂了刽子手而取得的），写出阴森可怕的刑场，也写出了统治者的残酷与凶狠，把一种鬼影幢幢的气氛来渲染这场面。第二段，则写小栓吃馒头，表现了人民的迷信与无知，老栓和华大妈对于儿子是何等的爱，然而对血馒头是那样的坚信。第三段，写那些茶客，——包括了地主、少爷、衙门狗腿、流氓一批人，从他们口里写出夏瑜的被杀，而也从他们脸嘴上，写出那些封建阶级的人物和走狗的卑劣无耻。第四段则是以庄严肃穆的心境，写出那个牺牲者的坟墓，特别写出了坟上的花圈，给这篇小说加上一个很大的力量。四段中，几乎每一节每一句都是扣得紧紧的，没有冗笔赘文，而又紧围着主题，作者是带着一种极大的悲痛与热爱的感情来写作的，而又深刻地把握住历史的现实。

关于言语、性格、环境等等，不在这里赘述了。希望各位自己去研究。

比较研究 请把这篇小说，和《呐喊》或《彷徨》中其他小说一起来读，从这篇的主题、结构、表现等，去认识其他各篇。

把鲁迅先生的小说和其他作家的小说比较一下，看出鲁迅先生小说的特点在哪里。

《夜歌》注解

作者介绍 何其芳，四川人，一九三三——一九三四年间，在北平开始发表诗作。那时他的诗带着唯美主义的倾向，在北方诗人中，他和卞之琳、李广田属于同一流派。一九三六年，他的散文集《画梦录》获得大公报文艺奖金。抗战开始，他的思想开始改变了。那时他到北方去走了一趟回到成都，《夜歌》里的诗，即是那时写的。他自认过去的诗"差不多都是飘在空中的东西"。又说：

> "抗战以前，我写我那些'云'的时候，我的见解是文艺什么也不为，只为了抒写自己，抒写自己的幻想、感觉、情感。后来由于现实的教训，我才知道人不应该也不可能那样盲目的、自私地活着，我就否定了那种所谓为艺术而艺术（实际是为个人而艺术）的见解。"（《夜歌》后记）

这是一个唯美诗人对于自己坦白而痛切的反省。是值得读者深深思索的。但是在写《夜歌》的时候，据作者自述，作者仍然是没有摆脱那种个人主义的倾向，《夜歌》中有许多首确是感情很脆弱的。现在把他的那篇“后记”附在后面，希望读者去仔细研究，这对于学习文艺的青年是很有帮助的。

后来，他又到延安去，在那里从事民歌的研究。一九四三年到重庆来，后来又回到解放区去了。不消说，他早已经是一个为工农兵的文艺战士了。

为什么要选这首诗？　读者看了他的“后记”以后，也许要问，这些诗，作者自己都予以批判了，为什么还要选它呢？

我要在这里特别说明几句。

我们近来接到许多学友的来信和作品，很有一些都是不曾摆脱唯美主义和伤感主义的倾向的，尤其是伤感的倾向特别强。这是反映了苦闷中间青年的一种不健康的精神状态。我们特地选了这样一位从唯美主义和伤感主义的道路上走向革命的诗人的作品和他的自述，来为我们现身说法，这也许比单谈一些理论更实际。他是这样过来，而又是那样向前走去的。这种心境更容易为青年读者所了解，从这种了解中间，对于我们自己的思想与情感的改造，和对于文艺的理解上，是可以得到一些实益的。

其次，以《夜歌》为题的，一共有七首，我们这里所选的是第三首。这首诗正是抒写青年的苦闷，也为苦闷的青年指出一条路。这一首是比较健康的。正如诗人自己所说：“也许对于一些还未振奋起来的人，这些诗也并不是毫无一点鼓动的作用。”像这一首诗，我相信鼓动的作用是有的。对于读者还是有益的一首好诗。

何其芳的诗，很受到一些青年的热爱，但所爱的，往往都是作者自己所批判的那种脆弱、伤感的情绪，这是颇辜负作者的意思的。所以最后希望如果去读他的诗(不仅是这首)的时候，能够尊重作者在“后记”中最后一句话：

> “但愿读我这个集子者，带着一种严格的批判的态度来读，而偏爱我的作品者，超越过这本书，超越过两年以前的我，走向前去！”

内容分析 《夜歌》七首，可以连在一起读，也可以分开来读，都是抒述小资产阶级青年在思想转变过程中的矛盾感情，和解决这种矛盾的感情。这些感情都是典型的，几乎大多数青年都有这种矛盾的。因为作者自己也正是从这样矛盾中在挣脱出来，所以诗的感情是异常真挚的。

青年们的苦闷，是产生于对现实的不满。现实中间，存在着光明与黑暗，但光明常常感觉不易接触到，而黑暗则是沉重地压着我们。例如这诗里所写出的爱情的欺骗，家庭的悲剧，人类的冷酷与虚伪，这几乎是现代青年所个个感受到或感受过的。这一切，老实说，在现实中间还是太细小的，正如诗人所说：

> 你说你知道
> 你看见的还太少，还太细小
> 还有着更多的不美丽，更大的不美丽。

然而尽管这样，青年人却往往已经受不住了，于是苦闷起来，伤感起来，哭泣起来。这在一方面说，是青年人的纯洁，清醒，不在腐烂生活中去同流合污；但另一方面也正是青年人的脆弱。为什么要伤感要哭泣呢？岂不是因为自己脆弱，抵抗不住那黑暗？有坚决意志的人是知道怎样去反抗，不会有哭泣的。如果竟然以这种伤感为美，以这种伤感来陶醉自己，则更是自己欺骗自己了。

由于自己的苦闷和脆弱，于是便产生美丽的幻想，于是有那个窃宝石的燕子的小故事，有童话里的春天，用希望和幻想来安慰自己，以眼泪来消融痛苦。希望自然是好的，但不以现实的奋斗去追求真实的希望，而徒以幻想和现实的希望来自慰，实际上也仍是自欺，这几乎又是许多青年的通病。鲁迅先生在《秋夜》里，他也写出两种青年性格，一种是做梦的小粉红花，一种是那些敢于去扑火的青虫，鲁迅先生是特别对于那些敢于去追求真理的青年表示敬崇，虽然在那样时代对于只能做梦的青年，鲁迅先生也还是爱的。

自然青年们也知道要奋斗，要革命，但革命是艰苦而残酷的事业，正如诗中所说，“不是用肥皂洗得香喷喷的，而且戴着白手套的手干的事”。但是若干青年在现实斗争之前都有所踌躇。正如诗人所唱着的：

然而你有着一颗幼小者的心
那样容易颤悸？

既不满于现实，又不敢向现实去搏斗，于是只有哭泣，只有悲叹，把幻想的图画遮住自己现实的视野，以感伤主义的文艺来作为使自己沉醉的美酒。这正是今天青年的弱点，也是一种可怕的世纪末病症。

诗人带着一颗非常善良的心，温和地、娓娓地把自己经历过的心境和感情，向着读者劝告着，鼓励着。由于这种心境与感情的真实，他的诗是叫人感动的。但是缺点也正在它的过于仁慈，过于温和，带着一种小资产者的温情，缺乏有力的批判和鞭击。老实说，意识的革命是非常酷烈的，这需要通过一种强烈的痛苦，像蛇脱壳一样，才能锻炼出新生的意志。作者在这诗中自己的感情也还是软弱的，这首诗具有使读者可以感悟的力，但缺乏一种迫人的力量，结束几句，尤显得乏力。作者自己所批判的，恐怕这也是弱点之一。

表现方法　这是抒情诗，作者以对话的方式，向读者娓娓地质问着，叙述着，一方面也是在对自己诘问着。每一节都是以“你说”开头，实际上就是作者自己经历过的感情的描述，这样使得我们觉得异常恳切。全诗的感情，是静静滑进，没有激动，调子是中和的，不用高音。仿佛寒夜炉火之前，倾诉衷曲。它所使人感动的是诚挚，而缺乏的则是雄伟魄力。

言语的精炼是诗人的特长，他在这方面修养颇高，益增他诗的美。例如：

你说你看见了
一个寄养在亲戚家的
五岁的孤儿，
在阳光照着的道路上
跑着跑着又突然停止
突然嘴唇颤抖起来，

流出了眼泪？

这多么动人，没有相当的修养是写不出来的。这段诗本身就是一首动人的诗了。

比较研究 如果有兴趣的话，可以把《夜歌》集子去买来，连同他的“后记”一起细读，如能把他过去的《画梦录》、《刻意集》、《预言》（文化生活社版）一起买来，研究一下这个诗人发展的道路，那也许对你是很有益的。

鲁迅的《野草》

《野草》是鲁迅先生唯一的散文集子。这集子里的文章是他在一九二四到一九二六年中写成的。鲁迅先生的作品，以杂文最多，小说、译作次之，唯散文则仅此一集；但他散文的精美坚实，在中国文学史上，实无人足以比拟。这集子里所收的每一篇，都可以说是最真实的诗篇，是作者从当时个人生活所遭受的惨痛和激动中所直接抒发的思想情感的结晶。在这里，我们所感到的是种热辣辣的火与剑的情感，一个单枪匹马在重重黑暗包围中坚忍不屈地战斗着的战士的情感。它呈现在我们面前的，“有深奥或陡峻的境界，特殊地美而且根底上也是善的，有惨美的病态的情绪和意境，根底上是善的，但是不健全的”(引朋友S兄的话)，正因为作者锐利的笔不仅直刺入到这个民族最致命伤的地方，作着无情的刺击和剖抉，而同时也刺入到他自己的灵魂深处，在剖抉着自己。他的声音中间，是充满着那样强烈的憎恨，愤怒，怨毒，绝望的悲痛与希望的欢欣，而他是以那样颤栗的声音在呼喊着，诅咒着，痛哭着，狂笑着，那即使在西洋文学史上，我们也很少能听到这样强烈的声音。

《野草》的写作是在国民大革命的前夜，正是中国——尤其是北京——最浓黑的时代。在政治上是段祺瑞政府当权，日本帝国主义积极向华北扩展其势力；在经济上，经过连年的军阀战争，民生早已凋敝不堪；在教育文化上更是所谓“黑漆一团”的时期，在老虎总长的“读经复古”“整顿学风”政策下，“五四”时代所培养出来一些新文化蓓蕾正遭受着狂风暴雨的摧残。当时一般青年被迫得透不过气来，许多便消沉，麻木了；那些所谓“正人君子”有的是退却躲避，有的甚至变节投降，而千奇百怪的论调便喧嚣一时，关于这些情形，此处不能详述，读者最好去参阅一些历史书籍或鲁迅先生的传记之类。总之，这是那样一个时代，一方面是“辛亥”和“五四”所留下的一些朝气，已经灭绝殆尽，一方面是新的革命正在酝酿，是这两个时代之交的一个最苦闷的时期，也是民族危机最深刻的一个时期。

鲁迅先生在当时无疑是直接遭受迫害的一个。一九二四到“五卅”以后是他和那些所谓正人君子搏斗最剧烈的时期。迫害不是他所畏惧，使他深感痛苦的，却是残酷迫害下社会可怕的麻痹——战友的退却，青年的消沉，伪善者的挤眉弄眼，变节者的卑躬无耻；茫茫北京城中，他感到竟是像沙漠般的荒凉和寂寞——而且岂仅是寂寞，“如果当真是沙漠，这虽然荒漠一点也还静肃；虽然寂寞一点也还会使你感觉苍茫。何至于像这样的混沌，这样的阴沉，而且这样的离奇幻变。”（《一觉》）他所看到的到处都是所谓“无物之阵”，到处都是“鬼眏眼”，人类的尊严堕落到比畜生都不如，甚至要遭到“狗的驳诘”。从这里他深深警惕到这古老民族危机的深重，因而愈感危惧，也愈增强他的愤怒与苦战的热情。他那时几乎完全是孤军作战，寂寞与苦闷之感更重重地压迫着他，而由于历史的限制，使他对于现实的远景不能做出更明确的瞭望，因而尤感痛苦。在和《野草》同时候出版的小说集《彷徨》的扉页上所题的屈原诗句以及在那首《题彷徨》的诗："寂寞新文苑，平安旧战场，两间余一卒，荷戟独彷徨"中，都可以看出他当时那种孤独作战的心境。然而这种热情的郁积和对苦闷的搏击，却已经是决定他后来思想跃进的契机。

是由于这样一种压迫的情感，由于这样一种深刻的苦痛与愤怒，使他不得不在小说杂文之外，用更直接抒发诗的形式来吐泄胸中的郁积，《野草》就是在这样情形下诞生了。

《野草》一共包括二十三篇文章，除《我的失恋》（拟古的新打油诗）风格稍异外，其余都一贯显示他当时的几种情绪：第一是对于迫害者决绝的憎恶与仇恨和对于被迫害者人性被歪曲与麻痹的悲悯与愤怒；第二是在孤军作战中战士的绝望的悲痛；第三是郁积着的战斗热情与希望。这些情感自然并不能截然划分开来，而是相互交织着的。在愤怒中间寄着深深的悲痛，在绝望中间仍然燃烧着肉搏的热情。但是我们也可以看到在某几篇中某一种情感显得特别强烈，因为人的情绪是在常常变化，客观事物之变动常常引起人们感官上不同的反应。所以我们并不能执着一篇文章就断定作者是某种意识某种观念，而应该从全体作品中间去窥察作者思想与情感的发展过程。大体上说，从一九二五下季起，作者那种战斗的热情与希望似乎逐渐在增强，因为这时正在"五卅""三一八"以后，革命浪潮已经起来了，虽然那时中国的北方依旧被浓重的黑雾笼罩着。

在写《野草》这个时期中，鲁迅先生自然还写了许多别的文章，如《彷徨》中间的许多小说，《坟》中间的许多杂文，要研究《野草》，这些作品自然也同时要读，例如收在《坟》中间的《春末闲谈》、《灯下漫笔》几篇尤其重要。在那里作者对于那些人类的迫害者是作着怎样无情的揭露和抨击："所谓中国人的文明者，其实不过是安排给阔人享用的人肉的筵宴。所谓中国者，其实不过是安排这人肉的筵宴的厨房。""……古代传下来而至今还在的许多差别，使人们各各分离，遂不能再感到别人的痛苦；并且因为自己各有奴使别人，吃掉别人的希望，便也就忘却自己同有被奴使被吃掉的将来。于是大小无数的人肉的筵宴，即从有文明以来一直排到现在，人们就在这会场中吃人，被吃，以凶人的愚妄的欢呼，将悲惨的弱者的呼号遮掩，更不消说女人和小儿。"(《灯下漫笔》)

辛亥革命和五四运动不但没有掀翻这几千年来人肉筵席，军阀官僚政治却变本加厉使这种屠杀更加残酷了。"人类于是完全掌握主宰了地狱的大威权，那威棱且在魔鬼以上。人类于是整顿废弛，先给牛首阿旁以最高俸草；而且添薪加火，磨砺刀山，使地狱全体改观，一洗先前颓废的气象。

"曼陀罗花立即焦枯了。油一样沸；刀一样铦；火一样热；鬼众一样呻吟，一样宛转，至于都不暇记起失掉的好地狱。"(《失掉的好地狱》)

在这样一种血淋淋的屠杀中间，岂仅是欢呼遮掩了悲惨的呼号，而尤其可悲可愤的，是将人性逐渐折磨到失去感觉，没有悲哀，因为另一方面，"目前的造物主，还是一个怯弱者。他暗暗地使天变地异，却不敢毁灭一个这地球；暗暗地使生物衰亡，却不敢长存一切尸体；暗暗地使人类流血，却不敢使血色永远鲜秾；暗暗地使人类受苦，却不敢使人类永远记得。”(《淡淡的血痕中》)

这种残酷的，长期的，慢性的屠杀，便造成国民性的堕落和可怕的麻痹。于是我们看到了“一个孩子向我求乞，也穿着夹衣，也不见得悲戚，而拦着磕头，追着哀呼……一个孩子向我求乞，也穿着夹衣，也不见得悲戚，但是哑的，摊开手，装着手势……另外有几个人各自走路……微风起来，四面都是灰土……灰土……灰土……”(《求乞者》)

到后来连痛苦、残酷都忘掉了，情感都麻木了，甚至连自己是被虐杀者也忘掉了，“全然忘却，毫无怨恨”，连宽恕都不需要了(《风筝》)，这才是人类的大堕落，大悲哀。在这样的时代，傻子想去解放奴才，砍倒那泥墙，奴才竟会“哭嚷着，在地上团团地打滚”，竟会“一群奴才都出来了，将傻子赶走”，而因此获得主人一声夸奖“你不错”。(《聪明人和傻子和奴才》)；在这样时代，“说谎的得好报，说必然的遭打”便成为生活法则，人们只能“阿唷！哈哈！Hehe！he，hehehehe”的过日子(《立论》)，虚伪到了极致，真理全被蒙蔽，人类的爱苗也被斩尽，连最小的孩子也会“玩着一片干芦叶，……向空中一挥，仿佛一柄钢刀，大声说道：‘杀！’”这是多么教人战栗的世界！

在《颓败线的颤动》中，鲁迅先生是用怎样战栗的声音在吐泄着他这种难抑的悲愤。

“她在深夜中尽走，一直走到无边的荒野；四面都是荒野，头上只有高天，并无一个虫鸟飞过。她赤身露体地，石像似的站在荒野的中央，于一刹那间照见过往的一切：饥饿，苦痛，惊异，羞辱，欢欣，于是发抖；害苦，委屈，带累，于是痉挛；杀，于是平静。……又于一刹那间将一切并合：眷念与决绝，爱抚与复仇，养育与歼除，祝福与咒诅。……她于是举两手尽量向天，口唇间漏出人与兽的，非人间所有，所以无词的言语。

"当她说出无词的言语时，她那伟大如石像，然而已经荒废的，颓败的身躯的全面都颤动了。这颤动点点如鱼鳞，每一鳞都起伏如沸水在烈火上；空中也即刻一同振颤，仿佛暴风雨中的荒海的波涛。"

这一个被压杀在最底层的中国妇女的破碎的灵魂的颤动，也就是怨毒到了极致，悲痛到了极致的一个奴隶的绝望与破碎的灵魂的颤动。这种颤动充塞着天际，汹涌奔腾于无边的荒野，那简直是比宗教上所谓世界末日更可怖栗的景象，而我们却就生活在这样的天地之间。

然而更可痛的，是浑浑噩噩的人们却正在赏鉴着，玩味着这血的杀戮；岂但是漠然无情，简直以赏鉴残酷为享乐。他们"从四面奔来，而且拚命地伸长脖子，要赏鉴这拥抱或杀戮。他们已经预觉着事后的自己的舌上的汗或血的鲜味。"(《复仇》)"四面都是敌意，可悲悯的，可诅咒的。"(《复仇(其二)》)作者在这里吐出了一句愤怒的诅咒："钉杀了'人之子'的人们的身上，比钉杀了'神之子'的尤其血污，血腥。"

鲁迅先生情感的激越，没有更甚于这个时候了。他越理解这民族的创痛，便越增加自己的痛苦，同时也越增强他绝望的悲痛："这以前，我的心也曾充满过血腥的歌声：血和铁，火焰和毒，恢复和报仇。而忽而这些都空虚了，但有时故意地填以没奈何的自欺的希望。希望，希望，用这希望的盾，抗拒那空虚中的暗夜的袭来，虽然盾后面也依然是空虚中的暗夜。然而就是如此，陆续地耗尽了我的青春。

“我早先岂不知我的青春已经逝去了？但以为身外的青春固在……

“然而现在何以如此寂寞？难道连身外的青春也都逝去，世上的青年也多衰老了么？”(《希望》)

身外的青春都已逝去，希望之盾也失去了效用，这已经是一个孤独作战者可怕的绝望了，可是尽管绝望也还得绝望地战斗下去；因为能够和暗夜战斗，能够把自己的愤怒发泄在敌人的身上，也未始不是一种安慰。“我只得由我来肉薄这空虚中的暗夜了，纵使寻不到身外的青春，也总得自己来一掷我身中的迟暮。”这是何等悲壮，何等可感！而谁知“我的面前又竟至于并没有真的暗夜”，连真正的敌人都不见，连愤怒都无处可泄，连绝望的战斗都无从战斗，到后来“影一般死掉了，连仇敌也不使知道，不肯赠给他们一点惠而不费的欢欣。”(《死后》)这才是战士最大的悲痛，才是绝望以上的绝望！

在这种绝望之下，连影子也要来告别了：

“呜呼呜呼，我不愿意，我不如彷徨于无地。”

“我独自远行，不但没有你，并且再没有别的影在黑暗里。只有我被黑暗沉没，那世界全属于我自己。”(《影的告别》)

绝望到了这种境界，便产生了一种异样决绝的心理：以玩味人们对自己的残酷，以咀嚼自己被虐杀的痛苦作为享乐，而以这种享乐作为复仇。这是愤怒到了无处可泄的地步一种狂暴的心理，那只有在像杜斯退益夫斯基的小说中间才能见到这一种心理。

“于是只剩下广漠的旷野，而他们俩在其间裸着全身，捏着利刃，干枯地立着；以死人般的眼光，赏鉴这路人们的干枯，无血的大戮，而永远沉浸于生命的飞扬的极致的大欢喜中。”(《复仇》)

“他在手足的痛楚中，玩味着可悯的人们的钉杀神之子的悲哀和可诅咒的人们要钉杀神之子，而神之子就要被钉杀了的欢喜。突然间，碎骨的大痛楚透到心髓了，他即沉湎于大欢喜和大悲悯中。”(《复仇(其二)》)

“有一游魂，化为长蛇，口有毒牙。不以啮人，自啮其身，终以殒颠……。”(《墓碣文》)

以干枯自己，钉杀自己，啮啃自己作为复仇的享乐，这多么可怕，而更可怕的却是连企图这种享乐都不可得。

“抉心自食，欲知本味，创痛酷烈，本味何能知？

“……痛定之后，徐徐食之。然其心已陈旧，本味又何由知？……”(同上)

到了这个境界，剩下的便只有一片虚无。

于是，我们看到：躺在孤坟中的死尸，“胸腹俱破，中无心肝。而脸上却绝不显哀乐之状，但蒙蒙如烟然。”(同上)

于是我们又看到：困顿倔强的过客跄踉向着坟墓走去，他不愿意看见人们心底的眼泪，不要他们为他悲哀，“倘使我得到了谁的布施，我就要像兀鹰看见死尸一样，在四近徘徊，祝愿她的灭亡，给我亲自看见；或者诅咒她以外的一切全都灭亡，连我自己，因为我就应该得到诅咒。”(《过客》)

于是我们又看到：

“我不布施，我无布施心，我但居布施者之上，给与烦腻，疑心，憎恶。……

“我将得不到布施，得不到布施心；我将得到自居于布施之上者的烦腻，疑心，憎恶。

“我将用无所为和沉默求乞！……

“我至少将得到虚无。”(《求乞者》)

在这些刹那中，鲁迅先生的心境确是绝望者的心境，确是虚无主义者的心境；而且是更超过于一切绝望者与虚无主义者的心境。然而尽管这样，我们却并不能因此就断定写《野草》时期的鲁迅先生纯然是这种心境。我们要知道当时鲁迅先生心灵中是在进行着最高度的强烈搏斗，他的情绪上是在起着最猛烈的波动，宛如海涛冲击，此起彼伏；希望与绝望，更生与灭亡，胜利与失败，一切都到达最尖锐的顶点，而从这种搏斗中间，才能使他的思想感情上迸发出各样的灿烂火花。这是一个大思想家大艺术家当他思想向前突进以前所必然经历的大苦闷，大痛苦，而只有从这种真实的苦闷与痛苦中，才能开放出更灿烂的思想之花。如果不把握这种复杂矛盾的情绪与心境，贸然地或片面地确定他是虚无主义者或悲观主义者，那将不能解释为什么他当时情感会如此激越，而且也无法来说明他后来思想上那种跃进了。

事实上，他在写《影的告别》、《求乞者》、《复仇》、《过客》、《墓碣文》、《死后》等文章的前后中间，他也写了《秋夜》、《好的故事》、《死火》、《这样的战士》等文章，而在一九二六年中间所写的《淡淡的血痕》、《一觉》两篇中间尤显示出一种强烈的战斗情感与希望，这和《影的告别》几篇相较，显然又是一种情感。

在《秋夜》和《好的故事》中，鲁迅先生显然是寄托着他美丽的希望和梦想。小粉红花，虽然在寒夜中缩瑟着，然而究竟还在做梦，梦见春的到来，梦见秋的到来，梦见瘦诗人告诉她秋虽然来，冬虽然来，而接着还是春，而当“猩红的栀子开花时，枣树又要做小粉红花的梦，青葱地弯成弧形了。”这里是显示着作者对青年的希望与感谢。《好的故事》也是个极美丽的梦，能够有梦，不也就是有希望吗？虽然这些梦还是很缥缈。

《死火》就给我们较强烈的情感了。在“上下四旁，无不冰冷，青白”的冰谷中，却依旧有死火在，“而且互相反映，化为无量数影，使这冰谷，成红珊瑚色”，这已经教人兴奋，何况死火并不曾真死，一接触温热便又融融燃烧了。

只要温热存在，纵然四面是冰山，仍然冻灭不了死火的！

鲁迅先生在任何时候，从不曾忘怀中国的青年。虽然当时北方的青年是那样消沉，不能不使他感觉失望。但他是知道小粉红花的梦，而且也要做着小粉红花的梦。他要旋高灯火带子，使小虫飞进来，遇到真实的火，而“对着灯默默地敬奠这些苍翠精致的英雄们”。他知道死火仍然要燃烧，而以他的温暖来使他燃烧，要带着他出冰谷去，纵然自己要被碾死亦所不恤。

在漫漫长夜中，鲁迅先生给与了青年以温暖，而青年的梦也温热了鲁迅先生的心。

而中国的青年也终于没有使他失望：中国青年终于粗暴起来了。

“这些不肯涂脂抹粉的青年们的灵魂便依次屹立在我眼前。他们是绰约的，是纯真的，——阿，然而他们苦恼了，呻吟了，愤怒，而且终于粗暴了，我的可爱的青年们。

“魂灵被风沙打击得粗暴，因为这是人的灵魂，我爱这样的灵魂；我愿意在无形无色的鲜血淋漓的粗暴上接吻。……

“是的，青年的灵魂屹立在我眼前，他们已经粗暴了，或者将要粗暴了，然而我爱这些流血和隐痛的灵魂，因为他使我觉得在人间，是在人间活着。”(《一觉》)

这是在一九二六年三月十八日北京执政府门前对学生青年大屠杀以后一个月写的。这次屠杀激起了北方青年运动的高潮与南方五卅学生运动汇合起来，成为大革命的前潮。这次屠杀燃烧起作者无比的愤怒，给他思想上一个极大的刺激，他就在大屠杀的当天，写下一篇《无花的蔷薇之二》，在那篇文章中，他振笔直书地写着：“中华民国十五年三月十八日，段祺瑞政府使卫兵用步枪大刀，在国务院前包围虐杀徒手请愿，意在援助外交之青年男女，至数百人之多。还要下令，诬之曰‘暴徒’！”

“如此残虐险狠的行为，不但在禽兽中所未曾见，便是在人类中也极少有的。……”

“如果中国还不至于灭亡，则以往的史实示教过我们，将来的事便要大出于屠杀者的意料之外——”

“血债必须用同物偿还。拖欠得愈久，就要付更大的利息！”

这种无比的愤怒自然也燃烧起他猛烈的战斗热情，因为他看见先前在寒夜中缩瑟着做梦的小粉红花，现在是化作屹立在风沙中的粗暴的，流血的灵魂了；他先前曾经怀疑过“世界上的青年已经衰老了么？”现在他明白“他们苦恼了，呻吟了，愤怒而且粗暴了”。为了“三一八”这次屠杀，他写过许多文章。[①] 收在野草中间的《淡淡的血痕中》，就是一篇。在这篇文章中，他怎样喊出了使怯弱的屠杀者失魂落魄的声音：

“叛逆的猛士出于人间；他屹立着，洞见一切已改和现有的废墟和荒坟，记得一切深广和久远的苦痛，正视一切重叠淤积的凝血，深知一切已死，方生，将生和未生。他看透了造化的把戏，他将要起来使人类苏生，或者使人类灭尽，这些造物的良民们。

“造物主，怯弱者，羞惭了，于是伏藏。天地在猛士的眼中于是变色。”

这是“敢于直面惨淡的人生，敢于正视淋漓的鲜血”的艺术家的声音，一个大无畏的战士的声音。在这里，我们谁又能想象鲁迅先生是一个虚无主义者，是一个悲观主义者呢？

在《野草》中间最被人们所熟记的，是那篇《这样的战士》，这确是最能代表当时鲁迅先生的生活思想与情感的。有人说《墓碣文》应该是《野草》最好的自序，那么我以为《这样的战士》应该是《野草》最好的自跋。

“要有这样一种战士——”这战士就是鲁迅先生自己。“他毫无乞灵于牛皮和废铁的甲胄；他只有自己，但拿着蛮人所用的，脱手一掷的投枪。”

他所用的战术是这样：不管敌人“对他一式点头”，“但他举起了投枪”；不管敌人“同声立了誓来讲说，他们的心都在胸膛的中央”，“但他举起了投枪”；不管“无物之物已经脱走，得了胜利”，“但他举起了投枪”；不管“再见一式的点头，各种

---

① 《无花的蔷薇之二》、《可惨与可笑》、《如此讨赤》、《大衍发微》、《唯饭史观》、《死地》、《空谈》等等，收在《华盖集续编》内。

的旗帜，各样的外套”，“但他举起了投枪”；不管“他终于不是战士，而无物之物则是胜者”，不管“谁也不闻战叫：太平，太平……”，“但他举起了投枪”。

“他微笑，偏侧一掷，却正中了他们的心窝。”

多么骄傲，多么妩媚的一个战士的姿影啊！

而这就是鲁迅先生半生艰苦肉搏中所发明的独特战术——韧性的，牛皮糖一样的战术[①]，只有这样的战术才能对付这些藏在绣着各色各样好名色的旗帜和外套之中的敌人。

所谓“鲁迅精神”，也即就是这个。

而在这里，鲁迅先生也最分明地揭露了使这民族衰弱的敌人的真面目，以及他们所使用的阴毒战术和武器，这就是绣在旗帜和外套上的各种名号，而其中却是无物。

就是他们，在暗暗地使人类流血，而不敢使血色永远秾艳，暗暗地使人类受苦，却不敢使人们永远记得，也就是他们，使五千年来的古老民族长期地宛转，呻吟，以至于麻痹，而不得翻身。

而他，举起了投枪，微笑，偏侧一掷，却正中他们的心窝！

一个昏睡的古老民族的苏醒是不容易的，尤其是那些长期被毒害着被麻痹着的奴隶的灵魂，要觉醒过来是极其痛苦的。这是一种最剧烈的痉挛，一种希望与绝望的挣扎，一种悲痛与欣悦的搏斗。十九世纪二十年代的中国正是在这类痉挛

---

① 这个韧性的战术到了“三一八”大屠杀更被发展了。“这回死者的遗给后来的功德，是在撕去了许多东西的人相，露出那出于意料之外的阴毒的心，教给继续战斗者以别种方法的战斗。”（《空谈》），这就是说为了进行韧性的战斗，必须更不浪费我们的生命，因此更应该采用“堑壕战”。这看出当时鲁迅先生已经不是孤军作战，而是和群众的战斗结合起来了。

的苦痛中间，而这种苦痛正反映在这个最洞悉自己民族的艺术家身上，“他记得一切深广和久远的苦痛，正视一切重叠淤积的凝血，深知一切已死，方生，将生和未生”，因而他才能有那种大悲痛，大愤怒，大勇敢，大希望，才有那种坚韧不拔的肉搏精神。在《野草》中间我们感受的种种愤怒，绝望，悲痛，与其说是鲁迅先生个人的愤怒与悲痛，毋宁说是历史的愤怒与悲痛。这些灿烂的火花与其说是从鲁迅先生个人的思想情感中间迸发出来的，毋宁说是从历史矛盾的斗争中迸发出来。《野草》使我们看到了中国从麻木到苏醒过程中那种痉挛的状态。

鲁迅先生不是什么主义者，他的思想是从血淋淋的历史现实中间搏斗出来，锻炼出来的。他并无别的特点，只是永远和历史的发展紧紧结合着，永远和人民的心紧紧拥抱着，因而他才能最真切地听到历史的声音，最真切地感到历史和人民的痛苦。在他写《野草》以及这以前的期间，他的思想基础虽然和后来是一致的，但是由于历史的限制，他那时的思想还没有越出进化论的阶段，他还不曾明确认识促进这个社会进化的革命动力。因此当历史更前进，民族危机更迫切，现实矛盾更尖锐化的时候，在他自己思想上也引起一种从原来阶段向更高阶段跃进的强烈要求，这是需要经过一番痛苦的搏斗的。《野草》的写作正在这个时期，所以他所表现的情感较任何时候更加激越，但是经过这个苦闷的搏斗，他的思想终于突入到一个更高的阶段。这就是显示在他一九二七年以后的作品中间的更彻底的思想。

原载《国文杂志》月刊第 3 卷第 4 期(1945 年 9 月 10 日)

一个钢铁样的人

——悼保罗

两个月以前，我还在向一个安徽来的朋友，打听音讯久隔的保罗的消息，那朋友想了想说："好像在什么地方当县长吧？"

保罗在当县长——我听了非常惊讶。隔了没有几天，我就得到保罗的死耗了，一听到这消息，我立刻断定这是确实的——虽然，在当时悲怆的心情下，却暗暗希望这是一个讹传的谣言。

保罗会在这战争更早牺牲的——我很早就这样预感过。

一个有十多年修养的戏剧艺术家，他在戏剧界曾经有过相当地位和资格，他是有卓越的演剧、导演和组织的能力，并且曾经培养出众多的干部。这一切——都使他可能成为今天中国戏剧上一个名人，可能使他成为后方一个戏剧团体的领袖，可能使他从戏剧工作中获得他的名誉，地位，以及较优越而舒适的物质生活（至少他无须再到戏台上去扮鬼子兵，而因此误死），更乖巧一些，也许还可以藉此升官。然而这些，他却连想也不屑去想一下。抗战四年了，许多人早从前方回到后方的都市，许多人早已抛弃了戏剧游击战的口号，重新来建立现代都市戏剧,连他亲自培养出来的一些干部,都已经在各地当剧团的领导人了,而他——这个钢铁一样的人,却依旧和抗战开始时候一样,率领着一群忠实而坚强的年青伙伴,在敌后的广大乡村中,在最底层的农民工人士兵群众中,仆仆地奔波,当人家都在赶着上演多幕名剧的时候,他却依旧带着一些简陋的布条和可怜的道具,和走江湖的一样在农民和士兵的帮助下,扮演一些被人家所不屑演的小戏、活报和街头剧等等。他永远不知道休息,永远不知道疲乏,对他自己的事情,从来不曾打算过一下。他的母亲在湖南挨饿,他没法养活,死了,他又不能回去奔丧,现在只剩他姐姐,还孤苦伶仃地在家乡过着饔飧不继的生活。这样的凄惨景象,有谁人敢责备他保罗对家庭漠不关心么?不。保罗对他母亲对他姐姐的真实的爱,凡是认识保罗的人,谁都能说得出来的,除了生活必需以外,他连自己治病的钱都寄给他母亲了。他已经尽他的可能,他知道,一个中国人民在今天负有更大的任务,他知道今天有更多的中国母亲在那里挨饿受冻,更多的中国姐姐在被人蹂躏,需要他去为民族尽更大的孝。因此,连他自己拖了一身的病,他也无暇去兼顾。他曾经在戏台上吐血,但他绝不许演剧停止一下。个人的得失荣辱以及地位、名誉、金钱,在他是不算一回事。人家去赶时髦了,他始终干他自己的,他只知为着自己的主张和理想,不停地奋斗!奋斗!奋斗!

是这样的一个无所顾忌的硬汉,是这样的一个透顶的傻瓜,在这血肉战争中间,他怎么不会比别人更早牺牲?

然而,他竟是这样死法——自己拿枪把自己误杀了,这又是谁曾料到呢?

一九三七秋末冬初，正当上海战争最猛烈的时候，我在杭州认识了保罗。一个沉默，坚毅，而又有火一般热情的短小精悍的人。他奋亢地告诉我他的理想：他将展开戏剧的游击战，通过这场游击战，把中国话剧运动和大众紧密地结合起来，“我们不仅要把话剧送到民众面前去，而且要民众跟我们一块儿来演剧，只有这样，戏剧才能真正算是大众的。”一直到死，他不曾有一分钟动摇过他这种主张。

他的理想迅速地实现了。他领导了浙江省抗敌后援会流动剧团，到浙西浙东的各个农村中去，在长兴，他利用整个长兴煤矿作舞台，把许多煤矿工人都变成了演员；在长兴城市里，他利用整个城市作舞台，动员了几千民众来参加一个大规模的群众剧；在某一次庙会上，他把来烧香拜佛的老太婆和赶集的小贩都弄到戏剧里去了。这一切大胆的创作，几乎是破坏了舞台戏剧的一切规律，然而，他却不管。他大刀阔斧的做法，没有一丝顾忌，终究他是收获了巨大的效果，他在鼓动剧上的成功，是超越一切人的。

提起他那个剧团，也是值得纪念的。除了向浙江省抗敌后援会领到一张和尚戒牒样的护照，可以向各乡镇公所去交涉一宿两餐的权利以外，这个团体却连一个铜板也没有。团员的薪水自然谈不上，每个团员还把自己仅有的旅费，自动地捐献给团体。那时演戏卖钱的事是不作兴的。二三十个团员就像流浪的吉普赛人一样，在浙西和浙东平原上，步行了二千多里旅程，在短短的三四个月中间，演出几百个短剧。这种艰苦精神和紧张的生活，现在想起来简直和梦幻一般了，而在那时这个剧团却确实替浙东的救亡运动开辟了一条最初的道路。

一九三八年春天，他率领这群青年到安徽去了，之后，就在大别山畔展开戏剧游击工作，这中间听说还做过红枪会的工作。去年春天，我收到他的信和他们团体的照片，依旧是那么精神勃勃的。他愉快地叙述他在敌后工作的情形，并且说决定把团体带到江南来。这以后，音讯就突然断绝了，直到此次再听到他的消息，都是这不幸的噩耗了。

保罗的性格是综合着艺术家的热情与真实和革命战士的坚毅与勇敢。有时候，你看见他微微皱起眉毛，嘴唇有力地含着，两只发亮的眸子在人群里扫射，那种严肃坚强的态度，使你想到他不是一个艺术家，而是一个最好的作战指挥官。而在另一场合中，当你看见他和士兵或青年农民谈话时候，那种奔放的热情和那种真挚的关切，却常常会使对方流泪。有一次演出以前，在舞台后面的黑角落里，我看见他和一个伤兵谈话，他已经化装好了，正待上台，他那亢激的声音激动了那朴质的士兵，两人紧紧握着手，眼泪从那伤兵的脸上挂下来，那种情形比舞台上的演出不知更几倍地感动人，从这晚起，那个伤兵就夜夜来找他，他们成为一对要好的朋友。

现在，一般青年中间，知道保罗的人已经很少了。他完全牺牲了他个人成名的机缘，但是在他所经过地区中的庞大农民和士兵群众中，保罗这个名字却是熟悉的，亲切的。保罗有许多这样的朋友。有一次，我们附搭在一辆伤兵车箱中，保罗发起替受伤同志服务，他唱起响亮的歌声，这时，一个伤兵突然从人丛里站起来，睁着眼睛望住保罗说：

“啊，你不是刘保罗？”

他们握着手大笑起来。这伤兵是钦佩他的一个观众，他立刻把保罗介绍给伙伴们，于是，这一群演戏的青年和一群伤兵立刻一家人似的融洽在一起了。

保罗关心别人更甚于关心自己，这是非常确切的。他自己身体很坏，有时演完戏简直全身瘫痪一样躺在地板上，可是他却不断在关切别人的健康。有一个团员害脾脏病，他坚决地要求团体每天另外供给这伙伴一毛钱的猪肝，尽量减轻他的工作。有些个团员害病回家，他想种种办法替他寄钱去。这种热烈的友爱和他对团员们非常严格的训练，使他在伙伴中间建立起绝大的威信。

保罗是艺术家，但是他对于政治哲学各种学术的关心，却是一般艺术工作者所罕有。曾经有一个时期，他在某种大学里，读完了不少关于社会科学的书，因此他在这方面，具有相当修养。虽然作为一个社会科学家，他还是不够的。他非常用功，纵然在工作极忙碌的时期，他还是不忘记读书，和跟团员们讨论各种现实问题。他从不把戏剧看做第一，在他的团体中，戏剧，组织，教育与宣传是并重的。

对于保罗，我觉得他是一个具有完整的新社会的道德观的，这种道德是他革命的人格和他对艺术的忠实所构成，这种道德观念也充分表现在他的艺术方法中间。

我深深知道，保罗是不愿意人家拿眼泪来哀悼他的，我也不愿意再在这里抹上一些伤感的哀词，保罗，这个永远不知道休息的人，现在是永远地休息着了。这自然是悲痛，但是我们仅仅是哀悼一番就算了吗？在今天，这个风雨如晦、鸡鸣不已的时候，我觉得保罗倒是我们的一面镜子，我们需要从这面镜子来望望我们自己，我们是否将有些什么感觉？

1942年4月《戏剧春秋》第1卷第6期，田汉主编发行，
桂林·白虹书店总经售

“灰色人”

——夜读偶记

病中看了高尔基的一篇短文，题目叫做《大仇人》。

这篇文章里说，世界上有个黑人和一个红人在作着殊死的战争，那黑人是古代传说里所称的住在山洞里的毒龙，而红人就是古代传说里的屠龙英雄圣乔治，从辽远的古代以来，他为了自由与美专杀那些恶的毒蛇。

黑人的武器是他那永远不死的野心，他的信条是：“一切都属于我！我是权威——所以我就是人生的意识和灵魂，我是一切人类的统治者，谁反对我就是反对人生——他就有罪！”

红人的实力，是他对于自由的理智的光荣的生活的热爱，他的信条是：“世界是我们一切人的世界！凡人都是平等的。人人心的深处，有美的世界存在：没有一个人应该失望而自愿为威权的奴隶，应该没有一个人是被奴隶的。谁也不该征服谁——为要弄权的缘故而握权，是有罪的。”

这个战争包办了人世间的一切苦乐，一切佳境，一切惨遇，——它是世界上最可爱最丰富的一篇传说。

然而在红人与黑人之间，却有一个小小的灰色的人，像徘优似的跳跃着。

这个灰色的人是这样的:“他的唯一的嗜好,是一种温暖的,吃得很饱,住得很舒服的生活;而且因为要满足他这一点小欲望,他不惜作践自己的灵魂,正像一个饥饿的娼妓作践她干枯的身体。任何人的使唤,他都愿意接受,只要给他吃得很饱,住得舒服,且不必劳心,至于喂养他的主人乃何等样的人,他是不问的——野兽也好,人也好,白痴也好,天才也好。在他看来,所谓人生,不过是面镜子,在那里头,他只见有自己。他胶漆似的尽黏附着人生,因为他兼着各种生物所特具的才能。他的灵魂是微睡的蜥蜴之宫,出名是‘卑琐’,他的心是灰色恐怖之家,他的愿望是‘多享乐些’,然而又惮于动作,所以永远是屈辱以求苟安,简直没有一点刚气。他的职业永远是挑唆。”

“他只崇拜一句话:‘安分守己’,即使以全世界的精神死灭为代价,他还是崇拜‘安分守己’!”

他跳跃在红人与黑人的战斗之间,黑人占了一点上风,他趁火打劫向红人偷掷了几块石子,黑人有点疲劳了,他插在中间做做“调人”。他对黑人说:“给奴隶们多加上几条绳索吧,将来即使不得已减少几条,也仍等于不减,可是奴隶们却因此满足了。”他对红人说:“慢慢来吧,什么事情一下子是改革不了的。聪明的人应该慎重考虑,计算周到,能够谨慎地做去,人家一定会让步的。”无论哪一方胜利或失败一点,他终是从中取利,替自己划算一点温暖的,吃得很饱,住得很舒服的生活,他从不吃亏。

对于这个灰色的人,高尔基称之为“生活的大仇人”,

他说：

“有了他在中间作祟，于是人生就失了鲜明的色彩，变成了秽污的呆钝的可厌的灰色。

这个灰色人横在进化长途的中间，简直拉住了已被时间宣告死刑的遗骸，阻止新人生的通过，所以他永远是一切光明的自由的美的生活的大仇人！”

高尔基写这篇文章，或许是对当时情势专有所指，可是这个灰色的人，却确是典型地存在于我们历史中间和我们的日常社会生活中间。而且在近年的历史上，他还扮演过时髦的角色——虽然他已扮演了悲剧的角色，然而他仍然是从悲剧中间吮吸了受难者的幸福。

因为他是灰色的，所以没有红人或黑人那么色彩显明，在太阳底下，他也隐隐约约泛现一点红色，而在阴雨中间，他又和黑人差不多，这样颜色，恰恰适合于他的职业，而同时又适合于他的信条——“安分守己”。

因为他是灰色的，所以虽然有的呆钝可厌，却不教人害怕，也不教神经衰弱者战颤，并且温文而有礼貌，很方便于自由来去。而且温暖的，吃得很饱，住得很好的生活又是人们所欣羡的，于是他便走起运来，并且创立了他的教义。他的教义是很漂亮的；既不像红人的那么“偏激”，也没有黑人那么凶暴，不偏不颇，很有些近乎圣人所谓中庸之道。他知道“执乎中”，因为他有两根舌头，常常立于两极端（红人与黑人）之间，他知道“庸者不易”，因为他永远从红人与黑人战争中间划算温饱舒适的生活，从来不变。他崇拜黑人的“力的哲学”，也赞成红人的“爱和自由”。他宣说，他是采双方之长，舍双方之短，集上下古今之大成，蔚然成为历史上最合理的教义。

他不仅建立了他的教义，并且也创造了他的生活艺术。他的生活艺术就是所谓二丑艺术，摆着绅士脑袋，装起学者嗓子，扭扭捏捏，往来于喂养者之间，有时也谈文学美术，论论海涅、尼采，并且如高尔基所说，“他有时并不拿工钱，竟肯白做，因为他的目的在乎从中取利，并不单靠几个表面上的工钱。”

他确实有过一时的成功，那是在人民生活色彩比较黯淡的时候。

然而，悲哀的是“被时间宣告死刑的遗骸”终于拉不住，当人类战斗的色调更加显明的时候，当战斗更尖锐而使人们生活更丰富的时候，当阳光与黑夜更加分明的时候，灰色人渐渐是站不住了。不是太阳将消灭了它，就是黑夜将吞噬了它。

他的出现，是在红人与黑人的战争开始之后，他的死亡，也该是在这战争结束以前。

而现在这日子是近来了。

让人们战斗的色彩更鲜明罢，让人们生活的光辉更灿烂罢。

一九四三·二月二日

《三年游击战争》读后

毛泽东学说中最突出的和最辉煌的一部分，我以为是他对于农民问题与革命战争的指导理论。《中国革命战争的战略问题》一书中，对于唯物辩证法那样高度的具体的发挥，在全世界马克思主义学说上，是一种极其重要的发展。

一九二七年大革命失败以后，毛主席和朱德司令在井冈山首先建立革命的根据地和创立了中国最初的红军，在初期的武装斗争中，掌握了“敌进我退，敌据我扰，敌疲我打，敌退我进”十六字的朴素的游击战争基本原则，这个基本原则经过战争实践中不断地丰富与发展，终于形成了那伟大的全部战略思想。在这个伟大的战略思想指导之下，建立起强大的中国工农红军，产生了轰动全世界的中国苏维埃运动，建立了工农政权，粉碎了蒋介石的四次“围剿”；而后来，也是由于若干同志未能正确掌握毛主席的军事思想，致陷于战略上的错误，遂造成一九三四年苏区的撤退。当时红军的主力开始其伟大壮烈的二万五千里的长征，而另一部分则留下在闽浙赣苏区，坚持其长期的游击战争；而使这两个伟大的历史行动，能够获得胜利的完成的，遵义会议上毛主席军事路线的重新确定，是个重要的关键。这两个伟大的历史行动，在中国革命斗争史上正如本书作者所说的，“是不可磨灭的一页”。

三年游击战争所面对的长期艰困环境，可以说是史无前例的。敌人以十数倍的兵力来“围剿”绝对劣势的红军，敌人用封锁，移民等等残酷方法，来断绝红军的物资供给，而红军主力又远去西北，根本谈不上联系，这种困苦的情形，有如在本书“三年中最苦的一页”一章中所描写的，连烧火煮饭都是如此困难，这实在非常人所能忍受，恐怕苏联革命后的远东游击战争中亦决无如此艰苦。然而在这样情形之下，我们布尔塞维克的战士，竟能坚持至三年之久，毫不被困难所制伏，而且还能从困难中求发展，能够做到如毛主席所说的，“他们不但有压倒一切的勇气，而且有驾驭整个战争变化发展的能力。指挥员在战争的大海中游泳，他不使自己沉没，而要使自己决定地有步骤地达到彼岸。”这是凭藉于什么呢？当时一般民间传说中，对这种情形简直惊为“神迹”，把红军说成仿佛有三头六臂，说他们能够起飞，其实这并不是什么神秘。他们之所以能够创造这种“神迹”，我想主要不外乎两个基本条件，第一是倚靠与人民群众的密切联系，第二是善于掌握和运用毛泽东的正确战略思想。这二者又是互不可分：只有群众而不能掌握布尔塞维克的正确战略，则仍不可能坚持这样长期的战争；反之如果不能与群众紧密联系，则这种战略与战术也就无从实际运用。本书作者在第六节中指出当时的战略基本方法，是：

当前的方针应该是：发展广泛的、胜利的、群众性的游击战争。不广泛则易受敌人包围，没有把握去打硬仗则会消耗主力，不紧密联系群众，落地生根，则不能得群众拥护而游击战争便不能长期坚持。

这完全是掌握了毛主席革命战争的战略思想的正确决定，而这决定是根据了遵义会议的中央指示的，因此也就纠正了当时朱×的一种政治上的错误倾向。由于方针的正确，才有后来那些光荣的奇迹。这里可以看出，布尔塞维克党人，特别是其领导干部，对于正确思想的掌握是何等重要。三年游击战争光辉的成就，是不能不首先归功于毛泽东科学的战略思想，以及领导者对于这思想的正确掌握与具体运用。

本书是具体地记录了三年中的战斗状况和战略与战术的实际运用。它告诉我们如何联系和巩固群众，如何应付和击破敌人的围剿与扫荡，如何建立根据地，如何执行分散与隐蔽，以及如何巩固党的领导与纪律，如何进行农村统一战线，不是理论地，而是从具体而生动的事实中间，把“中国革命战争的战略问题”中许多概括的原则形象地具现出来。当我读完了本书以后，再回头去重读毛主席的军事著作，使我得到很多的帮助。所以我认为这不仅仅是一本报导性的书籍或一本报告文学，而且是一本对于革命战略与战术是有很大教育意义的书籍。这中间包含着非常实际的革命知识与经验，也包含着武装斗争的辩证法则。因此，我希望读者也和我一样，能够把它和《中国革命战争的战略问题》配合起来研究，当可获益不少，而尤其那篇后记，应该特别重视——这是作者对三年游击战争中的经验与教训一个初步的扼要的总结。

根据于作者指出的“发动广泛的，胜利的，群众性的游击战争”这一基本方针，我们首先看到，红军在当时人民中间是建立了怎样的血肉相连的关系。这里，最使我感动的，是关于龙岩西山魏金水同志家乡的一段描写：

这里因为离敌人很近，交通站是在一个老太婆的家里，天亮的时候，她拐着小脚提了一桶洗面水进房子来很严肃地告诉我们：

“我这个交通站叫做‘保家’站，一年来来往往数百人，担保没有一个人出事，田里有人放哨，房子门口也有大闺女放哨。但是你们一定要听话，叫你们睡觉，你们就要睡觉，叫你们吃饭就吃饭，叫你们不能说话就不能说话，叫你们出来散步就出来，否则不能离开房门半步。邓子恢，邱金声，也住过这里，也一样的听话，这是党的决定，也是我的任务，懂得吗？”

我一面望着温，一面连连向她点头答应：懂得懂得。

吃了午饭以后，她拿着一张小凳子坐在房门口和我们聊天，她说：

我们这一乡都是共产党，去年那个短命鬼朱×叛变后，捉了我们不少人到城里去，但我们没有一个反水，那儿法官才可笑哩，他向大狗伯说：“你们为什么要济匪，通匪？”大狗伯说：“我们不晓得谁叫匪，我只晓得要拥护红军，没有红军我就没有田分，也没有人和我保田。”那鬼法官又说：“勾结土匪要杀头的，

> 你懂得吗?”大狗伯可也硬,他答:“我的头可杀,但红军不能饿死。”因此第二天就给他枪决了。……

这是多么庄严的声音!多么伟大的人格!有了这样的人民群众,敌人又有什么方法能够消灭他们的武装;有了这样为群众利益的队伍,人民群众又怎么不赤心拥护!毛主席说:“人民条件,对于红军是最重要的条件,就是苏区的条件。”这个条件,只有无产阶级的军队才能有,所以也只有无产阶级的军队,才能实践革命游击战争的胜利任务。而在这里,我们也理解了作者所特别指出“干部地方化”的特点。因为只有在这样群众基础上,才可能不断产生本地的坚强干部,也只有和群众这样密切的关系中,外来的干部才能做到地方化。所以这个特点,也就是“群众性的游击战争的特点”。

其次,就战略与战术的运用上,我们看到在三年苦战中间,他们以极小的兵力与强大敌人相周旋,是怎样充分发挥了毛主席那十六个字的高度机动性与灵活性。当敌人大举扫荡的时候,红军便采取“分散发展,独立自主作战”的原则;当敌人四面包围找寻我主力以图歼灭的时候,红军就布置到外线去隐蔽整训,以静待动;当敌人占我内线,我便占敌外线;当敌人撤退以后,我们便又向敌人的空隙集中出击,而队伍的编制与作战单位又是根据于情势变化而灵活采用。这一切都是根据于“广泛的,胜利的,群众性的”基本方针而具体运用。在这中间,当然也产生了一些战术运用的错误与偏向,如作者在后记中所指出的,强攻硬打,被迫应战,过早集中,消极分散几点。在长期战争中间,这些局部的错误是必然不可避免的,只要领导者掌握了正确方针，不断地克服和纠正，它反过来也就更丰富了对于战斗的经验与教训。

总之，这本书所显示的最大特色，是不仅描写了这战争而且综合这战争的宝贵经验与教训。由于作者正是这个伟大斗争的领导者之一，所以才能深刻地表现出它的内容与实质。若干年来，我们虽然也有这一些关于描写革命战争的书籍，但大多是外国或中国新闻记者所撰述，它们所能做到的只是事实与情况的报道，而只有这本书则带给我们以更深入的革命政策与革命战争法则的认识，本书之应该比它们取得更高的评价，我想是在这一点。

至于作者在描写与叙述上所具有的那种现实主义的朴素性与真实性，是每个读者都可以感到的，而这种形式上的优点，无疑是由于那具有伟大史诗性的内容所赋与的。